내 자녀를 어떻게 가르치고 키워 낼 것인가?

내 **자녀**를 **훌륭한 사람**으로 키워 내는 **16가지 원칙**

내 자녀를 훌륭한 사람으로 키워 내는
16가지 원칙

1판 1쇄 발행 2022년 5월 12일
1판 2쇄 발행 2022년 6월 7일

저자 나영석

교정 주현강 **편집** 문서아
마케팅 박가영 **총괄** 신선미

펴낸곳 하움출판사 **펴낸이** 문현광

이메일 haum1000@naver.com **홈페이지** haum.kr
블로그 blog.naver.com/haum1000 **인스타그램** @haum1007

ISBN 979-11-6440-985-3 (13370)

나는 젊어서부터 글쓰기를 동경해 왔지만, 평생을 살아오는 과정에서 종이가 아까운 잡문 수준의 책들을 심심찮게 접해 왔기에, 나만이라도 한 그루의 나무가 헛되이 사라지게 하지 않겠다는 마음에서 글쓰기를 망설여 왔었다.

그러나 내 나이가 어느덧 육십이 훌쩍 넘어서다 보니, 나름 살아온 인생 경험이 쌓이고 삶의 지혜도 어느 정도 성숙되었다고 판단되어, 이제는 글을 쓰더라도 잡문 수준의 글은 되지 않으리라는 확신이 드는 한편 내 경험과 지혜를 여러 사람과 나누고 싶은 욕심이 일어나 이 책을 쓰게 되었다.

나는 자동차 회사와 이와 관련된 회사에서 직장 생활을 34년 동안이나 했으면서도 개인적으로는 줄곧 인문학 특히 그중에서도 종교나 철학에 깊은 관심을 가져왔기에, 처음에는 이 분야에 관한 글을 쓰려고 작정했었다. 그러나 최근에 생각을 바꿔서 이 분야에 관한 글은 잠시 미루어 놓고, 내 가족과 주변 사람들의 경험이 녹아 들어간 자녀 교육에 대한 글을 먼저 쓰기로 결정하였다.

내가 이렇게 결정하게 된 이유는 종교나 철학에 관한 내용보다는 내 인생 경험에서 우러난 자녀 교육에 관한 내용이 글을 읽게 될 독자들과 그들의 자녀들에게 훨씬 더 많은 도움이 될 수 있으며, 나 또한 더 큰 보람을 찾을 수 있다고 판단했기 때문이다.

나는 현재 우리나라 나이로 37살이 된 딸과 33살이 된 아들을 두고 있다.

나와 내 아내는 젊은 시절부터 생각하기를, 사람이 인생을 사는 데 있어서 본인들의 성공이 가장 크고 최우선적이기는 하지만, 그에 못지않게 자녀를 훌륭하게 키워 내는 것 또한 인생에 있어서 큰 성취와 보람이라는 공통된 인생관을 가지고 살아왔다.

그래서 우리 부부는 정성을 다하여 인생의 많은 부분을 두 아이의 교육에 쏟아부으면서 결정적인 순간마다 희로애락을 같이해 왔었다.

그 결과 첫째인 딸은 의학 전문 대학원을 졸업하고 의사가 되어 현재는 대학 병원의 호흡기내과 임상 교수로서 환자를 치료하고 있다.

딸이 고등학교를 졸업한 이후로 의대 진학을 위한 재수 2년, 대학 생물학과 4년, 의전원 도전 재수 2년, 의전원 4년, 총 12년을 공부했으니 딸의 고생이야 이루 말할 수가 없다. 또한 딸이 실패와 좌절과 도전을 반복하는 과정의 이면에는, 그런 딸의 모습을 바라보면서 말 못 할 마음고생과 함께 묵묵히 뒷바라지했어야 했던 우리 부부의 애환이 서려 있다.

둘째인 아들은 나를 닮아서인지 제 또래의 애들보다 늦된 바람에, 한글을 익히기는커녕 말도 제대로 트이지 못한 상태에서 초등학교에 입학했었다.

그래서 저학년 때는 꼴찌에서 순위를 다투는 어리숙한 순둥이였지만, 학년이 올라갈수록 점차 나아져 결국에는 서울에 있는 대학을 졸업하고 냉철한 지식인으로 성장하여 지금은 광주광역시의 공무원으로 근무하고 있다. 이렇게 어리숙하고 꼴찌를 다투던 아들이 자라면서 성적이 올라가고 올바르게 성장한 배경에는 우리 부부의 노력이 있었다. 특히 내 아내의 자식에 대한 믿음과 사랑, 세심한 배려와 정성, 포기하지 않는 인내와 끈기 그리고 희생이 숨어 있다.

내 입장에서 보면 다른 집 자식들은 참 쉽게 대학도 가고 취직도 하는데 우리 집 자식들은 둘 다 참 힘들게 대학을 가고 취직을 했으니, 우리 부부는 유난히도 자식 뒷바라지 복이 많았다고 생각한다. 하지만 한편으로는 이렇게 힘들게 뒷바라지해서 얻은 자식들의 성공이기에, 지금에 와서는 고생했던 과거에 대한 생각보다는 자식들을 잘 키워 냈다는 자부심과 보람이 훨씬 더 크게 느껴진다. 그러나 객관적으로 봤을 때, 우리 부부가 이룬 정도의 자식 농사는 우리 주변에서 흔히 볼 수 있는 성과이기에 크게 자랑할 정도는 못 된다고 본다. 그럼에도 불구하고 우리 부부는 진심으로 자식들을 자랑스럽게 여기고 자부심을 느끼고 있는데, 그 이유는 자식들이 겉으로 드러난 것과 같은 성취를 이룬 것도 자랑스럽기는 하지만, 그보다는 자식들이 인격적으로 훌륭한 성인으로 자라 주었기 때문이다.

보통 자녀들이 유아기나 아동기일 때는 부모를 세상의 중심으로 크게 알아 존경하고 의지하지만, 중·고등학교를 거쳐 성인이 되어 가는 과정에서 점차 부모에 대한 존경심을 잃어버리는 경우가 대부분이며, 커 나가면서 부모를 무시하기까지 하는 경우도 심심찮게 볼 수 있다.

이에 반해서 내 자식들은 지금 모두 삼십이 넘은 성인이 되었지만, 못난 아빠를 여전히 존경해 주고, 본인들을 위해 희생하고 정성스럽게 뒷바라지해 준 엄마에게 진심으로 감사해하고 있다.

과연 대한민국 사회에서 우리 부부처럼 성인이 된 자식으로부터 진심에서 우러난 존경과 감사의 마음을 받는 부모가 얼마나 되겠는가?

남들은 팔불출이라고 흉을 볼지도 모르겠으나, 이 점이 우리 부부가 내

세우는 가장 큰 보람이자 자부심이다.

우리 부부에게 자녀의 양육과 교육에 대한 개인적인 경험과 지혜가 있다고는 하지만, 이에 대한 전문 지식이 있는 것도 아니고 전문가도 아닌 내가 교육에 관련된 글을 쓰기로 작정한 데는 두 가지 이유가 있다.

첫 번째 이유는 주변에 자녀 양육과 교육에 관련된 책이 많기는 하지만, 막상 찾아보면 영아기부터 청소년기까지를 아우르는 전 성장기에 대한 올바른 지침서가 많이 없다는 것이다. 설사 지침서가 있다고 하더라도 나는 훌륭한 사람으로 키우는 것을 주목적으로 하는 책은 보지 못했다. 이로 인하여 많은 부모가 성장 과정 전체에 대한 올바른 양육 방법을 모르고 있기 때문에, 자녀 교육에 관심은 있으면서도 합리적이고 효율적인 방법으로 키워 내지 못하고 오로지 공부만을 강요하고 있다.

두 번째 이유는 그동안 우리 부부가 두 자녀를 키우면서 경험을 통해 쌓아 온 교육에 대한 노하우가 올바른 양육 방법에 목말라하는 부모들에게 도움이 될 수도 있다고 판단했기 때문이다.

내가 오십 대 후반에 접어들었을 때는 자식들의 미래가 어느 정도 결정이 되어서 나름 자식들을 잘 키웠다는 생각이 들었기 때문에, 직장의 후배 직원들에게 내가 경험을 통해 체득했던 자녀 교육에 대한 지식과 교육 사례들을 종종 들려주곤 했었다. 그럴 때면 어린 자녀를 둔 몇몇 후배 여직원이 정말로 눈을 반짝이면서 귀 기울여 열심히 듣고, 알려 준 방법들을 꼭 실천하겠다고 다짐했었다. 이때 내가 느낀 것은 의외로 많은 젊은 부모가 자녀 교육에 대해 너무 지식이 얕거나 아예 없다는 것이었다.

이러한 이유로 나는 우리 부부의 교육 방법에 의하여 내 자녀들이 올바르게 자랐다고 생각하며 대다수의 후배 직원들이 공감해 주는 것을 보면서 우리 부부가 실천했던 교육 방법이 올바른 방법이고 효과가 있었음을 확신하게 되었다.

이러한 확신이 들자, 나는 내가 실천한 교육 방법에 양육 및 교육 이론서인 『발달심리학』과 다른 사람의 교육법 몇 가지를 보태고 보완한 올바른 양육 및 교육 지침서를 만들어서 이를 필요로 하는 사람들에게 알려 주기로 결심하게 되었는데, 이것이 내가 이 글을 쓰고 책을 내게 된 이유다.

개인적으로 이 책의 첫 번째 목표는 성장기 자녀를 둔 부모들에게 올바르고 구체화된 양육 및 교육 지침서를 제공함으로써, 부모들이 자녀를 올바르고 훌륭하게 키워 내는 데 일조하는 것이다.

두 번째 목표는 커 나가는 우리 자녀들이 대한민국의 잘못된 교육 행태에서 비롯된 멍에의 희생에서 벗어나 훌륭한 사회의 일원으로 성장하는 데 도움을 주는 것이다.

세 번째 목표는 내가 경험했거나 어렴풋이 알고 있는 지식을 일목요연하게 정리하여 책으로 엮어 냄으로써, 내 자녀들이 장차 태어날 손자 손녀들을 포함하여 후세의 교육을 올바르고 쉽게 할 수 있게 해 주는 것이다.

현재 대한민국에서는 소수를 제외한 대부분의 아동과 청소년들이 부모의 과대한 허영과 욕심에서 비롯된 명문대와 출세라는 큰 등짐을 메고, 제대로 피어 보지도 못한 채 공부에 치여서 지친 몸과 피폐해진 마음으로 대학 입시와 취직이라는 두 가지 지옥에서 헤어나질 못하고 있다.

나는 이 책에서 출세와 경제적인 부와 명예만을 추구하는 교육이 아니라, 본인이 행복하게 살 수 있는 직업을 선택하여 본인이 가진 최고의 역량을 발휘하는 동시에 올바른 가치관을 가지고 남을 배려하고 도울 줄 아는 훌륭한 사회의 일원이 되게 하는 교육을 추구하려고 한다.

그래서 이 책을 읽는 많은 학부모가 내가 제시한 이 16가지 원칙을 잘 실천해서 자녀들을 키워내 주기만 한다면 우리 아이들은 장차 더 밝고, 더 행복하면서도 올바르고 훌륭한 사람으로 성장해 나갈 것으로 믿는다.

또 세월이 흘러 이렇게 교육을 받은 아이들이 성장하여 사회로 진출했을 때, 우리 사회는 선진 사회가 되어서 조금 더 살 만한 세상이 되고 한 걸음 더 천국에 가까워지리라 확신한다.

2022. 04. 12. 참나원에서

나영석

자녀를 사랑으로 키우고, 자녀가 행복한 삶을 살기를 바라는 부모에게 유익한 책

고교 동창인 책의 저자는 평소 일 처리가 분명하고 책임감이 강한 친구로 동창들 사이에 알려져 있다. 30여 년 넘게 자동차 업계에 종사한 저자가 교육에 관한 책을 썼다는 말에 오랫동안 교육자로서 교육 활동을 해 왔고 아직도 교육 분야의 한 꼭지에서 강의를 하고 있는 나로서는 먼저 놀라웠다. 그리고 무척 반가웠다. 왜냐하면 그것은 은퇴 후 나의 버킷 리스트 중 하나이기도 했기 때문이다.

반가운 마음에 저자의 책을 읽어 내려가기 시작했다. 그리고 저자의 책을 읽어 가면서 내내 아프리카 속담이 머릿속에서 떠나지 않았다. 그것은 바로 "한 아이를 키우려면 온 마을이 필요하다."라는 말이었다. 과거에는 같은 마을에 사는 사람들이 정으로 뭉쳐 있는 가족과 같은 공동체였다. 품앗이로 마을 일과 농사일을 돕는 것은 물론 서로의 가정과 아이들에게도 관심을 갖고 함께 돌봐 왔던 것이다. 하지만 지금은 어떠한가? 도시에서는 이웃끼리의 교류는 말할 것도 없고, 한 아파트의 위아래 층에 사는 이웃과도 교류와 관심이 없다. 심지어 같은 아파트 엘리베이터에서 만난 어린 학생에게 인사 예절 등에 관해 한마디를 했더니 같이 있던 부모의 눈길이 곱지 않았다는 이야기도 들은 적이 있다. 이런 상황에서 저자는 용기 있게도 조심스럽지만 분명한 소신과 어조로 어른들에게 아이를 같이 키우자고 제안하며, 자녀 양육과 교육 그리고 부모로서의 가르침을 함께 나누고자 이 책을 펴냈다. 저자는 교육이 그의 전문 분야가 아니라고 말하면서도 전문 교육학자보다도 더 깊이 있는 자녀 교육에 대해 이야기하고 있다. 그래서 저자의 말이 더욱 가슴에 와닿는다. 세련된 논리가 아닌, 애쓰며 키워낸 자녀 교육의 경험과 삶의 지혜가 이 책에 있기 때문이다. 특히, 본문에서 저자가 말한 제10원칙 "행복하게 살 수 있는 직업을 선택하게 하라"는 나의 교육관과도 통하는 면이 있어 기뻤다. 나는 남들이 모두 부러워하는 직업을 가졌음에도 불구하고 의외로 자신의 일에 대한 애정과 자긍심이 낮은 경우를 자주 볼 수 있었다. 이런 사람들은 자신의 직업을 지겨워하거나 이미 부자이면서도 만족을 하지 못하고 더 많은 부를 쌓는 데 혈안이 되기도 한다. 그런데 저자는 단순한 자녀의 사회적 성공보다 자녀의 행복한 삶을 더 강조하고 있다. 우리 사회가 4차 산업 시대에 접어들면서 교육은 미래 사회를 이끌어 나갈 인재 육성보다는 행복한 인재 육성에 더 무게를 두는 추세이다. 이에 걸맞게 저자는 자녀가 무슨 일을 하든 어떤 지위에 있든 자신의 삶을 행복하게 살아가는 법을 배우는 것에 더 무게를 싣고 있다.

나이가 들면 상당수의 사람은 건강 염려증이다 싶을 만큼 오로지 건강을 지키는 데 모든 시간과 노력을 쏟는 게 일반적이다. 하지만 저자는 한 명의 노인을 하나의 도서관으로 비유했던 베르나르 베르베르(1961~, 소설 『개미』로 유명한 프랑스 소설가)가 지칭한 노인과 같이 그의 노년을 빛내리라는 확신이 든다. 이 책이 자녀를 사랑으로 키우고자 고민하고 자녀가 더욱 행복한 삶을 살기를 소망하는 많은 이에게 마을의 이웃처럼 다가가기를 바란다.

2022. 04. 17. 전 광주 송원고등학교 교장

이현용

훌륭한 사람의 의미

사람은 태어난 이상 누구나 다 훌륭한 사람이 되고자 한다.

아주 드물게 부모의 의무를 저버리고 자식을 버리거나 방치하는 경우도 있기는 하지만, 세상의 거의 모든 부모는 자기 자녀들이 훌륭한 사람이 되기를 바라면서 최선을 다해 뒷바라지를 한다.

이렇게 모든 사람은 훌륭한 사람을 동경하고 추구하지만, 정작 훌륭한 사람에 대한 정의를 내려 보라고 하면 누구도 쉽게 대답하지를 못한다.

이런 질문을 받으면 사람들은 그냥 막연하게 권력을 가지고 한 시대를 풍미했던 왕이나 대통령 또는 난세를 극복했거나 전쟁을 승리로 이끈 장군이나 재상, 세상에 크게 영향을 미쳤던 사상가, 과학자 등을 떠올린다.

그렇지만 우리는 한 시대를 호령했다고 해서 연산군이나 히틀러를 훌륭하다고 여기지 않으며, 특히 세상에서 막대한 부를 지닌 부자들에게는 훌륭하다는 말에 더더욱 인색한 걸 보면, 우리가 훌륭한 사람에 대한 명확한 정의는 내릴 수 없더라도 개념적으로는 어느 정도 이해하고 있다고 본다.

이 책은 우리의 자녀들을 훌륭한 사람으로 키워 내는 것을 목적으로 삼고 있기 때문에, 나는 내가 이해하고 있는 훌륭한 사람에 대한 의미를 독자 여러분과 공유하여 동일한 인식 기준을 가짐으로써 불필요한 오해의 소지를 줄이고자 한다.

'훌륭하다'는 "썩 좋아서 나무랄 곳이 없다." "칭찬할 만큼 대단하거나 뛰어나다."라는 뜻이며, 영어의 'Excellent, Wonderful, Great, Good'의 의미를 함축하고 있다.

고대 그리스 시대의 현인들은 '사물이 자신에게 잠재된 본성을 최대한 실현하는 능력' 또는 '자기가 맡은 일을 기능적으로 잘하는 것'을 '훌륭함' 으로 인식하고 있었다. 그리고 그들은 훌륭한 사람의 전제 조건으로 특정한 일의 숙달과 능통 외에도 올바르게 행동하는 것, 공동체 이익을 위해 죽음을 두려워하지 않는 굳은 의지, 억제력을 발휘하는 이성적 태도 등을 꼽았다.

나는 이러한 '훌륭함'에 대한 고대 그리스 현인들의 명쾌한 정의에 전적으로 동의한다.

그래서 나는 그리스 현인들의 정의에 기초하여 이 책에서 사용하는 '훌륭한 사람'의 의미를 다음과 같은 세 가지로 간단명료하게 정의하겠다.

* **본인에게 잠재되어 있는 타고난 능력을 최대한 실현하는 사람**
   – 바꿔 말하면 자기 분야에서 최고의 실력을 발휘하는 사람
* **올바르게 행동하는 사람**
* **공동체의 이익을 추구하고 노력하는 사람**

그리고 우리 자녀들이 이런 사람이 되는 것을 목표로 하여 이 책의 내용을 전개해 나가도록 하겠다.

어떤 이들은 위에 제시한 세 가지 훌륭한 사람의 정의가 너무 단순하여 뭔가 부족하다고 생각할 수도 있다. 그러나 위의 세 가지 조건을 충족한다면 이 조건으로 인하여 여러분이 부족하다고 생각할 수도 있는 나머지 부족한 부분은 저절로 채워진다.

몇 년 전에 고령의 석학이신 김형석 교수님이 『백년을 살아보니(덴스토리 출판사)』라는 책을 통해 행복론을 말씀하셨는데, 이 행복론에 나온 내용들을 하나하나 들여다보면 이것들은 훌륭한 사람의 정의와 일맥상통한다. 그래서 나는 내가 정의하는 훌륭한 사람이 된다면 김형석 교수님이 행복론에서 말씀하시는 행복은 저절로 따라온다고 생각한다. 과연 그럴지 독자 여러분도 한번 비교해 보기를 바란다.

김형석 교수님의 행복론

* 나에게 주어진 재능과 가능성을 유감없이 달성한 사람은 행복하며, 성공한 사람이다.
* 경제는 중산층에 머물면서 정신적으로는 상위층에 머무르는 사람이 행복하며, 사회에도 기여하게 된다.
* 가난은 죄도 아니며 부끄러운 짐도 아니다. 그러나 남을 도와주는 사람도 많은데 다른 사람의 도움을 받으면서 산다는 것은 바람직스럽지 못하다.
* 돈을 위해서 일의 가치를 포기한다면 그것은 지성인의 도리가 아니다.
* 일은 이웃과 사회에 대한 봉사. 내가 하는 일이 그 사람들과 사회에 도움이 된다면 내 돈을 써 가면서라도 해야 할 일인 것이다.
* 높은 희망과 가능성이 곧 행복이다. 희망은 행복을 안겨 주며, 행복은 감사하는 마음과 공존하는 것이다.

나는 김형석 교수님의 행복론에 대체로 공감하지만, 세 번째만큼은 의견을 달리하고 있다. 김형석 교수님은 경제에 대해서 중산층으로 남의 도움을 받지 않는 정도의 부면 된다고 말씀하신다. 한마디로 부의 축적에 대해서는 부정적인 면이 있다. 그러나 나는 경제에 대해서 더욱더 적극적으로 임할 것을 권한다. 그래서 "나태에 의한 가난은 죄이며, 가능하면 정당한 방법으로 부를 축적하여 남을 도와주면서 사는 삶이 바람직하다."라는 신념을 가지고 있다. 이 문제에 대해서는 이 책의 후반부에서 다룰 것이다.

훌륭한 사람이 되는 데 필요한 성공 요소

일반적으로 인생의 성공을 거론할 때 성공 요소로 다음의 세 가지를 주로 거론한다.

첫 번째, 태어날 때 부모로부터 유전적으로 물려받은 지능이나 성격
두 번째, 본인의 노력
세 번째, 본인의 운

그러나 나는 내가 경험하고 사유한 결과에 따라 조금은 다른 각도에서 훌륭한 사람이 되기 위한 성공 요소를 다음과 같이 아홉 가지로 구체화해서 제시해 보겠다. 다분히 주관적이기는 하지만 정말로 이러한 성공 요소들이 합리적이고 부족함이 없는지, 아니면 또 다른 더 가치 있는 요소들이 있는지 다 같이 한번 생각해 보도록 하자.

1) 올바른 가치관과 높은 인격

『삼국지』의 「가후전」에는 다음과 같은 이야기가 실려 있다고 한다.

태자 책봉을 받기 위해 동생 조식과 한참 다투고 있던 조조의 아들 조비가 "어떻게 해야 내 지위를 보전할 수 있겠습니까?"라고 조조의 책사인 가후에게 물었다. 조비의 질문에 가후가 이렇게 대답했다.

"우선 공은 도덕을 널리 드날리고, 기상과 도량을 배양하십시오.

그다음 선비로서의 책임과 의무를 실천하면서 근면 성실하도록 노력하십시오.

마지막으로 쉴 줄 모를 정도로 부지런해야 하고, 효도에 위배되는 일은 하지 마시기 바랍니다."

『품삼국(김영사 출판)』의 저자 중국인 이중텐은 가후가 한 말을 두고 "가장 정확하고 가치 있는 말로 인간의 도리와 근본을 말한 것이다."라고 평했는데, 나는 이 평에 동의한다. 예로부터 훌륭한 사람은 능력보다는 사람 됨됨이, 즉 올바른 가치관과 높은 인격이 최우선이었다. 이러한 사실은 출중한 능력을 가진 조조보다는 올바른 가치관과 높은 인격을 가진 유비에게 사람들의 마음이 끌리는 것을 보면 단박에 알 수 있다.

2) 높은 도전 정신과 용기

도전 정신과 용기는 삶에 있어서 새로운 가능성을 열어 주게 된다.

똑같은 환경과 조건에서도 도전 자체를 두려워하여 본인의 능력에 훨씬 못 미치는 삶을 사는 이들이 있는가 하면, 도전 자체를 인생의 커다란 기회로 생각하고 본인의 능력에 벗어나는 영역에 대해서도 용기를 내서 과감하게 도전하는 사람들이 있다. 인생의 결승점에 섰을 때 그 삶의 내용과 질적인 면 그리고 성취도에 있어서 도전 정신과 용기 있는 사람이 앞서 있는 것은 너무나도 당연하다. 그런데 이러한 자질은 유전적으로 타고난 부분도 있지만 후천적으로도 양육 과정에서 도전의 기회를 부여하고 격려함으로써 충분히 길러질 수 있다.

3) 공부와 성공에 대한 확실한 동기

학창 시절 나에게는 공부를 열심히 해야 한다거나 성인이 되어 꼭 성공해야 하는 이유나 동기가 없었다. 그래서 그저 적당히 중간 정도만 되면 어찌어찌 살아지겠지 하는 막연한 생각으로 학창 시절을 허비하고 말았는데, 이 점은 내가 인생을 살아오면서 가장 후회하는 일 중의 하나이다.

대부분 상류층 자녀들은 성공한 부모를 보고 자라면서, 부모의 지대한 관심과 지도로 어릴 적부터 공부를 열심히 하고 성공도 해야 한다는 동기를 부여받기 때문에 공부와 성공에 대한 목표 의식을 가지고 있다.

반대로 빈민층이나 서민층의 자녀들은 생활고나 열악한 교육 환경 등으로 어려움을 겪는 과정에서 스스로 공부와 성공에 대한 필요성과 동기를 터득한 경우가 많다. 문제는 내 경우와 같이 경제적으로 큰 어려움을 겪지 않고, 미래에 대한 성찰 없이 막연하게 어른이 되어서도 부모의 보살핌 아래에서 현재처럼 잘 살 수 있을 것으로 잘못 생각하는 중산층의 자녀들이다. 중산층의 자녀 중에는 공부를 열심히 하거나 성공을 해야 하는 이유나 동기 혹은 절박함이 없는 경우가 많다.

이유야 어찌 되었든 공부와 성공을 해야만 하는 이유나 동기의 유무에 따라서 그 결과가 현저히 다를 것임은 너무나도 분명하다.

4) 확고한 꿈(희망)과 목표

성공이란 목적하는 바를 이루는 것이다. 그러므로 목적하는 꿈과 목표가 있어야 성공도 있다. 돌이켜 보면 학창 시절의 나도 그랬지만, 요즘도 꿈과 목표를 깊게 생각하거나 설정해 보지도 않은 채 영혼 없이 학교를 다니는 학생이 많아 가슴이 아프다.

심리학의 목표 이론에 따르면 인간은 목표를 향해 한 걸음, 한 걸음 나아가는 자신의 모습을 발견하고 자신에 대한 신뢰가 쌓여 갈 때 행복을 느끼게 되며 그 목표를 달성했을 때 더욱 큰 성취감, 만족감, 행복감을 느낀다고 한다. 훌륭하거나 성공했다는 사람 중에서도 특히 행복과 성공을 동시에 거머쥔 사람들은 흔들림 없는 인생의 궁극적 목적과 구체적이고 현실적인 목표가 있었다.

목표는 자신 안에 숨어 있는 잠재력과 열정을 불러일으킴으로써 일에 대한 몰입을 가져오고, 이 몰입이 성공과 행복을 가져오게 된다.

5) 가장 잘하고 좋아하는 일과 직업의 선택

현실 세계를 살아가는 사람들을 볼 때, 자기가 하고 싶은 일을 하면서 사는 사람은 참 드물다. 이렇게 된 데는 세상살이가 마음대로 되지 않는다는 점도 있지만, 더욱더 근본적인 원인은 많은 청소년들이 청소년기에 자기가 미래에 진정으로 하고 싶은 일과 직업에 대한 진지한 고민과 성찰을 하지 않았기 때문이다.

일반적으로 볼 때, 의미 있고 가치 있는 목표는 그 자체로 몰입과 행복감을 가져온다. 그리고 그 목표가 자신이 가장 좋아하는 일과 직업으로 연결

되었을 때, 성공 확률과 행복은 배가된다. 그러므로 아동기, 청소년기를 거치면서 인생 목표인 일과 직업에 대한 올바른 선택은 그 무엇보다도 중요하다.

자신이 심사숙고해서 세운 목표가 아니라, 부모의 대리 만족의 도구로 세워진 목표에 의해 일과 직업을 선택해 불만족 속에서 살아왔으면서도, 똑같은 실수를 자녀에게 되풀이하는 경우가 많다.

그러나 타인에 의해 마지못해 세워진 목표는 자신이 원하는 길이 아니기 때문에 실행에 대한 지속력이 없어 오래 가지도 못할뿐더러, 소중한 우리 자녀를 불행한 시간 낭비꾼으로 이끄는 올가미일 뿐이다. 이러한 이유로 자녀가 인생의 목표를 설정함에 있어서 가장 중요한 것은 자신의 진지한 성찰의 결과로 얻어진, 자기 자신이 원하는 일과 직업이 연결된 목표여야 한다.

이렇게 자신이 잘하고 좋아하는 일과 직업을 목표와 연결하여 택한 사람은 자신 안에 잠들어 있는 잠재력과 열정이라는 잠든 거인을 깨워 낸 것이나 다름없다.

6) 노력

이 항목은 너무나도 중요하고 당연한 요소로 별도로 언급할 필요는 없다고 본다.

7) 만족 유예 능력

나중의 더 큰 보상이나 만족을 위하여 현재의 욕구나 보상, 만족을 위한 행위를 참고 보류하는 능력으로 노력, 인내, 끈기를 발휘하는 데 도움이 되고 삶에 긍정적 영향을 미친다. 나중에 자세히 설명하도록 하겠다.

8) 역경 극복 능력

역경에 처했을 때 이에 대응하고 극복하는 능력으로 유전적 기질, 자라온 환경, 학습에 의해서 큰 차이가 난다. 이 능력은 대체로 온실 속의 화초와 같이 보호 아래 성장한 사람들은 부족한 반면 어릴 때부터 많은 어려움에 노출되어 이를 경험한 사람들은 뛰어나다.

나는 만족 유예 능력과 함께 이 요소를 성공의 중요 인자로 본다.

9) 지혜와 통찰력

과거 농경 시대와 산업 시대에는 지식이 큰 재산이었다. 지금도 일정 부분 그러한 경향이 남아 있기는 하지만 지금은 그 영향력이 많이 줄어들었다.

특히 빅 데이터의 활용이 가능한 현대에는 누구든지 검색만 하면 원하는 정보에 접근할 수 있다. 그래서 이 시대를 살아가는 사람들에게는 단순한 지식보다는 누구라도 쉽게 접근할 수 있는 풍부한 지식을 활용하여 새로운 가치를 창출해 낼 수 있는 지혜가 필요하다.

그리고 교통과 산업, 정보화의 발달로 인하여 과거에는 국부적이고 소규모 단위로 이루어지던 인적 교류가 지금에 와서는 글로벌화가 되었고 그로 인하여 마치 나비 이론처럼 지혜와 영향력을 가진 한두 사람의 판단이 세계에 큰 영향을 미칠 수도 있게 되었다. 이러한 이유로 현대 사회에서는 성공이나 실패의 기로에 섰을 때 지식이 아닌 현명한 지혜와 냉철한 통찰력이 실패의 위험을 막아 주고 성공의 가능성을 높여 주는 막강한 힘을 발휘하게 된다. 따라서 지혜와 통찰력은 훌륭한 사람이 되려는 이들에게는 절대적으로 필요한 자산이다.

이상과 같이 나는 내가 생각하는 훌륭한 사람이 되기 위한 9가지의 성공 요소를 나열해 보았다.

이제 나는 앞으로 어떻게 하면 우리 자녀들에게 이 요소들을 효과적으로 습득하게 할 것인지를 기존의 발달심리학이나 교육학 혹은 여타 인문학의 이론에 나의 경험을 보태어 전개해 나갈 것이다.

내가 읽은 책 중에서 가장 기억에 남는 제목이 스티븐 코비의 『성공하는 사람들의 7가지 습관』이라고 생각하고 있었는데, 2018년도에 캐나다의 심리학 교수인 조던 B. 피터슨이 쓴 『12가지 인생의 법칙』을 보고 나서 '이 책 역시 참 제목을 잘 붙였구나.' 하는 생각이 들었다. 왜냐하면 두 책 모두 숫자를 제목에 제시함으로써 그 책의 주제와 주된 내용을 오랫동안 망각하지 않고 기억해 내게 해서 언제든 음미하고 실천할 수 있도록 하기 때문이다.

이러한 이유로 나는 이 책의 제목을 『내 자녀를 훌륭한 사람으로 키워 내는 16가지 원칙』으로 정했다. 이제부터 이 원칙들을 하나하나 독자 여러분에게 제시하고 설명해 보고자 한다.

내 **자녀**를 **훌륭한 사람**으로
키워 내는 **16가지 원칙**

영아기에는 오직 사랑만을 듬뿍 주어라

아이가 올바른 사회인으로 성장하길 바란다면, 영아일 때 관심과 애정을 담아 사랑을 듬뿍 주어라.

　최근 들어 사회 환경의 변화와 함께 환경 호르몬 등의 영향으로 아기를 원하지만 갖지 못하는 불임 부부가 늘어나고 있다. 그래서 젊은 부부에게 있어 새로운 생명이 태어나는 출산은 인생의 큰 경사이자 축복이다. 그렇지만 다른 각도에서 보면 출산은 부모와 가족 구성원 모두에게 있어서 아이를 길러 내는 과정에서 겪게 될 수고와 시련의 시발점이기도 하다. 왜냐하면 육아 담당자의 관점에서 봤을 때, 임신 기간 중에는 육아의 짐을 산모인 어머니가 모두 져 왔으나 출산 후에는 주변의 모든 가족이 직간접적으로 육아에 참여하거나 영향을 받을 수밖에 없기 때문이다. 이러한 이유로 부모는 물론이고 주변인들도 육아에 대한 기초 지식과 상식 정도는 알고서 부모의 육아를 도와주는 것이 바람직하다.

　그런데 현실은 이와 반대다. 많은 사람이 출산을 앞둔 부부는 사전에 공부를 해서 육아에 대한 지식을 가지고 있을 것으로 추측하지만, 나와 내 아내가 그랬듯이 대부분의 부모가 육아에 대한 풍부한 지식이 없이 단편적인 상식만으로 아기를 낳아서 키운다.

　나도 최근에 이 책을 쓰기로 결심하고 육아에 대한 자료를 수집하고 검토하는 과정에서야 영아기(생후 1개월 이후~24개월) 때 부모의 육아 방식이 아기가 어른으로 성장하였을 때의 성격에 지대한 영향을 끼친다는 사실을 알게 되었다.

운이 좋게도 우리 부부는 이러한 육아에 대한 사전 지식이 부족했음에도 불구하고 우연의 일치로 이 책에서 제시한 올바른 육아 방법과 유사한 방법으로 자녀를 키워 냈는데, 이 점에 대해서는 천만다행으로 생각하고 감사하게 여기고 있다.

그러나 그때 우리 부부가 지금과 같은 육아에 대한 지식을 가지고 있었다면 훨씬 더 세심한 정성과 애정을 쏟는 것은 물론이고, 육아에 대한 불안감보다는 잘하고 있다는 확신 속에서 아이를 잘 길렀을 것이다.

그래서 이번 제1원칙에서는 신생아(출생~1개월)의 특성과 영아의 기질, 영아의 월령별 정서 발달 특징 및 애착 형성 단계, 애착의 종류와 영아에게 미치는 영향, 영아에게 해 줘야 할 행위와 하지 말아야 할 행위, 양육자와의 관계 등에 대해서 순차적으로 이야기해 보도록 하겠다.

어머니 배 속의 태아에게 자궁이란 자신이 생존하고 성장하는 데 필요한 모든 영양이 탯줄을 통해 자동 공급되는 완벽하고 안전하고 안락한 천국이다. 이 천국 같은 자궁 속에서 태아는 임신 기간인 열 달 내내 어머니의 심장 박동과 호흡을 느끼고 어머니의 자장가 소리를 들으면서 편안함과 행복함 속에 있었을 것이다.

그러나 이러한 편안하고 행복한 상태는 출생이라는 행위로 인해 세상 밖으로 나오면서 깨지게 되고, 태어난 아기는 험난한 세상이라는 고행의 문에 들어서게 된다. 갓 태어난 신생아는 탯줄이 잘린 순간부터 독립된 개체로서 스스로 호흡하고 스스로 영양을 공급받아야 한다.

신생아는 스스로 호흡하지 못하고 젖을 빨지 못하면 곧바로 죽음이 기다리고 있다. 그리고 신생아는 유인원을 포함한 모든 포유동물 중에서 가장 미숙하고 약한 상태로 태어난다.

예를 들어 아프리카의 초원을 달리는 누우는 태어나자마자 단 몇 분 만에 일어서서 달릴 수 있다. 또 인간과 가장 가까운 유인원 중에서 원숭이는 태어난 순간부터 어미의 털을 잡고 매달릴 수 있으며, 고릴라와 같이 덩치가 큰 종류도 2~3일만 있으면 매달릴 수 있게 된다. 이에 반해 갓 태어난 신생아는 엄마의 가슴이나 등에 매달리기는커녕 머리 하나도 가눌 수가 없다.

가지고 있는 것이라고는 진화의 잔재로 남아 있는 본능인 빨기 반사나 생존 반사와 같은 반사 행동과 불완전한 오감의 감각뿐이다.

신생아는 육체적으로는 영양을 받아들이기 위한 입을 통한 빨기와 생리적인 현상인 잠자고, 오줌을 누고, 똥을 싸는 행위 정도만이 가능하고 정서적으로는 울고, 미소 짓는 행위 정도만이 가능하다.

이러한 신생아의 미숙함 때문에 생리적인 현상인 먹는 것, 자는 것, 오줌을 누고 똥을 싸는 것, 씻는 것, 입는 것 등등 하나부터 열까지 모두 양육자의 도움이 없이는 불가능하다. 한마디로 양육자의 도움이 없이는 신생아는 단 하루도 정상적인 생존이 불가능하다.

그래서 진화의 관점에서 보면 이런 불확실한 생존 조건에 놓인 신생아, 영아기의 아기는 절박하게 또는 가장 효율적인 방법으로 양육자인 어머니에게 매달릴 수밖에 없도록 진화해 왔으며 양육자인 어머니는 자신도 모르게 모성애를 자극하는 아기의 요구를 가장 민감하게 받아들이고 들어줄 수밖에 없도록 진화를 거듭해 왔다.

이 시기, 즉 신생아기와 영아기의 아기는 말하고 쓸 줄을 모르기 때문에 표정이나 울음, 미소, 옹알이, 손을 뻗는 동작 등을 통해 본인이 원하는 의사와 정서를 표현한다[여기에서 정서란 심리학적으로 말하면 신생아는 외부의 자극에 대해 생리적 변화(혈압, 맥박 수, 호흡 등)와 함께 표정이나 행동으로 반응하는데 이러한 변화와 반응을 의미한다].

이렇게 말 못 하는 아기가 의사와 정서를 표현하는 목적은 단 두 가지다.

첫 번째는 아기 자신이 배고프다, 아프다 등등의 정서적 상태를 양육자에게 알려 주는 의사 전달 기능을 함으로써 양육자가 자신을 보살피는 행동을 하도록 유도하는 것이다.

두 번째는 아기가 장난감을 얻기 위해 악쓰고 우는 것처럼 아기의 특정 자극에 의해 양육자가 특정 행동을 하도록 동기를 부여함으로써 사회적 거리를 조절하고 사회 환경을 통제하려는 것이다.

이처럼 아기가 의사와 정서를 표현하면, 양육자는 아기의 요구에 반응하여 아기에게 필요한 행동을 하게 되는데 이때 양육자가 하는 반응과 행동의 좋고 나쁨(양육자는 아기에게 필요한 것, 예를 들면 먹여 주고 재워 주거나 생리적 뒤처리를 해 주는 등의 물질적인 행동과 안아 주고 얼러 주고 미소 짓는 등의 정서적인 행동을 필요한 시기에 해 주는데 아기의 행동에 즉각적으로 반응해 주는 행동은 좋은 것이고, 이에 반하는 행동은 나쁜 것이다), 즉 양육자의 반응과 행동의 질에 따라 이에 상응한 친밀한 관계가 아기와 양육자 간에 형성된다.

예를 들면 양육자가 아기를 먹여 주고 안아 주고 달래 주고 미소 짓는 과정에서 아기는 자신이 안전하다는 것을 배우고, 자신이 울 때 양육자가 반응을 보여 주면 아기는 자신이 중요한 존재라는 사실을 배우게 된다. 또한, 양육자를 자신의 생존에 절대적인 도움을 주는 좋은 존재로 인식하여 양육자에 대한 믿음을 갖게 된다.

그러나 이와는 반대로 양육자가 위의 행동을 하지 않거나 반대되는 행동을 하게 되면, 아기는 생존의 위협과 무력감을 느끼고 자신이 중요한 존재가 아니라는 착각을 하는 동시에 양육자에 대한 불신과 거부감을 갖게 된다.

여기서 말하는 친밀한 관계란 심리학에서의 '애착'이란 말과 상통한다. 이 애착이라는 말은 사전적 의미로는 '몹시 사랑하거나 끌려서 떨어지지 않는 마음'을 뜻하나 심리학에서는 '생후 1~2년 이내에 영아가 자신을 돌보는 양육자와 형성하는 감정적인 유대 관계'를 의미한다.

양육 과정에서 아기가 양육자에게 느끼는 친밀한 감정이라고 표현되는 '안정적인 애착'을 느끼기 위해서는 다음의 두 가지 믿음이 필요하다.

첫 번째는 신생아, 영아기의 아기는 자신의 생존 자체를 전적으로 양육자에게 의지하고 있으므로 양육자가 아기 자신의 필요를 언제든지 기꺼이 채워 줄 것이라는 믿음이다.

두 번째는 양육자에게 아기 자신이 충분한 대우를 받을 정도로 가치가 있는 존재라는 믿음이다.

양육자가 아기에게 위의 두 가지 믿음을 충분히 심어 준다면 아기와 양육자 간의 친밀도가 높아져서 안정적인 애착 관계가 형성되는 반면에 두 가지 믿음을 심어 주지 못하면 친밀도가 떨어져 불안정한 애착 관계가 형성되고 만다.

또 이러한 애착 관계의 형성은 양육자의 태도에 의해 크게 영향을 받지만 아기가 유전적으로 타고난 기질에 의해서도 큰 영향을 받는다.

『발달심리학』에서는 이러한 영아의 기질 유형과 애착 관계를 연구하여 몇 가지로 분류하고 체계화하였는데 이에 대해 좀 더 구체적으로 알아보도록 하겠다.

1) 기질이란(『발달심리학』, 신명희 외 8인, 학지사 인용)?

아이를 키우는 어머니들이나 할머니들이 "저 애는 순하다." 아니면 "저 애는 까탈스럽다."라고 말하는데, 이와 같이 "순하다."라고 표현되거나 "까탈스럽다."라고 표현되는 영아의 성향을 가리켜 '기질'이라 말한다. 심리학에서는 '환경적 자극에 대해 영아 개인이 보여 주는 정서적 반응 양식'을 기질이라고 한다.

심리학에서 분류한 영아의 기질은 순한 영아(Easy Child), 까다로운 영아(Difficult Child), 반응이 느린 영아(Slow to Warm up Child)로 대별되고 이외에 기타 기질의 유형이 있다.

2) 영아의 기질별 특징

(1) 순한 영아(Easy Child)
- 영아 중 약 40%를 차지해 가장 많다.
- 이 유형의 영아는 진화의 관점에서 양육자에게 잘 보임으로써 원하는 욕구를 충족시키는 것처럼 보인다.

영아의 특징
수면, 식사, 배변 습관 등의 생리적 리듬이 규칙적이다.

행복하게 잠에서 깨어나고, 혼자서도 잘 먹고 잘 논다.

새로운 상황에 잘 적응하고 사람들에게 미소를 띠며 쉽게 접근하고, 긍정적이며 명랑하다.

(2) 까다로운 영아(Difficult Child)

- 영아 중 약 10%를 차지한다.
- 이 유형의 영아는 진화의 관점에서 보면 양육자에게 본인의 욕구를 가장 강력하게 어필하여 들어줄 수밖에 없도록 만드는 전략을 구사한다.

영아의 특징

식사, 수면, 배변 습관 등의 생리적 리듬이 불규칙하다.

조금만 불편해도 강한 반응을 보인다.

새로운 상황이나 낯선 사람에 대한 적응이 쉽지 않아 적응에 많은 시간이 소요된다.

자주 울고 부정적이며 적대적인 반응을 많이 보인다.

(3) 반응이 느린 영아(Slow to Warm up Child)

- 영아 중 약 15%를 차지한다.

영아의 특징

새로운 상황을 접할 때 불안해하며 위축된다.

환경적 자극에 대해 활발한 반응을 보이지 않으며, 변화에 적응하는 데 오랜 시간이 걸린다. 그러나 다시 기회가 주어지면 결국에는 적응하는 모습을 보인다.

(4) 기타 유형

- 위의 세 가지 유형으로 분류할 수 없는 타입으로 세 가지 기질의 특성 중 일부를 가지고 있거나 기타의 특징을 가진 영아로 약 35%의 영아가 이에 해당된다.

3) 순한 영아와 까다로운 영아의 성장 특성

발달심리학자들이 조사한 바에 따르면 까다로운 영아들이 자라면서 사회적인 문제 행동을 보일 확률이 순한 영아에 비해 훨씬 높다고 한다.

순한 영아가 문제 행동을 보일 수 있는 확률은 전체 대비 18%임에 반해 까다로운 영아는 이 확률이 전체 대비 70%나 되어 월등하게 높다.

그래서 아이를 키우는 과정에서 까다로운 영아의 유형은 타 유형의 영아에 비해 훨씬 더 많은 관심과 올바른 육아가 절대적으로 필요하다.

하지만 본인의 아기가 까다로운 영아라고 해서 실망하거나 포기해야 함을 의미하지는 않는다. 왜냐하면 까다로운 영아라고 해도 양육자가 관심과 애정을 가지고 올바른 방식으로 대응하기만 한다면, 문제 행동을 일으키지 않고 건전하게 성장할 가능성을 충분히 가지고 있기 때문이다.

이러한 측면 때문에 나는 이 책이 스스로 잘 자라나 주는 순한 영아보다는 까다로운 영아를 키워 내는 데 훨씬 더 도움이 되는 육아 지침서가 되리라 판단하고 있다.

한편 영아는 태어난 이후로 개월 수가 지나면서 단계적인 정서 발달과 함께 양육자(주로 어머니)와 친밀한 관계, 즉 애착 관계를 형성하게 되는데 이에 대해서 알아보도록 하겠다.

＞ 영아의 월령별 정서 발달 특징 및 애착 형성 단계

＊ 출생 시부터 신생아는 단맛, 신맛, 쓴맛에 다른 표정으로 반응하고 울음소리를 달리하는 등 고통, 혐오, 만족 같은 선천적인 정서를 표현한다.

＊ 영아는 출생 후부터 8주 사이에 어머니의 목소리에 반응을 보임으로써 어머니를 감각적으로 인식하기 시작한다.

그러나 아직은 애착이 형성되지 않아 낯선 사람과 혼자 남겨져도 크게 개의치 않는 모습을 보인다.

＊ 생후 1개월이 되면 영아는 움직이는 물체나 어머니의 음성 등의 외부 자극에 미소를 보이고, 2개월경이 되면 사람의 얼굴에 대해 사회적 미소(Social Smile)를 보인다.

사회적 미소는 양육자와의 친밀감을 강화시키고 사회적 상호 작용의 토대가 된다.

＊ 영아의 월령이 8주~8개월 사이가 되면 영아는 자신에게 친숙한 사람과 낯선 사람을 구분하기 시작한다.

어머니를 다른 사람들보다 선호하고 낯선 사람과 친숙한 사람을 구분할 수 있음에도 불구하고 낯선 사람과 혼자 남겨져도 어머니와 떨어지는 것에 대한 분리 불안을 보이지 않는다.

＊ 영아는 6개월경이 되면 미소 짓는 얼굴과 찡그린 얼굴 등의 정서와 관련된 표정을 구분할 수 있게 되어 차츰 타인의 정서에 영향을 받기 시작한다.

＊ 영아는 8~10개월경에 타인의 정서 표현을 인식하고 파악하는 능력이 두드러지게 발달하며, 이 시기가 지나면 영아는 낯설고 모호한 상황에서 양육자의 반응을 살피고 이 양육자의 반응을 정보로 하여 행동을 결정한다.

＊ 8~18개월 사이의 영아는 어머니에 대한 애착을 분명히 나타내서 어머니에게 적극적으로 달라붙어 함께 있으려고 한다.

또한 어머니와 떨어지게 되면 매우 불안해하는 분리 불안을 보인다.

분리 불안은 우리나라뿐만 아니라 전 세계 모든 문화권에서 보이는 영아기의 보편적인 행동 양상으로 보통 생후 12개월 전후부터 나타나기 시작해 14~16개월 사이에 급증하여 18개월까지 지속되다가 사라진다.

＊ 영아는 12개월경이 되면 불쾌한 자극에 대해 몸을 앞뒤로 흔들거나 입술을 깨물거나 스스로 장난감에 관심을 돌리는 등의 행동으로 부정적 정서 유발을 감소하는 행동을 보인다.

＊ 영아는 18개월경이 되면 자신과 타인이 다른 개체임을 아는 자아 인식(Self-Cognition)이 생겨나며 수치, 부끄러움, 죄책감, 자긍심 등의 정서가 생겨난다. 또한 슬픔이나 분노를 숨길 줄 알게 되고, 슬픔이나 분노를 억제하기 위해서 눈살을 찌푸리거나 입술을 굳게 다물고 이를 악무는 모습을 보인다.

＊ 언어와 인지가 발달하기 시작한 18~24개월 사이의 영아는 어머니가 없어도 어머니가 다시 돌아온다는 것을 인지하여 분리 불안이 급격히 감소한다.

또한 어머니가 말도 없이 외출하면 울면서 어머니를 찾지만, 외출 사유와 언제 오는지를 설명해 주고 외출하면 분리 불안을 덜 느끼고 기다릴 줄 안다.

＊ 영아가 24개월경이 되면 타인의 정서 파악 능력이 더 발달하여 부모뿐만 아니라 낯선 사람의 반응과 행동까지 참조하여 행동하게 된다.

또 이 시기의 영아는 요구와 설득을 통해 어머니와 협상하고 자신이 원하는 방향으로 어머니의 행동을 수정하려는 행동을 하게 된다.

이상으로 월령별 영아의 정서 발달과 애착 관계 형성 단계를 서술하였는데, 이 단계에서 양육자의 양육 방식에 의해 아이의 성격과 미래는 크게 달라진다.

앞에서 나는 양육자가 영아에게 생리적, 정서적 요구를 채워 주는 사람이라는 믿음과 영아 자신이 가치 있는 존재라는 믿음, 이 두 가지를 얼마나 확고하게 형성해 주는지의 여부와 영아의 유전적 기질 특성이 더해져서 영아의 애착 관계를 형성하게 된다고 말했었다.

우리가 잘 아는 심리학자 프로이트(1856~1939)는 "영아는 자아 중심적이고 자신의 욕구 중심적이어서 욕구가 과잉 충족이 되면 커서 의존적 성격이 될 수 있으며 반면에 욕구가 충족되지 못하면 손가락 빨기, 물어뜯기, 과식, 과음, 흡연, 약물 남용 등의 특성이 나타난다."라고 했다.

또 "욕구가 적절히 충족되면 낙천적이고 먹을 것을 즐기는 성격이 된다."라고 했다.

또 다른 심리학자 에릭슨(1902~1994)은 심리 사회적 발달 이론에서 "출생 시부터 1세에 해당하는 영아는 최초의 사회적 관계인 어머니를 통해 신뢰감을 형성하게 되는데 어머니는 음식이나 애정을 통해 영아의 욕구를 만족시켜 주어야 하며 이를 통해 영아는 어머니를 신뢰하게 되면서 인간에 대한 기본적인 신뢰감을 형성하게 된다."라고 했다.

또 "이때 양육자가 영아의 요구에 적절하게 대응해 주지 못하거나 일관성 없는 양육 행동으로 거부적인 태도를 보여 주면 영아는 좌절하고 불신감을 가지게 되는데 이러한 영아의 신뢰감 혹은 불신감은 세월이 지남에 따라 없어지는 것이 아니라 평생에 걸쳐 지속된다."라고 했다.

이렇게 영아가 양육자의 양육 태도에 의해 영향을 받는다는 것은 에인스워스(Ainswoth)의 영아 애착의 질을 측정하기 위한 실험에서 잘 나타난다.

에인스워스는 영아가 어머니와 떨어졌다가 재회하는 상황을 만들어 놓고, 영아가 보여주는 다양한 행동을 바탕으로 애착 관계를 안정 애착(Secure Attachment)과 불안정 애착(Insecure Attachment), 회피 애착(Avoidant Attachment)과 저항 애착(Resistent Attachment)으로 구분하였는데 후에 다른 심리학자들에 의해 혼란 애착(Disorganized Attachment)이 추가되었다.

이 실험의 결과를 정리한 것이 다음의 표인데 양육자가 영아 애착의 질에 영향을 끼치고 있다는 사실을 알 수 있다.

애착 유형		영아의 행동 특성	양육자 특성
안정 애착		• 어머니를 뚜렷하게 선호한다. • 주위 환경을 탐색하기 위해 어머니로부터 쉽게 분리된다. • 어머니와 함께 놀 때 밀접한 관계를 유지한다. • 어머니가 돌아오면 어머니를 반기며 적극적으로 접촉하고 쉽게 편안해한다.	• 영아의 요구에 즉각적으로 반응해 준다. • 안정적으로 상호 작용해 준다.
불안정 애착	회피 애착	• 어머니에게 별 반응을 보이지 않는다. • 어머니가 방을 떠나도 불안해하거나 울지 않고 어머니가 돌아와도 무시하거나 회피한다. • 어머니와 친밀감을 추구하지 않으며 낯선 사람에게도 유사한 반응을 보인다. • 지속적으로 원치 않는 자극을 받은 영아는 결국 부모와 있는 것이 즐겁지 않아 부모를 회피하거나 무시하는 행동을 하게 된다.	• 부모가 사기중심적이고 강압적이며 지나친 자극을 준다. • 무감각하고 신체 접촉이 거의 없으며 화가 나 있거나 초조해하며 거부하듯이 영아를 다룬다.
	저항 애착	• 어머니가 방을 떠나기 전부터 매우 불안해하며 어머니 곁에서 떨어지지 않고 탐색도 거의 하지 않는다. • 어머니가 방을 나가면 매우 당황하며 분리 불안 증세를 보인다. • 어머니가 돌아온 후에는 어머니와 접촉하려고 시도하지만 안아 주어도 안정감을 느끼지 못해 화를 내며 밀쳐 내는 등 양가감정을 표현한다.	• 일관되지 못한 양육 태도를 보인다.
	혼란 애착	• 극단적인 혼돈 상태로 양육자에게 접근해야 할지 회피해야 할지 갈피를 잡지 못한다. • 어머니와 재결합했을 때 어머니가 안아 주어도 얼어붙은 표정으로 있거나 먼 곳을 응시한다. • 양육자에게 접근하다가도 양육자가 다가오면 멀리 피한다. • 5~10%의 영아가 이 유형에 속한다.	

발달심리학자들에 의하면 안정 애착 유형의 영아가 불안정 애착 유형의 영아보다 정서적인 발달 면에서 우위를 보인다고 한다.

안정 애착 유형의 영아들은 불안정 애착 유형의 영아들에 비해 긍정적인 정서를 더 많이 나타내고 부정적인 정서는 훨씬 더 적게 드러내며 놀이에 있어서도 복잡하고 창의적인 가상 놀이를 하며 문제 해결 능력도 앞선다.

반면 혼란 애착 유형의 영아들은 또래 집단에서 적대적이고 공격적인 성향을 보일 가능성이 있으며, 이러한 성향은 자라면서도 잘 변하지 않아 성장한 후에도 지속된다.

이러한 이유로 신생아와 영아를 키울 때는 양육자와 아기 간에 친밀도와 신뢰도가 높은 안정적인 애착 관계 형성이 절대적으로 필요하다.

그래서 양육자는 위에 언급한 안정 애착이 이루어질 수 있도록 적극적으로 노력해야 한다.

그래서 양육자가 어떻게 해야 안정 애착이 이루어질 수 있는지, 다시 말하면 신생아, 영아기에는 어떠한 방법으로 아기를 키워야 하는지 살펴보도록 하자.

나는 양육자가 영아를 대하는 태도를 '반드시 영아에게 해 줘야 할 의무 사항'과 '절대 하지 말아야 할 금기 사항'으로 구분하였다.

양육자가 영아에게 반드시 해 줘야 할 의무 사항

* 영아의 생리적 요구를 충분하게 채워 주어라

영아의 입장에서 보면 생존과 성장에 필요한 먹는 것, 자는 것, 똥을 싸고 오줌을 누는 것 등이 최우선이다. 이 모든 것이 어머니를 포함한 타인에 의지해서 이루어지기 때문에 이 부분에 있어서 영아는 민감하게 반응할 수밖에 없다.

이러한 것들에 대한 보살핌이 제때 이루어지지 않으면 영아는 양육자에 대한 신뢰가 쌓이지 않고 불안한 마음이 든다. 즉, 영아는 자신의 필요를 언제든지 채워 줄 것이라는 양육자에 대한 믿음이 생겨나지 않는다.

반면에 생리적 요구가 제때 충족되고 나면 만족스럽고 편안한 가운데 양육자에 대한 친밀한 믿음이 생기고, 이러한 감정은 후에 긍정적이고 낙천적인 성격을 형성하게 된다.

✽ 정서적 요구와 표현에 최대한 민감하게 반응하고 요구를 들어주어라

말 못 하는 영아가 울고, 미소 짓고, 손짓과 발짓을 하고, 옹알이하는 등의 행동으로 정서적 표현을 하는 것은 영아가 자신의 상태를 알려서 양육자가 자신을 보살피는 행위를 하도록 유도하고 또 한편으로는 영아 자신의 특정 자극에 대해 특정 행동을 하도록 동기를 부여하는 목적이라고 말했었다.

영아가 이러한 목적으로 울 때 양육자가 우는 이유를 파악하고 반응하여 보살펴 주거나 미소를 지을 때 같이 웃어 주고 얼러 주는 등의 행동으로 아기의 정서에 공감을 해 줄 때, 영아는 생리적 욕구를 채워 주는 양육자에 대한 믿음과 함께 영아 자신이 양육자에게 기쁨을 주는 가치 있는 존재라는 인식을 가지게 된다. 이러한 믿음과 인식은 영아에게 자존감을 심어 주게 되어 인격 형성에 긍정적으로 작용하게 된다.

그러나 까다로운 영아에 속하는 아기들은 잘못된 방식으로 정서를 표현하고 잘못된 요구를 하여 양육자를 힘들게 하고 지치게 하는 경우가 있는데, 이러한 경우에는 무작정 요구를 들어주거나 방치하지 말고 노력과 인내를 통해 올바른 방법으로 정서 표현을 할 수 있도록 유도해서 교정해 주어야 한다(제3원칙 사례 참조).

✱ 풍부한 애정 표현과 신체적 접촉을 통하여 부모의 사랑을 느끼게 해 주어라

유인원을 포함한 모든 포유동물의 새끼가 그러하듯이 인간의 아기는 위험한 상황이 닥치면 부모의 품속으로 파고든다. 또 배고프지 않더라도 애정을 갈구하고 자신의 가치를 확인하고 인식하기 위해서 부모의 품을 원한다.

이러한 아기의 행동은 인류가 수많은 세월 동안 진화를 거듭해 오면서 가장 효율적으로 생존하기 위해 발달한 자연스러운 것이다.

영국의 동물학자 데스몬드 모리스는 그의 책 『접촉』에서 "우리 인간이 최초로 받은 인상은 어머니의 자궁벽에 둘러싸여 황홀하게 떠다닐 때의 친밀한 보디 터치의 감각이고, 이러한 자궁의 포옹을 대신하는 최상의 포옹은 어머니의 팔에 의한 포옹이다."라고 했으며, 또 "이상적인 포옹 방법은 아기의 신체 표면을 가능한 한 많이 자기 몸에 닿게 하면서 호흡을 즐길 수 있도록 껴안는 것이다."라고 했다.

그는 또 다른 책 『털 없는 원숭이』에서 "대다수의 어머니가 아기를 안을 때 아기의 머리를 자기의 왼쪽 가슴에 닿게 하는데, 그 이유는 어머니들이 자신들의 행위를 의식하지 못하면서도 아기의 귀를 어머니의 심장에 가깝게 하기 위한 것이다."라고 했다.

그러니 아이가 위험한 상황에 놓이거나 불안해하거나 애정을 갈구할 때는 물론이거니와 어떤 상황에서든지 더 자주 더 많이 끌어안고 포옹해 주는 것이 바람직하다.

이렇게 애정이 담긴 포옹을 통하여 어머니의 호흡과 심장 박동을 느끼게 해 주면 아이의 불안했던 마음은 편안해질 것이고, 어머니를 포함한 양육자에게 믿음과 애정이 싹트게 되어 안정적인 애착 관계를 형성하게 된다.

우리가 영아에게 사랑을 표현하는 방법은 포옹 이외에도 많다.

아기를 들어 올리고, 앞뒤 위아래로 흔들어 주고, 웃어 주고, 뽀뽀하고, 쓰다듬어 주고, 다독여 주고, 콧노래를 불러 주고, 몸을 비비거나 볼을 비비는 등의 행동 모두 사랑을 표현하는 방법이다. 이러한 모든 방법으로 영아에게 사랑의 마음을 전해라.

영아기 때 사랑이 결여된 지나친 엄격함은 낮은 자존심과 냉담과 불신을 초래하게 되는데, 영아기에 입은 이와 같은 정신적인 상처는 마치 나무의 옹이처럼 성인이 되어서까지 흔적을 남기기 마련이다.

＊ 일관성 있는 양육 태도를 유지하라

어떤 부모들은 직장이나 가정에서 불화가 있을 때 언짢은 감정을 영아에게 드러내고 평상시의 친밀한 태도와는 다른 상반된 태도를 보인다.

예를 들면 영아가 어제와 똑같은 행동을 했는데, 어제는 묵인했다가 오늘은 화를 내고 꾸짖는 반응을 보이는 것과 같은 행위 등을 말한다.

이렇게 하면 영아는 어디에 기준을 맞추고 행동해야 할지 몰라 갈피를 잡지 못하여 당황해하고 불안해한다.

반면에 부모가 일정한 기준을 가지고 일관성 있는 태도를 보이면, 영아는 기준을 이해하고 부모의 반응을 예측할 수 있게 되어 부모가 원하는 행동을 하게 됨은 물론이고 안정감을 느끼게 되고 이에 따른 자신감을 갖게 된다.

위에 열거한 항목들과 같이 양육자가 반드시 해 줘야 할 의무 사항이 있는가 하면 양육자가 절대로 하지 말아야 할 금기 사항도 있다.

이런 행위는 애착의 유형에서 불안정 애착을 초래해 아기를 망치는 행위로, 나중에 양육자에게 더 큰 실망과 부담을 안겨 주는 부메랑이 되어 돌아오니 절대로 하지 말아야 한다는 걸 명심해야 한다.

* 영아에게 자기중심적이고 강압적인 태도로 대하지 마라

우리나라 부모들은 서구인에 비해 자녀를 개별 인격체로 보지 않고 본인의 소유물로 여기는 경향이 있으며, 일부 부모는 아직 자아가 형성되지도 않았는데 영아가 몸만 작을 뿐이고 생각은 성인이나 다름없는 것처럼 착각하기도 한다(영아는 18개월경이 되어서야 자신과 타인이 다른 개체임을 아는 자아 인식이 생겨난다).

이러한 착각에 부모의 기질을 포함한 몇 가지 특성이 더해지면 부모는 영아를 자기중심적이고 강압적으로 대하게 되는데, 이렇게 되면 영아는 부모가 무섭고 두려워서 부모와 함께 있는 것이 즐겁지 않게 되어 결국에는 부모를 피하거나 무시하는 등의 부정적인 행동을 하게 된다.

그리고 이런 환경 속에서 자란 아이는 성인이 되어서까지 자존감이나 자신감을 갖지 못하여 자신이 멍청하고 무능하다고 느끼며 이에 따라 어떤 새로운 일을 대할 때마다 도전적으로 위험을 무릅쓰고 시도해 보기보다는 지레 겁을 먹고 물러서는 경우가 많다.

* 영아를 신체적 정서적으로 방치하지 마라

영아기의 아이는 부모가 신체적 욕구를 필요한 시기에 충족시켜 주고, 자기를 사랑스럽게 바라보며, 미소 짓거나 껴안아 주고, 번쩍 들어 안아 주는 등의 애정 표현을 해 줄 때, 자신이 부모에게 가치 있는 존재이고 사랑받고 있다는 것을 배우는 한편 부모를 신뢰하게 된다.

이와 반대로 부모가 아이의 신체적 욕구를 채워 주지 않고 장시간 방치한다거나 아이가 부모의 사랑이 가득 찬 눈길이나 포옹 등 부모의 애정 표현을 받지 못하고 잘못을 저질렀다고 해서 부모가 애정을 거두어들이면 아이는 자신이 부모에게 사랑스럽고 가치 있는 존재가 아니라고 믿게 된다.

이렇게 신체적, 정서적으로 방치된 아이들은 자라면서 지나치게 남에게 의존하고 필사적으로 매달리는 모습을 보이거나 아니면 반대로 지나치게 방어적인 태도를 취해서 정서적으로 타인과 친밀한 관계를 맺지 못하게 된다. 또 이렇게 방치된 아이 중 일부는 공격적인 행동을 하기도 하는데, 이러한 행동은 어른이 되어서까지도 계속된다.

이러한 사례는 부모에게 버림받아 신생아 혹은 영아기부터 고아원에서 사랑을 받지 못하고 자란 아이들에게서 흔히 볼 수 있다.

✳ 무관심과 무감각으로 거부하듯이 영아를 다루지 마라

정서적으로 안정된 아이는 부모와 안정된 애착 관계가 형성되어 부모와의 사이가 좋다는 믿음 그리고 어떤 상황에 부닥치더라도 부모가 자기를 보호해 주고 버리지 않을 것이라는 믿음을 가지고 자란다.

반대로 이런 믿음이 없는 아이는 부모가 자신을 지켜 주고 돌봐 주지 않을 수도 있다는 불안감을 안고 자란다.

현대 사회에서는 환경적인 요인으로 인하여 주된 양육자인 어머니가 육아에 전념하기가 힘들다. 이러한 이유로 양육자가 경제적인 어려움이나 심신의 피로가 쌓인 상태에서 무관심과 무감각으로 거부하듯이 영아를 다루게 되면, 영아는 극도의 불안과 함께 본인이 부모에게 가치 있는 존재라는 믿음을 갖지 못하게 된다.

이런 환경에서 자란 아이는 부모를 피하거나 아니면 부모에게 화를 내고 반항하는 행동을 하게 되고, 나중에 반항 심리를 가진 문제아가 될 소지가 크다.

＊ 너무 이르거나 지나친 기대로 영아에게 지나친 압박이나 자극을 주지 마라

완벽주의 성향의 부모는 외모, 지위, 명예, 부는 물론 다른 사람들의 평가에 높은 가치 척도를 두고 완벽함에 이르지 못하면 다 실패라고 여기는 성향이 강하다. 그래서 어린 자녀에게도 완벽을 요구하며 강압적이고 횡포에 가까운 지나친 압박을 하게 된다.

이런 환경에 놓인 아이는 끊임없이 부모의 기대에 부응해야만 자신이 부모로부터 인정받는 가치 있는 사람이 된다는 암시를 받고 자라지만, 실제로는 완벽주의 성향의 부모로부터 칭찬과 격려보다는 지적과 꾸지람을 듣는 경우가 훨씬 더 많다.

이렇게 지적과 꾸지람 속에서 열등감을 느끼고 자란 아이는 나중에 성인이 되어서도 자신감이나 자존감이 아주 낮고, 스스로 무능하다고 생각하여 무언가를 해야 할 때마다 불안과 걱정에 휩싸이게 되고, 이렇게 불안한 심리와 자신감이 결여된 상태에서는 무슨 일을 해도 실패할 확률이 높다.

이와 같은 완벽주의 부모가 저지르는 잘못이 있는가 하면, 자녀에 대한 지나친 기대를 하는 부모들이 너무 이른 시기에 강압적으로 학습을 강요하는 잘못도 있다.

우리나라 부모들의 치맛바람은 유명해서 유난히 자녀의 학업 성적에 대한 높은 기대치를 가지고 있으며, 자녀가 높은 학업 성적을 바탕으로 좋은 학벌에 높은 사회적 지위의 직업을 갖게 되길 원한다. 그리고 이러한 기대와 바람은 영아 때부터 조기 영재 교육으로 이어지게 된다.

그러나 이러한 조기 영재 교육이 부모들의 바람과 같이 성공적으로 열매를 맺는 경우는 드물다. 왜냐하면 이런 인지 교육 중심의 영재 교육은 영아의 발달 단계에 걸맞지 않아 영아에게 과도한 학습 자극을 가함으로써 스트레스, 무기력, 불안 증세, 집중력 저하 등과 같은 정신적 문제를 야기하여 부모의 바람과는 달리 오히려 학습 능력을 저하시키기 때문이다.

또 영아의 입장에서 보면 초기에는 부모의 압박으로 어쩔 수 없이 따라서 하는 척하겠지만, 어느 시점에 이르러 본인의 능력을 벗어나는 한계치에 다다르면 부모의 압박에 대한 부담감으로 부모를 회피하거나 부모에게 반항하는 질이 나쁜 애착 관계로 전락하고 만다. 이상으로 양육자가 영아에게 반드시 해 줘야 할 것과 하지 말아야 할 것을 각각 네 가지씩 열거하였다.

이제 마지막으로 아이를 누가 양육할 것인가에 대한 현실적인 고민도 함께해 보도록 하자.

앞에서 본 바와 같이 영아기의 양육에는 어머니가 주된 양육자가 될 수밖에 없지만 현실은 그렇게 녹록하지 않다.

현대 사회의 특성상 요즘 시대 대부분의 어머니는 전업주부가 아닌 워킹맘이다. 철인이 아니고서야 앞에서 언급한 바람직한 육아법을 워킹 맘이 그대로 실천하기에는 한계가 있다.

그래서 요즘에는 아이 돌봄 서비스나 보육 교사 그리고 친가, 외가의 조부모가 양육을 돕거나 대신하는 경우가 늘고 있다.

이러한 타인 양육의 경우에는 어머니 외의 타인 양육자가 어머니보다도 더 많은 시간을 영아와 함께 보내게 된다.

이때 영아는 타인 양육자와도 어머니와의 애착 관계와 유사한 강도의 애착 관계 형성이 가능해서 부족한 어머니와의 애착 관계를 대신하거나 채워 줄 수 있어 큰 문제는 없다고 한다.

그러나 보육 교사나 아이 돌봄 서비스는 사람이 자주 바뀔 경우 영아가 애착 관계를 형성하는 데 어려움을 겪을 수 있다.

또 다행히 사람이 바뀌지 않아 안정적인 애착 관계가 형성되더라도 아이의 성장 후까지 인연의 끈이 지속되기가 어렵기 때문에 아이가 힘들게 맺은 애착의 연결 고리가 끊어져 버린다는 단점이 있다.

이와 같은 단점을 가진 타인 양육과는 달리 친가, 외가의 조부모에 의한 양육은 다음과 같은 장점을 가지고 있어서 적극적으로 권하고 싶다.

아이의 입장에서 본 조부모 양육의 장점은 아이 돌봄 서비스와 달리 육아 과정에서 사람이 바뀌지 않아 안정된 애착 관계를 형성할 수 있다는 것과 안정된 애착 관계의 연결 고리가 성장 후까지 지속되어 아이의 정서에 도움이 된다는 것이다.

조부모의 입장에서는 첫째, 손자 손녀를 키우는 과정에서 자식을 키울 때와는 또 다른 즐거움과 보람을 느낄 수 있으며 둘째, 손자 손녀와 안정적인 애착 관계가 형성되었기 때문에 아이가 성장한 후에도 세대를 이어 정이 오갈 수 있어 외롭지 않은 노후를 보낼 수 있다는 장점이 있다.

이 점은 도시 가정에서 자식에게 의탁해 사는 할아버지, 할머니의 서열이 손자 손녀에게는 애완견보다도 못하다는 우스갯소리가 왠지 농담으로만 들리지 않는 현실 속에서 이를 극복할 수 있는 건전한 대안이 될 수도 있다.

우리 집의 경우 내 아이 둘은 태어난 이후 줄곧 전업주부였던 아내의 손에서만 자랐고, 또 아내가 희생적으로 아이들을 돌보아서인지 아내와의 애착 관계가 잘 형성되어 있어서 아이들이 성인이 된 지금도 엄마를 좋아하고 엄마와 사이도 좋다.

반면 나주 시골에 계신 할아버지, 할머니는 특별한 행사가 있을 때나 찾아뵈었기 때문에 자주 뵙지도 못했고 서로 간에 정을 나눌 수 있는 기회도 없었다.

그래서인지 아이들은 커 가면서나 성인이 된 지금도 할머니에게 특별한 정을 못 느끼고 살갑게 대하지도 않는데, 자식인 나로서는 내심 서운할 때가 많다.

내 아이들과는 반대로 옷 가게로 살림을 꾸려 왔던 내 여동생의 아이 셋은 젖먹이 때부터 외할머니 손에 맡겨질 때가 많았다.

그리고 커 나가는 과정에서도 내 아내가 어머니는 외손주만 예뻐한다고 불평할 정도로 외할머니의 사랑을 많이 받았다.

그 결과 여동생의 아이 셋은 직장을 가진 성인이 된 지금도 외할머니라면 좋아서 어쩔 줄을 모른다. 아이들은 학교에 다닐 때도 주말에 틈만 나면 외할머니를 찾았고 방학 때면 아예 시골집에서 살았다.

지금도 틈만 나면 노인 냄새가 풀풀 나는 시골집 외할머니를 찾아 주름 많고 검버섯 가득한 얼굴에 볼을 비비면서 살갑게 대하는 것을 보면 기특하기도 하고 또 한편으로는 부럽고 신기하기도 하다.

내 아이들과 여동생의 아이들을 비교해 볼 때 왜 이렇게 차이가 날까?

나는 이 모든 것이 기른 정(다시 말해 앞에서 배운 애착 관계 형성 여부)이라고 결론을 내렸다.

내 아이들이 할머니한테 정이 없는 것은 어렸을 때 할머니의 사랑을 받을 기회가 없어 애착 관계가 형성되지 않았기 때문이고, 여동생의 아이들은 어릴 때부터 외할머니의 사랑을 듬뿍 받아 안정적인 애착 관계가 잘 형성되었기 때문이다.

최근까지도 나와 아내는 딸에게 결혼을 해서 아이를 낳더라도 아이를 돌보아 줄 수 없노라고 입버릇처럼 말했었다. 그러나 최근에 외조카들을 보면서 마음이 바뀌었다.

이유는 먼 미래를 바라볼 때, 우리가 손자 손녀를 돌보아 주는 것이 우리 부부나 미래의 손자 손녀 모두에게 더 많은 득이 되고 행복의 원천이 된다는 것이 자명한 사실이기 때문이다.

이상으로 기존에 알려진 발달심리학과 기존 이론들을 차용하여 영아기의 육아에 대해서 구구절절 장황하게 설명했다. 내가 강조하고 싶은 주된 결론은 아래와 같이 요약될 수 있다.

모든 것에는 시기가 있고 순서가 있는 법이다.
아이가 긍정적이고 진취적인 좋은 성격을 가진 어른으로 성장하길 바란다면, 영아기의 아이에게는 부모가 헛된 욕심을 버리고 오직 사랑의 마음으로 관심과 애정을 듬뿍 쏟아부어야 한다는 점을 명심하자.
그래서 아기가 신체적으로는 건강하게 무럭무럭 자라고, 정서적으로는 부모에 대한 믿음과 애정이 충만한 안정적인 애착 관계가 형성되기만을 바라자.

영·유아기에 마음껏 뛰놀고 체험하게 하라

내 자녀가 신체적으로 건강하고, 정신적으로 긍정적이고, 진취적인 성품을 갖추길 원한다면 영·유아기에는 마음껏 뛰놀고 세상의 다양한 사물을 직접 체험하여 경험해 볼 수 있도록 환경을 조성하고 지원해 주어야 한다.

발달심리학 관점에서 보면 영아가 8~12개월이 되면 자기 신체보다는 주위 환경에 관심을 가지게 되며, 12~18개월이 되면 걸음마를 하게 되면서 왕성한 호기심과 탐구심으로 주변 상황을 관찰하고 탐색하기 시작한다.

또 한편으로는 18개월경에 자신과 타인이 다른 사람임을 아는 자아 인식이 가능해서 부끄러움, 수치, 부러움, 죄책감, 자긍심 등의 도덕적 정서가 생겨나기 시작하고 언어적으로는 말을 하기 시작한다.

그리고 24개월 이후에는 의사소통이 가능해지고 걷고 뛰는 등의 신체적 활동이 자유로워지면서 주위를 활발하게 탐색하고 남의 도움을 받지 않고 스스로 행동하고자 하며 양육자들이 '미운 세 살'이라고 표현하는 얄미운 행동들을 하게 된다.

영아가 유아기(만 2세~6세)로 접어드는 이 시기가 되면 양육자는 두 가지를 명심해야 한다.

첫 번째는 영아가 유아기에 걸쳐서 나타내는 왕성한 호기심과 탐구심을 바람직한 방향으로 유도함과 아울러 스스로 행동하고자 하는 자율성을 길러 주어 성인이 되었을 때 자율적이고 주도적인 성격, 즉 긍정적이면서도 진취적인 성격을 갖게 하는 것이다.

두 번째는 도덕적 정서가 생겨나서 도덕성이 성숙해 가는 유아기에 올바른 도덕관과 질서 의식을 심어 주어 사회인으로서의 기본적인 기틀을 만들어 주는 것이다.

이 두 가지 중 도덕성을 기르는 문제는 다음 제3원칙에서 논하기로 하고 이번 제2원칙에서는 유아기의 호기심, 탐구심, 자율성을 길러 주는 방안을 발달심리학을 근거로 하여 살펴보도록 하겠다(『발달심리학』 213p).

2세의 유아는 혼자서 걷고 물건을 잡는 등의 신체적 기술이 발달하면서 주위를 활발하게 탐색하고 남의 도움을 받지 않고 행동하고자 한다.

숟가락질을 하거나 컵으로 물을 마시는 것 등등 본인의 행동 모두를 스스로 하려고 한다.

이렇게 아이가 스스로 하려고 할 때 주위 사람들로부터 거부나 비난 없이 자신의 방법과 속도로 행동하는 것이 허용되고 격려를 받는 환경 속에 놓이게 되면 아이는 지속적이고 다양한 경험을 할 수 있게 되고 이를 바탕으로 자율성이 발달하게 되어 성인이 되었을 때 어려움을 헤쳐 나가면서 독립적인 삶을 살 수 있게 된다.

반면에 유아에게 스스로 행동할 기회를 주지 않고 과잉보호하여 지나치게 통제하거나 허용해 주지 않으면, 아이는 성장 과정에서 꼭 필요한 '분리-개별화'라는 과정을 경험하지 못해 독립적인 삶을 살지 못하게 될 가능성이 크다. 여기에서 '분리-개별화'란 가족과 부모로부터 떨어져서 별개의 독립된 개인이 되어 가는 과정을 말하며 보통 아이들은 2살에서 4살 사이에 처음으로 자신이 부모와 분리된 별개의 존재라는 것을 알게 되고, 이때부터 정서적 분리가 조금씩 시작된다.

과잉보호하거나 지나치게 통제하는 부모는 아이를 위해 엄청난 희생과 헌신을 하면서 아이에게 모든 것을 걸고 지나치게 공을 들여 그 대가로 자녀가 성공하여 자신에게 온 마음을 바칠 것을 원하지만 현실은 이와 정반대로 흘러가는 경우가 많다.

일례로 장손이자 외아들인 내 친구를 보자.

이 친구의 어머니는 어렵게 얻은 아들이기에 모든 것을 아낌없이 해 주었다. 태어난 직후부터 장손을 위한 일이라면 온 집안이 물불을 가리지 않았다. 그래서 음식을 먹을 때는 가장 좋은 것을 앞에 놓아 주었고, 초등학교에 들어가기 직전까지도 어머니가 남이 보는 앞에서 밥을 떠먹여 주었다. 이 친구는 또래 친구들과도 함께 놀지 못하고 항상 어머니의 치마폭을 맴돌았다. 또 외아들이자 장손이 어찌 될까 봐 늘 전전긍긍하며 "다칠 수 있으니 심한 놀이는 하지 마라, 사고 날 수 있으니 물가에도 가지 마라, 다칠 수 있으니 롤러스케이트는 안 된다, 나쁜 친구들하고 어울리면 안 되니 곧장 집으로 와라."라는 잔소리를 했다. 그렇게 친구는 지나친 보호와 통제 속에서 자라났다. 힘든 일도 전혀 시키지 않아 본인의 방 청소나 집안일도 해 본 적이 없었다.

또 자라는 과정에서 어머니가 모든 일을 대신해 주고 감싸 주었기 때문에 친구는 자기 행동을 책임지지 않았고 자기 물건이 소중한지도 전혀 몰랐다. 필요한 것은 말만 하면 부모가 알아서 다 바쳤기 때문에 세상일에 도전할 필요도 없었고, 의욕이나 기회도 없었다.

그래서 친구는 커 나가는 과정에서 모든 것을 부모에게 의지했으며, 심지어는 결혼 후에도 캥거루 자식이 되어 부모에게 얹혀살았다. 결국 친구는 철벽같았던 부모의 벽이 사라지고 나서야 자신이 세상을 살아가는 데 필요한 것들을 하나도 모른다는 사실에 당황했고, 막상 세상사에 부딪혔을 때는 겁이 나서 이 핑계 저 핑계로 뒤로 물러설 생각부터 먼저 하고 부모를 대신한 아내의 그늘에 숨어 사는 인생의 실패자가 되고 말았다.

발달심리학적으로 보면 영아의 시기를 거친 유아기는 신체적, 인지적, 언어적, 정서적으로 많은 발달이 이루어지는 인생에서 가장 중요한 변화의 시기이다.

유아는 잠시도 가만히 있지 못하고 끊임없이 움직이고 놀이를 하면서 성장한다. 놀이터에서 모래 장난을 하고, 그네와 시소를 타고, 미끄럼틀을 타고 놀고, 식물을 키우고, 자연환경 속에서 놀고, 강아지와 어울려 뛰어다니고, 친구들과 어울려 노는 등 모든 놀이가 유아의 발달을 촉진한다.

또한 유아는 소꿉놀이, 병원 놀이 등의 가상 놀이에서 역할을 나누고 놀이 계획에 대해 또래와 타협함으로써 사회적인 개념을 배우고 사회적 통찰력을 기르게 될 뿐만 아니라 주의 집중, 기억, 언어 능력, 창의성 등 자신의 관점을 표현하고 타인의 의견을 수용하는 능력 같은 다양한 정신적 능력을 강화하게 된다.

이러한 가상 놀이에서 또래 친구나 양육자의 도움과 지원은 유아의 언어와 인지 발달을 촉진하게 한다.

그러나 불행하게도 어떤 부모들은 무지하거나 조기 학습에 매달려서, 이 시기에 있는 아이들의 놀이 기회를 빼앗고 마는데 이는 전적으로 잘못하는 일이다. 어른들의 눈에는 아이들의 놀이가 단순한 놀이 그 자체로 보이지만 아이들은 놀이를 통해서 노는 게 아니라 놀이를 통해 배우고 있는 것이다.

그리고 놀이가 가장 효율적인 배움의 장이다. 그래서 양육자는 유아의 놀이 기회를 뺏을 것이 아니라 오히려 유아가 놀이에 흥미를 느낄 수 있도록 풍부한 경험과 정보를 제공해 주고 격려해 주는 것이 유아의 인지 발달에 매우 효과적이라는 것을 알아야 한다.

유아가 놀이를 할 때, 혼자서 과제를 해결하지 못할 때는 해결에 필요한 조언과 도움을 주어 중간에 포기하지 않고 해결해 나갈 수 있도록 유도해 주어야 하며 유아가 문제를 잘 해결해 나가게 되면 도움을 줄이고 유아가 혼자서 문제를 해결할 수 있을 때는 간섭하지 않는 것이 좋다.

이에 대한 이론적 근거로는 심리학자 에릭슨의 연구를 들 수 있다.

에릭슨은 "유아는 놀이를 통해서 자신과 사회적 관계에 대해서 알게 된다."라고 하였다. 유아에게 있어서 놀이는 어른의 생각 혹은 계획과 비교할 수 있다.

유아는 놀이를 통해 작은 실패와 성공 경험을 하고, 새로운 기술과 지식을 익히고 습득하며, 공동의 목적을 달성하기 위한 그들만의 작은 사회적 관계를 조직하는 경험을 한다.

유아기에는 언어 능력과 운동 능력이 성숙해지면서 주변 환경을 탐색하는 데 매우 공격적이며 힘이 넘치고 다른 사람들로부터 도움을 받거나 인정받고 사랑받고 싶은 의존성을 발달시키게 된다.

이때 부모나 가족이 유아에게 자유롭게 행동하고 탐구하고 실험할 수 있는 자유를 부여해 주면 아이들은 주도성을 가지게 되고 목표 지향적이 된다.

에릭슨은 어른들이 유아에게 유아기의 활기 넘치는 놀이와 새로운 과제를 습득하려는 노력을 하지 못하게 하면, 유아는 어른들에 의해 위협을 받고 혼나고 있다고 느끼기 때문에 죄의식을 갖게 된다고 하였다. 또 어른에 의해 제재를 당하는 것은 유아의 자신감을 무너뜨리고 외부 세계에 대한 두려움을 갖게 한다고 했다.

유아의 활동을 제한하고 유아의 질문을 귀찮게 여기거나 질문에 대한 대답에 일관성이 없으며 유아가 무언가를 할 때 양육자가 심하게 꾸짖으면, 유아는 계획이나 목표를 이루지 못할 뿐만 아니라 새로운 활동을 나쁜 것이라고 느끼며 자발적인 추진력에 대한 죄책감을 느끼게 된다.

또한 영·유아기에는 실내에서 이루어지는 학습보다는 주변인과의 정서적 유대감 형성과 신체 운동 그리고 감각을 자극할 수 있는 야외 활동 등이 뇌 발달에 도움이 되는 직접적이고 적합한 경험이 된다. 왜냐하면 영·유아들은 실제 세계의 외부 대상에 민감하게 대응하고, 대상의 반응을 통해 서로 교감하면서 세상을 알아 가기 때문이다. 이러한 이유로 영·유아기에는 실제 세계에 대하여 보고 듣고 냄새를 맡고 맛보고 피부로 느끼는 오감을 통한 경험이 그 무엇보다 더 중요하다. 그래서 부모들은 영·유아기의 아이들을 가능한 한 많이 운동장에서 뛰놀게 하고, 자연과 접할 기회를 자주 만들어 주는 것이 바람직하다는 것을 알아야 한다.

그런데 지금 일부 후진국을 제외한 현대 사회의 아이들은 정보화 시대에 태어나 과거의 부모 세대와 달리 TV나 비디오, 핸드폰 등에 무방비 상태로 노출되어 있다.

특히 한국의 부모들은 미국이나 유럽의 부모들에 비해 아이들의 TV 시청에 관대하고, 여러 가지 이유를 들어 너무나도 일찍 아이들의 손에 핸드폰을 건네주거나 사 주고 있다. 그리고 부모의 허영과 욕심 때문에 많은 수의 영·유아가 영재 교육이나 조기 교육에 내몰리고 있는데, 이 영재 교육이나 조기 교육 프로그램 중 상당 부분이 시청각 교육이다.

그러나 국내외의 연구 결과를 보면 TV나 비디오 등의 영상물을 많이 보는 것은 아이의 발달에 전혀 도움이 되지 않는다. 특히 만 2세 이하의 영아들에게는 이러한 영상물이 교육 프로그램이라 할지라도 실익이 없고 오히려 언어 발달 지연, 정서 조절 문제, 과잉 언어증 등 발달적 문제를 초래할 수 있어서 해로울 뿐이다.

왜냐하면 앞서 말했듯이 영아들은 실제 세계와 서로 반응하면서 그 과정을 통해 배워 나가는데, TV나 비디오 등 영상물은 정해진 스토리대로 일방적으로 정보가 전달될 뿐 영아에게 능동적으로 반응하지 않기 때문에, 영아들이 영상 속의 인물이나 대상들을 실제적이며 살아 있는 정보 자원으로 여기지 않는다. 일례로 미국 학자들이 2000년대 들어 디즈니가 개발한 영아 교육용 DVD의 교육 효과를 조사한 결과에 따르면 영아 교육용 DVD를 시청한 아이들이 일반 아이들에 비해 언어 발달이 늦었으며 이에 비해 DVD를 시청한 시간에 책을 읽어 주는 경우에 어휘력이 월등히 나아지는 것으로 판명되었다.

또 이러한 영상 자료의 과다 시청으로 인한 문제 중 하나인 과잉 언어증은 문자를 읽는 능력은 발달해 있지만 이를 이해하지 못하는 발달 장애를 말하는 것으로 세밀한 것에만 집중하게 되고 타인에게 전혀 관심을 보이지 않는 등의 사회성 결여 증상을 보이는 것이 특징이다.

과잉 언어증을 앓고 있는 아동들을 조사해 보면 대부분 2세 이전부터 과도한 환경 자극이 제공되었고 TV를 통한 한글이나 영어 학습용 프로그램, 선전 등에 하루 3시간 이상 노출된 것으로 알려져 있다.

이러한 이유로 미국 소아과 학회는 2세 미만의 영아는 TV를 봐서는 안 된다고 강력히 권고하는 한편 어린아이의 언어 발달과 두뇌 발달은 사람들과의 밀접한 상호 작용 속에서 이루어지는 것임을 강조했다.

또 영·유아를 포함한 아동기의 TV 시청에 관한 대부분의 연구 결과에 따르면 TV 속의 폭력 장면들이 실제로 TV를 보는 이들의 폭력성을 부추기게 되는데, TV 폭력에 노출된 아이일수록 더 적대적이고 더 공격적인 성향을 나타내었고 이러한 현상은 여자아이들보다 남자아이들에게서 더 심하게 나타난다고 한다.

그리고 아동기(6~12세)에 폭력 프로그램에 대한 선호도가 높은 아동일수록 성인이 된 이후에 폭력 범죄를 저지를 확률이 더 높다. 이렇게 되는 원인은 TV가 폭력, 학대, 외모, 성 정체성, 직업, 명예와 부 등 TV의 소재거리와 관련하여 실제 세계보다 더 나쁘게 세상을 그려 냄으로써, 아이들에게 잘못된 고정 관념을 투사하여 시청하는 아이들로 하여금 비뚤어진 가치관을 갖게 하는 데서 비롯됐을 것이다.

다시 한번 강조하건대, 만 2세 이하의 영아에게는 절대로 TV나 핸드폰을 보게 하지 마라. 그리고 그 이후인 유아기를 포함한 아동·청소년기(13~20세)에도 TV, 핸드폰보다는 책을 읽는 것이 훨씬 유익하다는 점을 명심하자.

언젠가 나는 영국 BBC 방송 프로그램에서 "3~5세 유아의 두뇌 발달에는 즐거워하며 집중해서 노력하는 것이 최고다."라고 하며 그 증거 사례로 인도 출신인 유럽 소년 라자트(체스 챔피언)를 예로 드는 것을 봤다.

나는 개인적으로 "즐거워하며 집중해서 노력하는 것이 최고다."라는 말이 내가 이 책을 통하여 강조하고자 하는 내용을 전체적으로 축약하고 있다고 생각하며 전적으로 이 말에 동감한다.

우리는 이번 제2원칙을 통하여 유아기의 아이들에게 왕성한 호기심과 탐구심을 독려하고 자율적으로 행동하게 한다면 성인이 되어서 긍정적이고 진취적인 자세로 독립적인 삶을 살게 되는 반면에 과잉보호하고 지나치

게 통제하게 되면 성인이 되어서 수동적인 사람이 되어 독립적인 삶을 살지 못하게 된다는 것을 알았다. 그리고 영·유아기의 아이들은 놀이를 통해 배우고 발달하기 때문에 어른들이 아이들의 놀이를 조기 학습이란 명목으로 제한해서는 안 되고, 만 2세 이하의 영아에게는 TV나 비디오를 절대 보여 줘서는 안 된다는 점을 강조하였다. 그러니 우리는 이러한 사항을 지침으로 영·유아기의 아이들에게 마음껏 뛰놀고 세상을 직접 체험할 기회를 만들어 줌으로써, 그 과정을 통해서 '즐거워하며 집중해서 노력하는 경험'을 자주 겪을 수 있도록 도와주어야 한다. 그렇게 되면 우리 아이들은 성인이 되면서 신체적으로는 건강하고, 정신적으로는 긍정적이면서도 진취적인 성격을 갖게 될 것이다.

유아기에 도덕적 기틀을 바로잡아라

세 살 적 버릇이 여든까지 간다. 유아기에 도덕적 기틀을 바로잡아 주어야 훌륭한 사회 구성원으로 성장할 수 있다.

나는 내가 직접 가꾸지는 않지만 분재를 좋아한다.

좋아하면서도 직접 가꾸지 않는 이유는 과거에 훌륭한 분재가 될성부른 분재 소재목을 죽인 경험이 있어서이기도 하지만 더 큰 이유는 왠지 생명인 나무에 자꾸 가위를 들이대는 게 싫어서이다.

이번에는 분재 이야기로 글을 시작해 볼까 한다.

유명한 분재원이나 식물원에 가 보면 우리는 감탄사가 절로 나오는 아름다우면서도 기품이 느껴지는 명품 분재들을 만날 수 있다.

시골 야산에서 제멋대로 자라 아궁이에 장작으로나 쓰일 법한 잡목과 기품 있게 자란 명품 분재를 비교해 보면, 둘 다 어린나무일 때는 똑같이 보잘것없는 하나의 유목일 뿐이다.

하지만 두 나무가 성장하여 거목이 되었을 때, 자연 상태에서 아무런 손길 없이 자란 나무와 사람의 정성 어린 손길 아래에서 자란 나무는 가치와 아름다움에서 비교 자체를 할 수 없을 정도로 차이가 난다.

명품 분재를 앞에 두고, "어떻게 이런 아름다운 명품 분재를 만들어 낼 수 있었을까?" 하는 경탄의 마음으로 분재를 자세히 들여다보면, 그 굴곡진 줄기와 가지 그리고 흙 위로 드러나 있는 밑둥치나 뿌리에 분재의 과정에서 만들어진 아픈 상처의 흔적이 있는 것을 볼 수 있다.

분재가 보듬고 있는 이런 상처의 흔적들을 다른 각도에서 생각해 보면, 이 명품 분재 한 그루를 위해 장인 정신을 가진 분재의 대가들이 일생을 바치고 더 나아가 세대를 이어 몇십 년 혹은 백 년 이상을 물을 주고 영양분을 공급해 주고 가지치기를 하고 수형을 가다듬어 왔다는 것을 알 수 있다. 즉, 분재 하나에 정성 어린 손길과 열정과 끈기의 정신이 숨어 있음을 어렵지 않게 알아차릴 수 있다.

그래서 나는 장인 정신으로 긴 세월을 한결같이 정성스럽게 공을 들여 보살펴야 한다는 점에서, 또 그 공의 결과에 큰 결실과 보람 그리고 행복이 뒤따른다는 점에서, 명품 분재를 키워 내는 것과 자녀를 훌륭하게 키워 내는 것이 아주 유사하다고 생각한다.

그리고 하나의 명품 분재를 탄생시키기 위해서는 소재목이 필요한데, 이 소재목을 얻기 위해서는 묘목 씨앗을 뿌리고 싹을 틔우고 이 어린나무가 성목이 되었을 때 분재로서의 기본 조건을 갖추도록 길러 내는 과정이 필요하다.

이 과정에서 분재 장인(혹은 예술가, 나는 예술가라고 하고 싶다)들은 어린 유목에 가차 없이 가위를 들이대고 알루미늄 줄로 줄기와 가지를 휘어잡는다.

이때 우리 눈에는 장인이 인정사정없이 무지막지하게 나무를 대하는 것처럼 보인다. 하지만 세심하게 관찰하면 장인이 머릿속에 미래 분재의 모습을 그리면서 쓸모없는 부분만을 최소한으로 잘라 주고 교정해 준다는 것을 금방 눈치챌 수 있다.

만약 어린 유목이 불쌍해 보인다고 가위를 들이대지 않거나 기본 수형을 만들기 위한 교정을 하지 않는다면 어린 유목은 분재로서의 기본 자격을 얻지 못하고 말 것이다.

설사 이러한 유목이 분재 후보로 선택된다고 해도 쓸 만한 분재 성목으로 재탄생하려면 정상적인 과정을 거친 분재 유목에 비해 몇 배나 많은 가지가 잘리고, 몸통이 휘어지는 고통을 더 많이 감내해야 한다.

그리고 분재에 있어서 또 한 가지의 특성은, 분재가 어린 유목일 때는 줄기나 가지가 유연하고 적응력이 뛰어나서 가지를 치거나 줄기를 원하는 모습으로 휘어잡는 것이 적은 노력으로도 가능하지만, 성목이 된 나무는 어린 유목에 비해 몇 배의 노력이 들어가고 많은 노력과 공을 들였음에도 불구하고 의도한 대로 되지 않을 때도 많다.

이렇게 분재에 대해 장황하게 설명한 이유는 어린 유목 분재를 가꾸는 과정이 마치 유아기 때의 아이를 기르는 것과 흡사하여 내가 이번 제3원칙에서 말하고자 하는 바를 가장 잘 드러내 주고 있기 때문이다.

이번 제3원칙에서는 우선 영·유아기의 속성에 대해서 알아보고, 이를 근간으로 하여 유아기 자녀에게 도덕적 기틀을 바로잡아 주기 위해서 부모들이 해야 할 일들과 아이들이 지켜야 할 도덕적 기준들을 제시한 이후에 어떻게 아이의 잘못된 버릇을 바로잡을지를 같이 고민해 보고자 한다.

사람도 분재 유목과 마찬가지로 유아기에 사회인으로서 필요한 기본 자질과 인격을 한번 형성해 놓으면, 청소년기에 별 탈 없이 올바르게 성장할 수 있으며, 성장해서는 정상적인 사회인이 될 가능성이 크다.

이런 아이는 적어도 커 나가는 과정에서 비행 청소년이 되거나 성인이 되어서 범죄자나 사회의 낙오자가 되지는 않는다.

반면 유아기에 문명사회에 필요한 자질과 인격을 갖추어 놓지 못하면, 잘못 키운 분재 유목과 같이 청소년기에 더 큰 성장의 고통을 겪거나 성장해서 사회의 낙오자로 찍혀 도태될 가능성이 훨씬 커진다.

이러한 도태 사례를 우리는 우리 인간 사회와 동물의 세계에서 얼마든지 찾을 수 있는데, 동물학자들이 관찰한 침팬지 수컷 새끼의 사례를 일례로 들어 보도록 하자.

자연 상태, 즉 야생에서 침팬지 사회는 모계 사회다. 그래서 무리 중에서 힘세고 영리한 암컷이 우두머리가 되어 무리를 이끈다. 그리고 침팬지는 철저하게 서열 관계를 유지하기 때문에 무리의 대부분이 우두머리 암컷에게 잘 보이기 위해서 노력하고 아첨한다.

이러한 환경에서 우두머리 암컷에게서 태어난 수컷 새끼는 어미인 우두머리 암컷의 과잉보호와 주변 침팬지들의 아첨으로 인하여 무리의 다른 평범한 수컷 새끼들과는 달리 특별 대우를 받는 가운데 제멋대로 행동하면서 버릇없이 자란다.

즉, 침팬지 사회에서 필요한 룰이나 사회성을 기르지 못한 채 자라게 된다. 그러나 불행하게도 침팬지 사회는 근친 교배의 폐해를 막기 위해 수컷 새끼는 성체가 되면 살던 무리를 떠나서 새로운 무리에 들어가 적응해서 살아야 하는데, 이때 문제가 발생한다.

대부분 서열이 낮은 수컷 새끼들은 자라는 과정에서 사회성을 기르고 어려움을 경험했기 때문에 새로 들어간 무리에 적응하여 살아남을 확률이 높다. 반면에 과잉보호와 아첨의 분위기에서 편하게만 자란 우두머리 암컷의 수컷 새끼는 새로운 무리에 적응하지 못하여 대부분이 도태된다고 한다.

이 침팬지의 사례와 같은 예는 우리 인간 사회에서도 얼마든지 찾아볼 수 있다. 혹시 '장자의 저주'라는 말을 들어 본 적이 있는가?

우리 주변을 둘러보면 부유한 가정의 맏이나 독자로서 성공한 사람도 많지만, 이와는 반대로 어렸을 때는 남들에게 선망의 대상이 되어 마치 황제의 아들이나 된 것처럼 특별한 대우를 받고 자랐던 사람들이 커서는 사회에 적응하지 못하고 힘겹게 살아가거나 비참하게 생을 마감하는 모습을 심심찮게 볼 수 있다.

왜 그럴까? 조금만 깊게 생각해 보면 앞에서 예를 든 침팬지 사례와 마찬가지로 부모의 과잉보호와 특별 대우 속에서 미처 사회성을 기르지 못하고, 어려움을 이겨 낼 만한 내성을 기르지 못한 채로 사회에 진출함으로써 나타난 불행이라고 유추해 볼 수 있다.

위와 같이 유아기에 과잉보호하여 잘못 기르면 자녀의 미래를 망친다는 것을 뻔히 알면서도, 우리는 세대를 거듭해 가며 자녀의 인생을 망치는 잘못을 되풀이하고 있다.

이러한 잘못을 되풀이하지 않기 위해서는, 아이가 부모에게 전적으로 의지하는 영·유아기인 5세까지 부모가 기본 인성 교육의 중요성을 인지하고 온 힘을 다하여 도덕적 기틀을 바로잡아 주어야 한다.

속담에 "적을 알고 나를 알면 백 번 싸워 백 번 이긴다."라고 했다. 유아기의 아이를 잘 기르려면 먼저 유아기의 아이에 대해서 잘 알아야 한다.

우리 인간은 고대의 원시 인류부터 진화에 진화를 거듭하면서 현재까지 이어져 왔고 가장 합리적인 방향으로 발전하여 왔다.

인간은 태어나서 성인이 될 때까지의 성장 기간이 타 동물에 비해 월등히 길다.

또 태어난 직후의 신체적 기능이나 생존 능력은 아주 미약하지만, 다른 동물보다 몇 배나 긴 성장 기간에 생존에 필요한 것들을 마치 물을 빨아들이는 스펀지처럼 받아들이는데, 특히 그중에서도 태어나서부터 5세 무렵까지의 영·유아기 아이들의 발달이 가장 활발하고 받아들이는 능력 또한 뛰어나다.

그리고 이 시기의 아이들은 정서적으로 공통된 속성을 가지고 있는데 우선 이 속성들에 대해 알아보자.

* 아이는 태어나는 순간부터 세상에 대해 배울 만반의 준비가 되어 있다.

* 18개월 이전까지의 아이는 자아 인식이 없고 수치심, 부러움, 죄책감, 자긍심
  등의 도덕적 개념이 없다. 따라서 옳고 그름의 판단과 하지 말아야 할 것의 한
  계에 대한 개념도 당연히 없다. 이러한 개념은 커 나가는 과정에서 배움과 경
  험을 통하여 하나하나 습득하게 된다.

* 어린아이는 선함과 악함을 동시에 지니고 있다.
  맹자는 성선설을 주장하고 순자는 성악설을 주장했지만, 인간은 생존을 최우
  선시하여 환경에 적응하고 진화하여 왔기에 선함과 악함을 동시에 지니고 있
  다(다친 강아지를 불쌍히 여겨 보살펴 주는 세 살 아이가 병아리나 개구리 등은 아무렇지
  않게 죽인다).

* 어린아이는 부모를 포함한 주변 사람의 애정과 관심이 클수록 생존 가능성이
  크다는 것을 본능적으로 알고, 지속적으로 애정과 관심을 갈구한다.

* 어린아이는 어른들의 관심을 끌거나 원하는 것을 얻기 위해 어른들의 호감이
  나 동정심을 유발하는 행동을 하거나 어른들이 곤란해할 상황을 만들어 낸다
  (품에 안기고, 뽀뽀하고, 울고, 소리 지르고, 때리고, 길바닥에 드러눕고, 떼를 쓰고, 짜증
  을 부리는 행동이 다 여기에 해당된다).

* 어린아이는 부모와 주변인으로부터 관심을 받지 못하면 육체적, 정신적으로 큰 스트레스를 받는다.

* 어린아이는 생존 본능으로 인한 공격성을 가지고 태어나기 때문에, 이유 없이 약한 아이들이나 만만하게 보이는 부모를 때리고 괴롭힌다.

* 어린아이는 슬퍼서 울기보다는 본인의 요구가 관철되지 않았을 때의 분노 때문에 우는 경우가 더 많다.

이상이 영·유아기 아이들의 대표적인 속성인데, 현명한 부모라면 이러한 속성들이 어린아이가 생존을 위해 그리고 진화를 통해 본능적으로 익힌 책략과 술수이고 이것들로 부모와 어른들을 이용하려고 한다는 것을 눈치챘을 것이다.

그런데 어린아이들이 하는 행동의 주요 목적은 부모와 주변인의 관심과 애정 그리고 원하는 것을 얻기 위함이다.

과거 몇백만 년 동안 인간이 진화를 거듭해 오면서, 어린아이들의 이런 속성들과 이에 대한 어른들의 반응은 별 무리 없이 통용되었고, 또 효과적으로 작용해 왔다. 그러나 고도로 사회화된 현대 사회에서는 위의 속성들과 같은 본인만을 생각하는 이기주의만으로는 성공은커녕 생존 자체가 어려울 수 있다.

따라서 우리는 이런 속성들을 잘 이해하고 활용하여 영·유아기 때부터 일정한 기준, 규범을 가지고 훌륭한 사회인으로 커 나갈 수 있도록 가르쳐야 한다. 나는 이에 대한 적절한 방법을 캐나다의 심리학 교수인 조던 B. 피터슨이 쓴 『12가지 인생의 법칙』이라는 책에서 찾았는데, 이를 근거로

하여 유아기의 자녀를 둔 부모가 부모로서 해야 할 행동 의무와 부모로서 하지 말아야 할 잘못된 행동으로 구분하여 정리해 보았다.

유아기 자녀를 둔 부모의 행동 의무

* **아이에게 관심과 애정을 기울이고 표현한다**(아이는 관심과 애정 속에서 심리적, 정신적으로 안정감을 얻는다).
* **아이에게 옳고 그름이나 해도 되는 것과 하지 말아야 할 것들의 한계를 명확하게 가르쳐 준다.**
* **아이가 가정이나 공공장소에서 잘못된 행동을 할 때는 꼭 시정하게 한다.**
* **잘못한 일은 꾸짖거나 처벌하고, 잘한 일은 꼭 칭찬한다.**

행동 의무에는 위와 같은 적극적으로 해야 할 행동 의무가 있는 반면에, 하지 말아야 할 잘못된 행동도 있다. 이러한 잘못된 행동은 내 아이를 망치지 않으려면 절대로 하지 말아야 한다.

유아기 자녀를 둔 부모의 잘못된 행동

* **아이를 왕의 자식처럼 과잉보호 속에 키우면서 특별 대우를 한다.**
* **'좋은 부모'라는 명예를 원하거나, 아이와 멀어질까 염려스러워 자녀의 눈치를 보고 처벌을 꺼린다.**
* **아이의 한계에서 벗어난 잘못된 요구를 용납하고 들어준다.**
* **아이가 평생을 두려움과 고통 없이 편하게 살기만을 바란다.**
* **자녀와 친구가 되는 대신에 자녀로부터 존경받는 것을 포기한다.**
* **아이에게 존댓말을 쓴다**(가정에서 서열이 깨진다. 아이는 적절한 서열에 있을 때 오히려 안정감을 느끼고 부모의 서열을 중시해 잘 따른다).

이상으로 우리는 영·유아기의 속성과 부모로서 해야 할 행동과 하지 말아야 할 행동들에 대해 알아보았다. 이제는 이 두 가지 지식을 바탕으로 하여 유아기일 때 갖춰야 할 기본 인성이 무엇인지 살펴보고, 이것을 기초로 하여 우리 아이가 지켜야 할 옳고 그름과 해도 될 것과 하지 말아야 할 것들을 정리하여 우리 아이의 행동 규칙을 만들어 보자.

유아기 때의 기본 인성이란 성인 사회에서 성인이 갖춰야 할 도덕, 예의범절, 기초 질서, 준법정신 등의 사회 규범 축소판인 최소한의 규칙을 알고 지켜 나가는 자질이다.

그런데 사람마다 가치의 기준이 다르므로 자녀들이 지켜야 할 이 최소한의 규칙이라고 하는 것은 전부 다를 수밖에 없다. 일반적인 도덕과 법질서 내에서 각 가정의 부모들이 아이의 미래를 생각하면서 혹은 내 아이의 가장 바람직한 모습을 그리면서 정해 나가면 된다. 조금 더 쉽게 설명한다면 우리가 어린아이들에게 바라는 이상적인 행동을 정리하거나 '내 아이도 저렇게 행동했으면…' 하고 생각하는 아이들을 떠올리고 나서 그 아이들의 행동 기준을 서술하면 된다.

내가 생각해 본 유아기의 아이들이 해서는 안 될 행동과 권장해서 지키게 해야 할 행동은 아래와 같다.

해서는 안 될 행동 지침

* (자기 방어가 아닌 한) **남을** (먼저) **때리지 마라.**
* **다른 아이들을 괴롭히거나 위협하지 마라.**
* **거짓말하지 말고, 남을 속이지 마라.**
* **공공장소에서 울고 악쓰고 구르는 등 떼쓰지 마라.**
* **남에게 욕하지 마라.**

* 음식 투정을 하지 마라.

* 생명 있는 것들을 죽이거나 괴롭히지 마라.

권장해야 할 행동 지침

* 음식을 먹을 때는 감사한 마음으로 예절 바르게 먹어라.

* 친구들과 나누고, 어려운 친구를 도와라.

* 어른들이 말할 때는 조용히 하고 귀담아들어라.

* 잘 시간을 잘 지키고 조용히 잠자리에 들어라.

* 이 닦고 씻는 것을 잘 지킨다.

* 부모를 돕고, 형제자매들과 사이좋게 지낸다.

* 가족과 친척들에게 친절하게 대한다.

* 남의 좋은 일은 축하해 주고 함께 즐거워한다.

자, 이제까지 우리는 부모로서의 행동 의무와 금기 사항에 대해서 알아보고, 또 우리 어린 자녀들이 해서는 안 될 행동과 지켜서 해야 할 행동들에 대해서 알아보았다. 이제 부모로서 우리가 할 일 중에 아이들이 이 행동 지침을 실천하게끔 만드는 가장 어려운 일만 남았다.

우리 아이들이 순순하게 이 행동 지침을 받아들이고 따라 주면 좋겠지만, 현실적으로 볼 때 어린아이들이 자발적으로 이 행동 지침대로 따라 주기를 바라는 것은 무리다.

왜냐면 그들은 어떻게 해서든 관심을 끌고 본인들이 원하는 것을 얻기 위해서, 진화의 과정에서 터득한 교활하고도 교묘한 방법으로 부모를 포함한 양육자와 어른들을 이용하려 할 것이기 때문이다.

이런 상황에서 가장 효과적인 방법은, 아이들에게 본인들이 즐겨 이용하는 진화의 과정에서 터득한 수법보다는 행동 지침대로 행동하는 것이 결국에는 얻는 것이 더 많고 미래에도 이익이 된다는 것을 깨닫게 해 주는 것이다.

그다음은 행동 지침의 의미를 설명해 주고 이해하게 하고 외우게 하는 것이다.

나는 베이비 붐 세대로 새마을 운동 시기에 아동기와 청소년기를 보냈는데, 그때는 당연히 외워야만 하는 국민 교육 헌장이라는 것이 있었다.

초등학교 2학년 때 "나는 역사적 사명을 띠고 이 땅에 태어났다."라고 시작하는 헌장 전체를 뜻도 모르면서 달달 외웠었는데, 나중에 생각해 보니 나도 모르는 사이에 헌장의 많은 사상이 내 몸에 배어 있다는 것을 알게 되었다.

이와 마찬가지로 글을 모르고 말을 못 하는 어린아이일지라도 자주 들려주고 의미를 설명해 주고 외우고 실천하게 함으로써 자연스럽게 몸으로 체득하게 해야 한다.

그리고 어린아이가 행동 지침을 지키게 하는 데 있어서 가장 큰 문제는 '부모의 잘못된 행동'에서 지적된 바와 같이, 아이와의 서열 싸움에서 져서 아이의 한계를 벗어난 행동을 용납하고 방치한다는 점이다.

어린아이는 영악해서 한번 한계를 벗어난 행동이 용납되면, 그다음에는 용납된 한계를 넘어선 또 다른 행동을 하고 결국에는 아이가 부모의 위에 있는 하극상이 일어나게 된다.

이렇게 되면 극단적으로 아이가 엄마의 머리채를 잡는 것은 물론 성인이 되어서는 부모 폭행으로까지 이어지는 불행한 사태가 일어나게 된다.

이러한 이유로 유아기의 어린 자녀에게 절대 부모가 져서는 안 된다.

그럼 어떻게 하면 영악한 어린 자녀들을 슬기롭게 이겨 낼 수 있는지 조던 피터슨이 사용한 몇 가지 사례들을 들어 보자.

피터슨은 아들이 생후 9개월쯤 되었을 때, 아이가 저녁밥을 잘 먹지 않고 그릇에 음식을 담아 휘젓거나 일부러 음식을 떨어뜨리는 등의 딴짓을 하다가 밤이 깊어지면 배가 고파서 온 집이 떠나갈 듯 울어 대는 상황에 맞닥뜨렸다. 아래는 피터슨 교수의 글이다.

나는 녀석 앞에 밥그릇을 놓고 비장한 표정으로 눈을 맞췄다.

그리고 숟가락으로 죽을 듬뿍 떠서 천천히 녀석의 입으로 가져갔다.

녀석은 말썽꾸러기의 눈빛으로 나를 쳐다보고는, 입술 끝을 감아 내리며 얼굴을 찌푸렸다. 한 숟가락도 넣지 않겠다는 표시였다.

녀석이 얼굴을 이리저리 돌리며 거부했다. 나는 녀석 얼굴이 돌아가는 방향에 맞추어 숟가락을 들이밀었다. 그러면서 숟가락을 들지 않은 손으로 녀석의 가슴을 꾹 찔렀다. 일부러 화나게 하려고 생각해 둔 방법이었다.

처음에는 별 반응을 보이지 않았다. 그래서 반응이 나올 때까지 계속 찔렀다.

울음이 날 정도로 아프게 찌르지는 않았지만, 그렇다고 완전히 무시할 정도의 세기도 아니었다.

열 번 정도 찔렀을까? 마침내 녀석이 입을 열었다.

소리를 지를 준비 동작이었다. 나는 그 틈에 숟가락을 입 안으로 밀어 넣었다.

녀석이 완강히 저항하며 혀끝으로 음식을 밀어내려 해서 재빨리 손가락으로 입을 붙잡았다. 음식이 조금 삐져나오긴 했지만 대부분은 배로 잘 들어갔다. 첫 판은 아빠의 승리였다. 나는 녀석의 얼굴을 쓰다듬으며 착한 아이라고 칭찬해 주었다. 누군가로부터 원하는 것을 얻었다면 어떤 식으로든 보상을 해야 한다. 그래야 원망이나 응어리가 남지 않는다. 그로부터 1시간 후 모든 것이 끝났다. 그 한 시간 동안 아들은 분노를 폭발하기도 하고 대성통곡을 하기도 했다. 아내는 보다 못해 식탁을 떠났다. 나도 엄청난 압박감을 견뎌야 했다. 그러나 아들 녀석은 결국 밥을 먹었고, 다 먹은 후에는 기진맥진해서 내 품에 안겨 쓰러졌다.

우리는 서로를 안고 잠깐 잠을 잤다.

그 후 녀석은 나를 전보다 훨씬 잘 따랐다.

이어서 피터슨 교수가 말한 또 다른 사례를 들어 보자.

모임에 속한 부모들이 돌아가면서 날을 정해 다른 집 아이들을 돌봐 주는 육아 품앗이를 하는데 네 살 이하의 아이들을 돌보는 상황에서 생긴 일이다.

우리 부부가 다섯 아이를 돌보기로 한 날, 한 부부가 세 살짜리 남자아이를 데려왔다. 아이 아버지가 "애가 밤에 잠을 잘 안 자요. 침대에 눕혀도 금방 기어 나올 거예요. 그럴 때 엘모(인형극의 등장 인형) 비디오를 틀어 주면 좋아합니다."라고 했다.

'아이가 제멋대로 고집을 부리는데 비디오를 보여 주라고? 그렇게는 못 하지! 오늘 엘모 비디오를 트는 일은 없어.'라고 나는 생각했다.

2시간 후 나와 아내는 아이들을 잠자리에 눕혔다. 다섯 아이 중 넷은 금세 잠이 들었으나, 엘모 광팬만은 잠들지 않고 뒤척거렸다. 그 아이는 답답했는지 곧 칭얼대며 울어 댔다. 평소에 갈고닦은 교활한 수법이었다.

그렇게 짜증을 부려 다른 아이들까지 깨울 심산이었다. 역시나 다른 아이들이 하나둘 잠에서 깨어 울어 대기 시작했다. 첫 번째 대결에서는 그 아이가 승리를 거두었다. 나는 침실로 달려가 묵직하고도 단호한 목소리로 경고했다.

"누워라!" 아무 효과가 없었다. 다시 말했다.

"누워. 안 누우면 아저씨가 강제로 눕힐 거야."

세 살짜리 아이를 논리적으로 설득하기란 거의 불가능하다.

이렇게 막무가내로 떼를 쓰는 상황에서는 더욱 그렇다. 하지만 논리적인 설득은 사전 경고 역할을 한다. 역시나 그 아이는 눕지 않았다. 오히려 울부짖으며 나에게 항복을 강요했다.

나는 그 아이를 잠깐 들어 올렸다가 부드럽고도 천천히, 하지만 단호하게 침대에 눕혔다. 아이는 곧바로 벌떡 일어섰다. 나는 다시 눕혔고, 아이는 또 몸을 일으켰다. 다시 눕혔고 또 일어섰다. 그래서 다음번에는 눕히고 나서 손으로 슬쩍 눌렀다. 아이가 발버둥을 쳤지만 소용없었다.

아이를 꼭 누른 채 "너는 착한 아이니까 울음을 그치렴." 하고 나지막이 말했다.

고무젖꼭지를 주고 등을 부드럽게 다독거려 주자, 아이가 울음을 그치고 흥분을 가라앉혔다. 아이가 눈을 살며시 감는 걸 확인하고 나도 손을 거두었다.

그런데 손을 떼자마자 아이가 벌떡 일어섰다. 한편으로 대단하다는 생각이 들었다. 놀라운 근성이었다.

나는 아이를 번쩍 들었다가 침대에 눕히며 말했다.

"누워." 그리고 다시 한번 등을 토닥거려 주었다. 달래 준다는 느낌을 주려고 조심스럽고 부드럽게 다독거렸다.

그제야 아이도 지쳤는지 항복하겠다는 듯 눈을 감았다.

나는 천천히 일어나 조용히 문으로 향했다. 마지막으로 상태를 확인하려고 뒤돌아봤더니 아이가 일어나 있었다.

나는 손가락으로 아이를 가리키며 엄한 목소리로 말했다.

"누워라." 녀석은 잽싸게 다시 누웠다. 한참을 지켜보다가 조용히 문을 닫고 나왔다. 나는 그 아이가 좋았다. 그 아이도 나를 싫어하지는 않는 것 같았다.

어쨌든 그 후로 칭얼대는 소리는 들리지 않았다.

나는 피터슨 교수의 글을 읽고 한때 혼란에 빠졌었고, 꽤 오랫동안 글쓰기를 진행할 수가 없었다.

왜냐하면 대부분의 교육학 책에서는 아동은 7세가 되어서야 비로소 도덕관념이 완성되기 때문에 7세 이전에는 아이가 잘못된 행동을 하더라도 관대하게 대해야만 한다고 강조하고 있고, 대부분의 부모들이 이것을 훈육의 정석으로 받아들이고 있었기 때문이었다.

그런데 피터슨 교수는 세 살짜리 아이, 더 나아가 생후 9개월밖에 안 된 영아의 버릇을 고치려 하지 않는가?

또 우리 속담에 "세 살 적 버릇이 여든까지 간다."라고 했는데, 이 속담에 내포된 의미는 아이가 세 살 적부터 이미 훈육을 받아들일 수 있고 이를수록 좋다는 의미가 아닌가?

나는 대부분의 교육학에서 말하는 7세 이전까지는 잘못된 행동에 관대하게 대하라는 이론과 피터슨 교수와 우리 속담처럼 영·유아기 시기부터 잘못된 행동을 곧바로 엄하게 바로잡아야 한다는 이론 사이에서 어느 쪽이 맞고 합리적일지, 다시 말하면 아이가 도덕적 의식이 생긴 이후에 규범을 가르쳐야 하는가 아니면 자아의식이 생기기 전부터 가르쳐야 하는가 하는 문제로 많은 시간을 두고 고민하고 검토했다.

많은 시간을 들여 생각하고 자료를 검토한 결과, 최종적으로 나는 아이가 자아의식이 생기기 전인 영·유아기 시기부터 잘못된 행동은 곧바로 바로잡는 것이 효과가 크다는 것을 알게 되었다. 그 이유는 대략 다음과 같다.

아이의 버릇을 조기에 바로잡아야 하는 이유

* 발달심리학에 따르면 아이는 영·유아기부터 훈육을 받아들일 준비가 되어 있다.
* 아이는 도덕적 판단을 할 수 없을지라도 양육자에게 호감을 느끼게 하기 위해 훈육을 잘 감당할 수 있다.
* 아이는 잘못된 행동을 바로잡는 과정과 올바른 행동 기준을 통해서 스스로 가치 판단을 할 수 없을지라도 옳고 그름에 대한 기준과 가치를 유추해서 판단할 수 있게 된다.
* 영·유아기에 잘못된 행동을 방치하게 되면 이기주의자가 되어 부모의 머리 위

에 서기 쉽다. 이렇게 방치된 아이는 도덕적 의식이 형성되는 나이가 되더라도 앞에서 예로 든 분재처럼 쉽게 고쳐지지 않고, 고치는 과정에서 많은 저항이 따른다.

많은 부모가 이런 잘못된 행동에 대한 교정, 즉 조기 훈육에 대해 너무 가혹한 것이 아니냐고 묻고는 한다.

그러나 아이들은 본능적으로 영·유아기부터 이미 이러한 조기 훈육이 자기를 위한 것임을 쉽게 알아차릴 수 있으며, 가정에서 올바른 자신의 위치를 잘 찾는다.

그러니 영·유아기의 어린 시기부터 올바른 행동에 대한 의식과 습관을 길러 주는 한편, 잘못된 행동은 발견한 즉시 곧바로 고쳐 주도록 하자.

다만 양육자가 일관된 기준과 함께 권위를 가진 사랑의 마음을 보여 줄 때, 아이는 양육자에 대한 의심의 눈초리를 거두고, 믿음과 존경의 마음을 품고 잘 따라오게 된다는 것을 명심하자.

아이의 자존감을 해치는
7가지 유형의 부모가 되지 마라

성공에 지대한 영향을 미치는 자존감은 부모의 양육 태도와 수치심에 크게 영향을 받는다. 최소한 아이의 자존감을 해치는 7가지 유형의 부모는 되지 않도록 하자.

자존감 혹은 자아 존중감(Self-Esteem)이란 자기 자신의 전반에 대해서 스스로가 얼마나 높거나 낮게 평가하는지를 나타내는 감정을 의미하며, 여기에는 자신감과 같은 정서적인 반응도 포함하고 있다. 이 자존감은 자기 자신을 얼마나 좋아하고 높이 평가하느냐에 따라 높을 수도 있고 낮을 수도 있다.

그리고 사람이 살아가는 데 있어서 자신감을 포함한 자존감은 삶의 모든 면에 영향을 미치게 된다. 대인 관계, 직업의 선택, 친구나 연인을 사귀는 것, 인생사의 중요한 결정 등은 물론이고 성격에도 지대한 영향을 미친다.

자존감이 높은 사람은 자기 자신을 존중하고 스스로 사랑하며 자기 자신을 가치 있는 존재로 여겨서 장점뿐만 아니라 단점까지도 있는 그대로 받아들일 수 있어서 굳이 다른 사람에게 잘 보이려고 하지 않는다.

또 자신감이 있기 때문에 매사를 낙천적이면서도 긍정적인 자세로 대하며 진취적인 기상과 강한 실천력으로 창조적이며 독창적인 능력을 발휘하여 성공으로 이끌어 간다. 그뿐만 아니라 이들은 대인 관계에 있어서도 상대에게 안정감을 주는 동시에 주변 사람과 친밀한 관계를 잘 맺을 수 있으며, 다른 사람을 잘 리드한다. 그런데 이런 자존감은 그 무엇보다도 부모의 양육 태도에 의해 크게 영향을 받는다.

부모가 아이를 사랑하는 마음으로 잘한 일에는 격려, 칭찬, 지원을 해 주고, 잘못한 일에는 시비를 분명하게 가려 주고 조언해 주면서 꼭 필요한 경우에만 올바른 방법으로 혼을 낸다면, 아이는 스스로 돌볼 줄 아는 자신감 넘치는 훌륭한 사회인으로 성장하게 될 것이다.

반대로 부모가 아이를 무시하고 비난하거나, 필요 이상으로 꾸짖고 혼내고 체벌을 가하는 등으로 학대하고, 해도 되는 것과 하지 말아야 할 것을 분명하게 알려 주지 않거나 상황에 따라 이의 기준이 바뀐다면 아이는 안정감을 느끼지 못하여 늘 불안해하고, 자책 속에서 낮은 자존감을 가지고 자라게 되어 나중에 올바른 사회인으로 성장할 가능성이 낮아지게 된다.

이번 제4원칙에서는 이러한 자존감에 대하여 좀 더 자세하게 알아본 다음에, 심리치료사인 비벌리 엔젤(Beverly Engel)이 제시한 자존감을 떨어트리는 7가지 부모의 유형에 대해서 알아보고, 이러한 7가지 유형의 부모가 되지 않도록 유념하자.

자존감에 가장 크게 영향을 미치는 3가지 요소

* 부모의 양육 태도

자존감에 가장 큰 영향을 미치는 요소는 부모를 포함한 양육자의 양육 태도다. 우리가 어떤 환경에서 자랐든 간에, 자기 자신에 대해 가지고 있는 생각이나 느낌에 대해 가장 크게 영향을 준 것은 바로 부모(또는 양육자)다.

스스로 생존 능력이 없는 영·유아기의 아이는 생존을 위해 생존권을 쥐고 있는 부모를 포함한 양육자에게 전적으로 매달릴 수밖에 없다. 그래서 아이는 자기가 어떤 사람인지, 즉 자기가 부모 혹은 양육자에게 필요한 가치 있는 사람인지 아니면 거부를 당하는 불필요한 사람인지를 알기 위해 자기 주변의 사람들 특히 부모의 표정과 몸짓, 말투를 살핀다. 아이는 주변인들의 태도를 보고 자기에 대한 선호도를 파악하고 어떻게 행동할 것인가를 결정한다. 이 주변인들이 웃고 있으면, 아이는 이를 자신에 대한 호감과 친절의 의미로 받아들여 편안함과 함께 자기 자신의 가치에 믿음을 갖게 된다. 반면에 주변인들이 찌푸리고 있으면, 자신을 부정적으로 받아들이는 것으로 인식하여 불안감을 느끼는 한편, 자신의 가치에 의문을 품게 된다. 이렇게 되는 이유는 영·유아기의 아이는 생각하는 방식이 자기중심적이어서 모든 일이 자기를 중심으로 일어나고, 주변 사람들의 반응도 자기와 관련이 있으며, 주변에 있는 사람들의 태도도 다 자신 때문이라고 생각하기 때문이다.

그래서 부모가 자기를 향해 웃어 주고 잘 반응해 주면, 아기는 자신과 부모와의 애착이 강하여 부모가 자신을 버리지 않을 것이라는 믿음과 함께 자신이 사랑스럽고 소중한 존재라는 것을 배우게 되어 높은 자존감을 가지게 된다.

반대로 부모가 아이에게 잘 반응해 주지 않고 학대하고 방치한다면, 아이는 자신을 중요하지 않은 존재로 여기고 부모나 양육자가 나를 언제 버릴지 모른다는 불안감과 함께 낮은 자존감을 갖게 된다.

영·유아기의 발달과 관련된 많은 연구 결과를 보면, 아이의 성장 과정 중에서도 특히 아이가 태어난 뒤 3~4년 동안 아이를 어떻게 키웠는지가 아이의 자존감을 결정짓는 가장 중요한 변수라고 한다. 이 시기에 부모가 아이에게 사랑이 담긴 눈길로 반응하여 격려하고 칭찬해 주는 한편, 벌을 줄 때는 일관된 기준으로 잘잘못을 분명하게 가르쳐 주면서 사랑의 마음으로 대한다면 아이는 높은 자존감을 갖게 되고 자신감 넘치는 어른으로 성장하게 된다. 반대로 이 시기에 부모가 아이를 무시, 비난, 조롱, 거부, 폭력, 지나친 통제 등으로 정서적 학대를 하거나 방치하게 되면 아이는 이것을 자신의 존재에 대한 거부 메시지로 받아들여 낮은 자존감과 열등감으로 가득 찬 어른으로 성장하여 늘 불안감 속에서 스스로를 자책하면서 살게 된다.

✳ 마음속 비판자

자존감에 두 번째로 크게 영향을 미치는 요소는 영아기에 생겨나는 마음속 비판자다.

아이가 태어나서 17개월경까지는 아이에게 자신과 타인이 다른 개체임을 아는 자아 인식이 없다. 그러다가 아이가 18개월경이 되면 비로소 자아 인식이 생겨나서 이에 수반되는 수치, 부끄러움, 죄책감, 자긍심 등의 정서가 발달하기 시작한다. 이 시기에 부모는 아이에게 칭찬과 꾸중을 통하여 허용되는 행위와 해서는 안 될 행위, 옳거나 올바르지 않은 도덕규범 등을 가르치게 된다. 이 과정에서 부모에게 꾸중을 듣게 되면 아이는 자신이 '틀렸다.' 혹은 '나쁘다.'라고 생각하게 되는데, 이렇게 '틀렸다.' 혹은 '나쁘다.'라고 생각하는 내면의 목소리가 바로 마음속 비판자다. 그리고 마음속 비판자의 판단 기준은 객관적으로 인정된 올바른 기준이 아니라 부모의 칭찬과 꾸중을 기반으로 하기 때문에 결국 비판자의 목소리는 자신의 행동을 지적하고 벌주고 금지했던 다분히 주관적인 부모의 가치관이 판단 기준이 되어 버린다. 그런데 이 시기의 아이들은 옳고 그름을 판단할 수 없고, 앞에서 설명한 것과 같이 주변의 모든 잘못된 일이 자기 때문이라고 여기기 때문에 스스로를 탓하는 경향이 강하다. 그래서 부모가 아이를 비난하거나 꾸짖으면 아이는 부모가 잘못한 경우라도 무비판적으로 자신에 대한 비난의 목소리를 키우게 된다. 그런데 이 마음속 비판자라는 것은 일부 지역이나 특정 민족의 아이들에게 국한되어 나타나는 것이 아니라, 전 세계 모든 아이에게 공통적으로 나타나는 정상적인 사회화의 한 과정이다. 부모의 꾸중이 정당한 것이었다면, 아이가 자라나는 과정에서 마음속 비판자는 자주 나타나지 않거나 나타나더라도 잘못된 행위를 경고하여 예방하는 긍정적인 역할을 하게 된다. 그러나 자라나는 과정(특히 영·유아기)에서 아이가 '틀렸다.' 혹은 '나쁘다.'라는 메시지를 지속적으로 강하게 받게 되면, 아이가 성인이 되어서까지도 마음속 비판자가 자주 나타나 끊임없이 자신을 비난하게 되고, 이로 인하여 괴로워하며 낮은 자존감과 열등감 속에서 살게 된다.

∗ 수치심

수치심은 자기가 수치스럽게 여기는 행동을 하거나 자기의 약점이나 잘못 또는 무가치함이 남들 앞에 탄로되었다고 생각할 때, 마음 깊숙한 곳으로부터 일어나는 창피스럽거나 부끄럽게 느끼는 감정이다. 수치심을 느끼게 되면 자신이 완전히 발가벗겨지고 가치 없는 존재가 된 것처럼 느껴져서 자신감을 잃게 되고 숨고 싶은 마음에 눈에 띄지 않으려고 자꾸만 웅크리게 된다.

이 수치심이 긍정적으로 작용할 때는 사회 규범에 벗어나는 행동을 하지 못하도록 마음속에서 경고함으로써 사회 규범에 적응할 수 있도록 돕는 순기능의 역할을 한다. 반면에 영·유아기의 아이가 부모로부터 잦은 정서적 학대와 방치를 당하게 되면, 아이는 부모의 이러한 행동의 원인이 자기 때문이라고 생각하여, 자신을 탓하면서 자기 행동이나 자신의 존재 자체를 잘못된 것이라고 오인하게 된다. 그 결과 자존감과 자신감이 없어져서 행동의 위축을 가져오거나 수치스러운 상황을 만들지 않기 위해서 극단적인 완벽주의로 치닫기도 한다. 그리고 한번 완벽주의에 빠지게 되면, 완벽의 추구와 예정된 실패 그리고 실패에 따른 자기 자신에 대한 실망과 자존감의 붕괴라는 악순환의 고리에서 벗어나기가 힘들게 된다.

비벌리 엔젤은 분노와 정서적 학대, 여성, 인간 문제를 연구하는 세계적으로 유명한 전문 심리 치료사이다. 그녀는 『Healing Your Emotional Self(국내에서는 '좋은 부모의 시작은 자기 치유다'라는 제목으로 출판되었다)』에서 아이에게 정서적 학대를 가하는 7가지 부모의 유형과 이들이 아이들에게 미치는 영향을 논리적으로 자세하게 밝히고 있다. 이제부터 이 책을 인용하여 아이들을 학대하는 7가지 부모의 유형과 이들이 아이들에게 미치는 영향을 국내외 사례를 곁들여 설명하겠다.

일반적으로 아동 학대란 보호자를 포함한 성인에 의하여 이루어지는 아동의 건강, 복지를 해치거나 정상적인 발달을 저해할 수 있는 신체적, 정신적, 성적 폭력, 가혹 행위와 아동의 보호자에 의하여 이루어지는 유기와 방임을 말한다.

아동 학대는 크게 신체적 학대, 정서적 학대, 성적 학대로 나뉜다.

신체적 학대란 부모를 포함한 양육자가 손이나 발 등의 신체나 도구를 사용하여 아동에게 신체적인 손상과 고통을 주는 행위를 말하는데, 여기에는 나이에 맞지 않는 노동 착취를 하는 것도 포함된다.

정서적 학대란 아동의 인성 발달에 손상을 입히는 행위로 언어적, 정서적 위협, 감금, 가학적 행위들을 포함하며 아이에게 어떤 행동을 가하는 것뿐만 아니라 아이에게 필요한 행동을 해 주지 않는 것도 포함된다.

* 언어적인 학대: 비난, 조롱, 모욕, 거부, 비웃음, 약 올림 등등
* 아이의 능력을 초과하는 지나친 요구나 비합리적인 요구
* 아이를 지나치게 통제하는 것
* 정서적으로 아이를 옥죄어 숨 막히게 하는 것
* 정당한 이유 없이 아이의 요구를 거부하는 것
* 정서적으로 아이를 방치하는 것

　방치는 신체적 방치와 정서적 방치로 나뉘는데 신체적 방치는 부모를 포함한 양육자가 아이의 사회적, 환경적, 의료적 필요를 충족시켜 주지 않거나 물질적으로 필요한 것들을 제공해 주지 않는 것을 말하고, 정서적 방치는 무시, 무관심의 태도로 아이에게 반응하고 애정 표현, 지지, 지도 등과 같은 아이의 정서적, 심리적 성장과 발달에 필요한 양육과 지지를 해 주지 않는 것을 말한다.

　아이가 정서적 학대나 방치를 당하게 되면 아이의 자기상은 나쁜 쪽으로 왜곡되고 아이는 심하게 낮은 자존감을 갖게 되어 자신감이 없어지는 등의 정서적 발달 장애를 초래하게 된다. 그 결과 아이는 자신이 사랑받거나 좋아할 만한 가치가 없고 남들보다 부족하다고 여기는 자기 비하와 자기혐오에 빠지게 된다.

정서적 학대와 방치가 낮은 자존감을 갖게 하는 과정

　부모를 포함한 양육자가 정서적 학대와 방치를 통하여 아이를 미워한다거나 못생겼다거나 멍청하다거나 못된 아이라는 메시지를 전하면, 아이는 부모(또는 양육자)가 자신에게 그렇게 대하는 원인을 알아내기 위해 외부

나 타인이 아닌 자기한테서 비난받을 만한 결점들을 찾게 된다(왜냐하면 아이들은 생각하는 방식이 자기중심적이어서 모든 일이 자기를 중심으로 일어나고, 주변 사람들의 희로애락 반응도 모두 자기와 관련이 있으며 모든 잘못된 일이 자기 때문이라고 생각한다. 그래서 스스로 탓하는 자책감이 증폭되어 자기 잘못이 없는 경우에도 모든 책임을 자기 탓으로 돌리는 경향이 있다). 그리고 아이는 부모에게 거부당한 원인을 자기 탓으로 돌려서 고착화한 다음에 대응을 내면화하거나 외면화하게 된다.

이때 학대에 대한 대응을 내면화하게 된 아이는 자아 발달에 커다란 해를 입게 되어 낮은 자존감을 갖게 되며 자해, 무감각, 우울증 등의 증상을 보일 가능성이 크다. 반면에 학대에 대한 대응을 외면화하게 된 아이들은 불안하고 공격적이며, 적대적인 성향의 사람이 되어 끊임없이 공포에 시달리거나 언제든지 극단적인 방법으로 상대방에게 보복할 준비가 되어 있는 사람으로 성장하게 된다.

부모가 아이를 학대, 방치하거나 숨 막히게 할 경우에는 아이의 마음속에 자기 증오가 생겨나서 아이는 수동적 혹은 공격적으로 행동하는 양극단의 모습을 보이게 된다. 그리고 계속된 창피와 위협, 거부 속에 자란 아이는 신체적으로 폭행당하는 것 이상의 고통을 겪게 된다. 또 방치보다 학대가 더 나쁘다는 일반인들의 생각과는 달리 아이를 방치하는 것이 노골적인 학대보다 더 해롭다. 다양한 정서적 학대와 방치 조건에 놓인 아이들을 비교 조사한 결과에 따르면 정서적으로 방치된 아이들이 가장 불안해하고 산만하며, 감정을 느끼지 못하는 동시에 극단적인 공격성을 띠거나 반대로 움츠러드는 경향을 보였다고 한다.

아이를 정서적으로 학대하거나 방치하는 부모 가운데 일부러 그런 행동을 하는 부모는 거의 없다. 일반적으로는 부모 자신이 어릴 적에 자기 부모로부터 받은 것을 그대로 답습하여 이러한 학대나 방치가 어떤 것인지, 또 얼마나 해로운 것인지 깨닫지 못한 상태에서 자신도 모르는 사이에 학대나 방치에 해당하는 행위를 함으로써 아이의 자존감을 해치고 불안감을 조성하게 된다. 그래서 어린 시절에 학대나 방치를 당한 경험이 있는 부모는 자신에게 쓰라리게 아픈 기억이 있음에도 불구하고, 자기도 모르는 사이에 자기 아이에게도 똑같은 학대나 방치를 가하게 된다. 또 어렸을 때 사랑과 공감해 주는 반응을 받지 못하고 자란 부모는 자녀에게 사랑 표현이나 공감 표현을 못 하거나 서툴다. 그리고 심한 비난과 수치를 당하면서 자란 부모는 어렸을 때 당한 그대로 아이에게 똑같이 되풀이할 가능성이 크다. 이러한 이유로 학대나 방치를 당했던 부모의 자존감이 낮다면 자녀의 자존감 또한 낮은 것이 당연하다.

이제 아이의 자존감을 해치는 7가지 부모의 유형에 대해 알아보자.

아이에게 해가 되는(아이의 자존감을 해치는) 7가지 부모 유형

1) 방치하는 부모, 무자격 무능력 부모

(1) 부모의 행동 특징
- 방치하는 부모는 아이에게 필요한 음식을 주지 않거나 기저귀를 제때 갈아 주지 않고 홀로 방치해 두는 등의 신체적 방치와 함께 미소, 뽀뽀, 포옹 등의 애정 표현을 통한 반응을 해 주지 않고 무관심으로 대하는 정서적 방치를 가한다.
- 무자격 무능력 부모는 아이를 어떻게 돌볼지 몰라 지나치게 관대하거

나 아이에게 의지하여 자신에 대한 위로 또는 보살핌까지 요구한다.

(2) 전달 메시지

방치하는 부모가 아이에게 주는 메시지는 "넌 사랑받을 만하지 않아."이고 아이가 받는 메시지는 "난 사랑받을 만하지 않아."이다.

그리고 무자격 무능력 부모가 주는 메시지는 "넌 나를 위로해 주고 돌봐 주고 보호해 줘야 해."이고 아이가 받는 메시지는 "난 부모를 보살펴 줘야 해."이다.

(3) 아이에게 미치는 영향(부작용)

신체적으로나 정서적으로 방치를 당한 아이들은 지나치게 의존하고 매달리는 모습을 보이거나 지나치게 방어적으로 행동하여 타인과 정서적인 유대 관계를 맺는 데 어려움을 겪게 되는 경우가 많다. 그리고 간혹 공격적인 행동을 보이는 아이도 있는데 치료를 받지 못할 경우 이러한 행동은 어른이 되어서까지도 이어지게 된다.

(4) 사례

미혼 출산, 이혼, 사고, 경제 사정 등등으로 가정에서 사랑받지 못하고 신체적, 정서적인 방치 상태에 있다가 고아원에 입소하여 생활하는 어린아이들로부터 방치하는 부모나 무자격, 무능력 부모의 영향을 살펴볼 수 있다.

고아원에 가 보면, 처음에는 아이들이 방어적이어서 쉽게 마음을 열지 않지만, 두세 번의 방문으로 낯이 익게 되면 방문자가 부담스러울 정도로 온 마음을 다해서 지나칠 정도로 의존하고 매달리는 모습을 보이는 경우가 종종 있다. 이렇게 방문자에게 마음을 준 아이는 방문자와의 관계가 오랫동안 지속되는 경우에는 믿고 의지할 수 있는 보호자 역할로 인하여 더할 나위 없이 정서적으로 도움을 받지만, 방문자의 사정으로 단기간에 단절이 되면 아이는 또다시 버림받았다는 마음에 자존감이 떨어지고 정서적으로 큰 상처를 받는다. 이렇게 되면 아이는 세상에 대해 마음의 문을 굳게 잠그고 다시는 쉽게 마음을 열거나 주지 않는 대신에, 사람과 사회에 대한 불신과 증오의 마음을 품고 사회에 첫발을 내디디게 된다.

그러므로 이들이 성인이 되었을 때 평범한 일반 가정에서 자라난 아이들에 비해 행복한 삶을 살거나 성공할 확률이 통계적으로 낮다는 것은 슬프지만 엄연한 사실이다.

2) 자녀를 유기하거나 거부하는 부모

(1) 부모의 행동 특징
부모가 질병, 이혼 등의 이유나 기숙 학교에 보내는 방법으로 아이를 신체적으로 유기하거나 바쁘다는 핑계로 혼자 있게 하거나 도움을 주지 않고, 말을 안 하거나 아이를 거부하는 정서적 유기를 한다.

(2) 전달 메시지
부모가 주는 메시지는 "넌 가치 없는 존재야."이고 아이가 받는 메시지는 "난 가치 없는 존재야."이다.

(3) 아이에게 미치는 영향(부작용)
- 신체적으로 유기를 당한 아이들은 자신이 가치 있는 존재나 소중한 존

재가 아니라는 생각에 큰 상처를 받게 된다. 유기 경험은 아이를 불안감과 자기 강박에 빠지게 하고, 분노의 화살을 자기 자신에게 돌리거나 다른 사람들을 이상화하는 경향을 갖게 만드는데, 이러한 감정들은 자기상을 손상시켜서 건강한 인간관계를 가로막는다.

- 욕구 유예가 힘들어 당장 욕구를 참지 못하고 자신감이 부족해서 자기 능력을 과소평가하기 때문에 크고 도전적인 해결책보다는 힘들지 않은 쉽고 빠른 해결책을 찾게 되고 자기혐오의 성향을 갖게 된다.

- 일상적으로 유기당하거나 거부당한 아이는 극도의 불안과 함께 자신이 가치 없는 사람이라는 느낌으로 인하여 고통을 받는다. 부모가 집을 나서면 다시는 영원히 집에 돌아오지 않을 것 같은 불안과 두려움이 들고, 이러한 증상은 어른이 되어서까지도 이어져 타인에게 극단적으로 매달리거나 혼자가 되는 것을 두려워한다.

(4) 사례

민영(가명)이는 시골에서 고혈압과 관절 계통의 지병을 앓고 있는 외할머니 손에서 자랐다. 민영이의 엄마는 빈곤한 농촌 가정에서 태어나 잦은 부부 싸움과 일방적으로 어머니를 폭행하는 아버지를 보면서 어린 시절을 보냈다.

그리고는 힘겹게 중학교를 졸업한 다음에 대도시로 가출하여 불량 청소년들과 어울리다가 성매매를 하게 되었고, 비슷한 처지에 있는 청년을 만나 동거를 시작하여 19살에 민영이를 낳았다. 아이를 낳았지만 경제적 어려움과 잦은 다툼 끝에 민영이가 채 네 살이 되기 전에 아빠는 떠나가 버렸고, 혼자 남은 엄마가 민영이를 양육하게 되었지만 얼마 못 가서 포기하고 외할머니에게 민영이를 맡기게 되었다. 외할머니는 미혼모의 딸이라는 동네의 시선과 자신의 건강으로 인하여 마지못해 민영이를 챙길 뿐이었지 애정을 담아 살갑게 대하지는 않았다.

민영이는 자기를 마치 헌신짝 버리듯 외할머니에게 내동댕이치고 가 버린 엄마의 뒷모습을 아직도 생생하게 기억하고 있다. 그런 엄마지만 민영이는 또래의 부모를 보면 엄마, 아빠가 그리웠고 왜 자기를 이렇게 버리고 외톨이로 만들었는지 이해가 되지 않았다. 아직도 성매매에 종사하는 엄마가 어쩌다가 한 번씩 먹을 것과 옷 등을 사서 오기라도 하면, 민영이는 엄마가 오는 순간부터 떠날 것을 두려워하여 괴로워했고, 속마음과 달리 엄마의 품으로 파고들지도 못했다. 그리고 엄마가 떠난 후에는 또다시 버림받은 느낌으로 몇 시간씩 숨어서 울었다.

또 한편으로는 동네 사람들의 수군거림과 할머니의 무뚝뚝한 냉담과 잔소리에도 할머니가 돌아가시지는 않을까, 할머니마저 자기를 거부하고 버리지는 않을까 불안해했다. 그래서 민영이는 엄마와 할머니의 마음에 들도록 완벽한 아이가 되려고 노력했으나 그렇게 될 수가 없었고, 실수를 하거나 할머니를 실망하게 할 때마다 자신이 한없이 초라해지고 가치 없는 실패작처럼 느껴져 삶의 의욕을 잃고 말았다.

3) 숨 막히게 하거나 소유하려 들거나 매사에 간섭하는 부모

(1) 부모의 행동 특징

- 아이에게 나쁜 일이 생길 수도 있다는 두려움으로 아이를 과잉보호하거나 필요 이상으로 규칙들을 지키라고 하거나 아이에게 많은 것을 요구한다.
- 사사건건 간섭하고 아이의 삶 안으로 파고드는 등으로 아이를 숨 막히

게 한다.

- 부모가 자녀를 독립된 인격체로 보지 않아서 자신의 복제품이 되기를 바라고 행동이나 생각도 자기처럼 하기를 바란다.
- 아이에 대한 지배욕과 소유욕이 강하여 영·유아기에는 과잉보호하고, 아이가 자라면서 외부 세계에 눈을 돌리면 위협을 느껴서 심하게 아이에게 매달린다.
- 아이의 작은 실수들이 아이의 평생을 망칠 것이라는 생각이 강하고, 이러한 생각을 자녀에게도 심어 주려고 노력한다.
- 아이를 자신과 한 몸처럼 느끼고 아이가 독립하기를 바라지 않아서 아이에게 자신만의 개성을 발달시킬 기회를 주지 않고, 부모로부터 떨어져 나가는 것을 허락하지 않는다.
- 혼자되는 것이 두려워 아이가 자기에게 의지하도록 만들어 곁에 묶어 두려 한다.
- 아이를 자신의 분신 정도로밖에 생각하지 않는다.
- 타인에게서 채워야 할 욕구를 아이를 통해 채우려고 한다.

(2) 전달 메시지

부모가 주는 메시지는 "난 네 전부를 원해."이고 아이가 받는 메시지는 "넌 엄마 또는 아빠 없이는 아무것도 아니야."이다.

(3) 아이에게 미치는 영향(부작용)

-숨 막히게 하는 부모 밑에서 자란 아이는 성장 과정에서 꼭 필요한 분리-개별화라는 과정을 경험하지 못해 독립적인 삶을 살지 못하게 되고, 어른이 된 뒤에도 목표를 이루지 못하는 사람이 된다.

- 통제, 위압적 자세를 보이거나 아이의 삶에 개입하는 부모 밑에서 자란 아이는 부모한테서 독립하지 못하게 되어 부모에게 의존하게 된다.
- 부모의 지나친 관심을 받고 자란 아이는 자기 세계가 침범당하고 지나치게 감시당한다고 느껴서 부모의 눈길을 피해 숨을 곳을 찾아다니게 되고, 부모와 별개의 인격체인 자신의 참된 모습을 찾기 어렵게 된다.
- 소유하려고 하는 부모 밑에서 자란 아이는 부모가 아이에게 자신만의 개성을 발달시킬 기회를 주지 않고 부모로부터의 독립을 허락하지 않기 때문에 스스로 성취해 낼 수 있는 잠재력을 제한받게 된다. 그 결과 성인이 되어서도 집을 잘 떠나지 못하고 자기가 집을 떠나면 부모가 실망할까 봐 지나치게 걱정한다.
- 아이의 작은 실수들이 아이의 평생을 망칠 것이라는 생각이 강하고, 이러한 생각을 자녀에게도 심어 주려는 부모 밑에서 자란 아이는 자신의 의견과 신념을 키워 나가지 못하게 된다. 부모의 이러한 행동은 상처받고 실망을 하게 되는 세상사로부터 아이를 보호하려는 것일 수도 있지만, 반대로 아이가 위험을 무릅쓰고 새로운 일에 도전하는 것을 두려워하게 만들어 성공의 기쁨이나 자신감이 없게 만들고, 이에 따라 아이는 성인이 되어서도 인생의 실패자로 남아 낮은 자존감으로 힘들어하게 된다.

(4) 사례

내 친척 중의 한 부부는 농촌에 살면서 1970년대에 첫딸을 낳고 서울로 이사하여 문방구점을 해서 먹고살았다. 이 부부는 첫딸을 낳은 이후 10년이 넘도록 아이가 생기지 않아 애를 태웠는데, 어떻게 된 일인지 11년 만에 그것도 그토록 원하던 사내아이를 얻게 되었다. 이렇게 귀한 아들이다 보니 부부는 넉넉하지 않은 살림에도 불구하고 아들만은 부잣집 외아들처럼 떠받들어 키웠고, 행여 잘못될까 봐 전전긍긍했다. 그리고 시집을 올 때부터 남편이 성에 차지 않았던 엄마는 경제적으로 무능력했던 남편을 구박하며 아이들 앞에서 자주 부부싸움을 했었다. 그러면서도 아들을 대할 때면 언제 그랬냐는 듯이 돌변해서 옳고 그름을 떠나 해 달라는 것은 전부 해 주고 혹시라도 다치거나 잘못될까 봐 품에 안고 살았다.

그리고는 아무것도 시키지 않고 부모의 시중과 보호 아래 가만히 있게 했다. 신체적으로 다칠 수 있는 위험한 행동은 절대 하지 못하게 하고, 위험이 뒤따르는 장소에는 가지 못하도록 철저하게 막았다.

그 결과 아들은 부모의 과도한 애정과 물질적인 풍요 속에서 자라기는 했으나 평범한 아이들과 달리 다양한 세상에 대한 경험도 없고, 자기 자신이 해야 할 일이나 책임에 대해서도 모른 채 어른이 되어 세상에 발을 들여놓게 되었다. 그 뒤로 30여 년이 흐른 지금 아들은 결혼하여 아이 둘을 가진 아빠가 되었지만, 세상살이에 적응하지 못한 인생의 실패자로 겉돌고 있다. 대학 졸업 직후에는 꽤 이름 있는 기업에 입사했지만 적응하지 못하여 얼마 지나지 않아 퇴사했다. 이후로 여러 회사를 거치면서 입사와 퇴사를 반복하더니, 최종적으로는 그마저도 포기하고 실업자로 전락했다. 그리고는 아예 취직할 생각을 하지 않고 생활 전선에 뛰어든 아내에게 기대어 살면서, 자기 아버지가 어머니에게 꼼짝 못 하고 살았듯이 제발 이혼해 달라는 아내의 요구와 구박 속에서 굴욕감을 느끼며 구차하게 살고 있다.

4) 지나치게 통제하거나 폭군적인 부모

(1) 부모의 행동 특징

아이가 어른처럼 행동하기를 바라고, 아이의 능력이나 기분과 관계없이 일을 강압적으로 시키고, 마음에 안 들 경우에 화를 잘 낸다.

(2) 전달 메시지

부모가 주는 메시지는 "넌 내 마음대로 할 수 있어."이고 아이가 받는 메시지는 "난 아무 힘도 없어."이다.

(3) 아이에게 미치는 영향(부작용)

폭군 같은 부모 밑에서 자란 아이는 부모를 대할 때마다 자신이 약해지는 느낌을 받고 정서적으로 깊은 상처를 입는다. 그래서 자신이 무능력하다고 생각하여 새로운 것에 대한 도전을 꺼리고, 무언가를 시도할 때는 필요 이상으로 긴장하고 두려워하게 된다.

(4) 사례

내 고등학교 동창인 한 친구는 아버지를 극도로 무서워했다. 어머니가 친구를 과잉보호했던 반면에 아버지는 본인이 가진 급하고 거친 성격으로 인하여 누구에게나 일을 시킨 후에 조금이라도 늦거나 성에 차지 않으면 불같이 화를 내기가 일쑤였다. 친구의 아버지는 외아들이라 해도 결코 예외가 없이 조금만 잘못해도 큰 소리로 꾸짖고 윽박질렀다. 그 결과 친구는 어른이 되어서도 아버지를 극도로 무서워하여 아버지 앞에만 서면 주눅이 들어 한없이 움츠러들었고, 아버지가 무슨 일이라도 시키면 사소하고 쉬운 일임에도 당황하여 허둥대기가 일쑤였다. 그리고 어떤 새로운 일이 눈앞에 닥치면, 그 일을 해 보기도 전에 그 일의 어려움과 위험을 과대평가해서 시도하는 것 자체를 꺼리고 가능한 한 회피하려는 버릇을 가지고 있었다. 또 어쩔 수 없이 새로운 것을 시도할 때는 아무리 사소한 것일지라도 경험해 보지 않은 것에 대한 두려움 때문에 육십이 넘은 지금도 필요 이상으로 긴장하는 모습을 보인다.

5) 완벽주의 부모

(1) 부모의 행동 특징
- 무질서나 불결함, 결함 등을 혐오하여 이들에 대한 두려움 속에 사는 경우가 많으며, 특히 자녀의 외모에 대해 비판적이다.
- 외모, 지위, 물질적인 부와 명예 등 다른 사람들의 자신에 대한 평가에 가치를 두는 경향이 강하다.
- 완벽함에 이르지 못하면 다 실패라고 여겨서 자녀에게도 완벽을 요구한다.
- 자녀에 대한 태도는 지지와 격려 대신 비판과 비웃음 그리고 강압적인 요구가 많다.
- 본인이 못다 이룬 꿈을 자녀를 통해 이루려고 한다.

(2) 전달 메시지
부모가 주는 메시지는 "부모의 기대에 부응해야만 네가 가치 있는 사람이 된다."이고 아이가 받는 메시지는 "난 결코 훌륭한 사람이 될 수 없어."이다.

(3) 아이에게 미치는 영향(부작용)

- 지지와 격려 대신 비판과 비웃음을 받는 경우가 많기 때문에 자신이 부모에게 기쁨을 주지 못하는 무능하고 자격이 없는 아이라고 느끼면서 자라게 된다.
- 칭찬이나 긍정적인 조언을 듣지 못했기 때문에 자존감이 무척 낮고, 본인의 능력에 대한 자신감도 없어서 무언가를 해야 할 때마다 심한 불안을 느끼고 걱정을 많이 하는 경향이 있으며, 이로 인해 실제로 실패할 확률이 높게 된다.
- 비관론자가 되어 본인이나 본인이 한 일에 대해 만족하는 대신 회의를 느끼고 비판적인 사람이 되어 자책하는 경향이 강하게 된다.
- 자신의 감정을 표현하는 데 서툴고, 과식이나 지나친 운동 등의 강박적인 행동 패턴을 가지게 된다.
- 평상시에도 우울한 경우가 많다.

(4) 사례

내 아버지께서는 해방 전후에 목포의 명문 학교인 목포 상고에 다니셨으나, 이데올로기 문제로 출셋길이 막혀 버린 이후에 큰 꿈을 펼쳐 보지 못한 채 고향에 묻혀 사셨다. 그래서 자신이 못 이룬 꿈을 자식들을 통해 이루려는 욕심을 가지고 계셨던 아버지께서는 내가 공부를 잘해서 출세하기를 바라셨다. 그런 기대와는 달리 어린 시절의 나는 나이에 비해 늦되기도 했지만, 공부에 대한 흥미와 욕심도 없어서 아버지께 실망을 안겨 드리는 일이 많았다. 어릴 적에 아버지로부터 "지 엄마를 닮아 미련해서 공부를 못한다."라는 비난과 공부를 열심히 안 한다는 꾸지람을 자주 들었지만, 반대로 무언가 잘했다고 칭찬을 받았던 기억은 거의 없다. 이런 비난과 꾸지람을 들을 때마다 나는 아버지와 비교했을 때 내가 너무나도 못난 사람으로 느껴졌고, 그럴 때면 한없이 나락으로 떨어지는 것 같은 기분을 느꼈다. 또 그 당시에 조숙했던 세 살 위의 형은 완벽을 이유로 사사건건 트집을 잡아 교묘한 방법으로 부모님 모르게 어린 나를 괴롭혔다. 그래서 나는 어린 시절부터 무엇이든지 완벽하게 잘해야 한다는 강박 관념을 가지게 되었다. 그 결과로 나는 어른이 되어서도 이런 강박 관념 때문에 은행이나 동사무소에서 간단한 일을 보면서도 혹시 실수를 해서 남에게 비웃음을 사지는 않을까 하는 불안감과 새로운 일에 대한 두려움으로 도전을 망설이는 습관을 갖게 되었다. 또 40대 중반이 되기 전까지 나 자신이나 내가 한 일에 대해서 만족스럽게 여겨 본 적이 없는 비관론자로서 나 자신의 감정을 드러낸다거나 내 기분을 남에게 표현해 본 적이 거의 없었다.

그리고 나는 스트레스를 받게 되면 음식을 절제하지 못하고 과식하거나 운동을 전혀 안 하다가 한번 시작하면 지나치게 많이 하는 습관을 가지고 있는데 최근에야 나는 이러한 습관이 어린 시절의 양육과 상관관계가 있다는 것을 알게 되었다.

6) 지나치게 비판하거나 수치심을 주는 부모

(1) 부모의 행동 특징
- 아이의 행동에 대해 지나치거나 일관성이 없는 비판을 가하거나 언어 또는 신체적으로 아이를 학대한다.
- 업신여기기, 비난하기, 경멸하기, 굴욕감 주기, 불가능한 기대로 무력감 주기 등으로 아이에게 수치심을 준다.

(2) 전달 메시지

부모가 주는 메시지는 "넌 가치 없고, 받아들여질 만하지 않고, 나빠!" 혹은 "넌 가치 없는 물건이나 다름없으니 어른들이 널 아무렇게나 대해도 돼!"이고, 아이가 받는 메시지는 "나는 못나고 나쁜 아이야. 나는 다른 사람들이 받아 줄 만한 사람이 못 돼." 혹은 "난 나빠. 그래서 아무도 날 받아 주지 않을 거야!"이다.

(3) 아이에게 미치는 영향(부작용)

- 본인을 못나고 나쁜 아이로 인식하게 되어 다른 사람과의 관계에서 움츠러들게 되고, 자신이 사랑스럽지 못한 사람이라고 느끼면서 자라게 된다.
- 극도로 예민하고 방어적인 경향을 보이며, 비판받거나 공격당한다고 느끼면 곧바로 분노를 표출한다.
- 스스로에 대해 비판적이기 때문에 다른 사람들도 모두 자기를 비판한다고 믿거나 자기 자신을 싫어하기 때문에 남들도 모두 자기를 싫어할 거라고 믿는다.

(4) 사례

대주(가명)는 두 살 때 엄마가 떠나가 버리고, 세 살 때 아빠의 재혼으로 재혼 가정에서 자랐다. 새엄마는 늘 대주를 없어져야 할 눈엣가시로 여겨 경멸의 대상으로 대했으며, 네다섯 살이 되어 대소변 실수를 할 때마다 새엄마는 대소변을 빨리 가리지 못해 자기가 고생을 한다며 창피를 주고 불평을 했다.

또 아빠는 아빠대로 아들로 인해 새엄마에게 책잡히지 않으려는 마음에 아들에게 엄격하게 대하며 아들이 조금만 실수를 해도 그냥 지나치지 않고 심한 체벌과 함께 굴욕감을 안겨 주었다.

그 결과 대주는 자신이 새엄마와 아빠에게 매일 혼나고 미움을 받는 못나고 나쁜 아이이며 부모에게 있어서는 안 될 존재라고 여기게 되었고 중학교 3학년이 되자 가출을 단행하여 비슷한 청소년들과 함께 생활했다. 대주는 모든 것이 열악한 가출 생활을 하면서도 처음으로 자유를 느꼈고, 아빠나 엄마는 더 이상 필요 없는 존재라고 단정 지었다.

그리고 자신은 스스로 지키고 돌보겠다는 결심과 함께 타인으로부터 상처를 받지 않기 위해 마음의 문을 굳게 닫아 버렸다.

40대 성인이 된 지금도 대주는 자신에 대한 낮은 자존감과 혐오 그리고 타인에 대한 적개심을 품고 있으며 사소한 일에도 분노를 표출하는 성격으로 변하여 알코올에 의존하여 살고 있다.

7) 자기만 생각하는 부모, 자기도취적인 부모

(1) 부모의 행동 특징

- 자기만 생각하는 부모는 자기중심적이어서 아이의 욕구와 바람보다 늘 자신의 욕구와 바람, 신념을 더 중요하게 생각한다.
- 자기도취적인 부모는 오직 자신을 빛나고 돋보이게 하는 것에만 관심이 있어서, 자신의 욕구만이 중요하고 타인의 욕구는 자녀라고 해도 중요하지 않아서 자기만 생각하는 부모보다 훨씬 더 극단적이다.
- 자기도취적인 부모는 자신이 행동하고 경험하는 모든 것이 자신의 반영이라고 생각하여 자녀를 자신의 소유물로 생각한다.
- 자기도취적인 부모는 자녀로 인하여 자신이 칭찬을 받거나 자녀가 본

인을 숭배하거나 떠받들어 줄 때만 자녀를 쓸모 있게 여긴다. 그리고 이러한 부모는 부모로서 갖게 되는 자녀에 대한 권력을 자신의 불안정한 자아를 내세우는 데 쓴다.

- 자기도취적인 부모는 자녀의 자율성을 침해하고 자신의 바람에 따르도록 자녀를 조정하며, 자녀의 마음에 안 드는 점은 모두 거부하면서 자녀에게 극단적으로 높은 기대를 품고 자녀를 더 낮게 만들려고 끊임없이 노력한다.

- 자기도취적인 부모는 자녀가 독립하려는 것을 막는다. 이들은 자녀에게도 자신만의 욕구와 감정이 있다는 사실을 깨닫지 못하여 자기가 행복할 때 자녀도 행복하다고 느끼고 자기가 불행할 때는 자녀도 똑같이 불행을 느껴야 한다고 믿으며, 그렇지 못할 경우에는 배신과 둔감함의 표시로 받아들인다.

- 자기도취적인 부모는 아이를 나무랄 때 아이의 잘못된 행동이나 결과에 국한하지 않고, 아이의 존재 가치와 연결해서 아이의 자존감을 떨어뜨리는 경향이 있다.

(2) 전달 메시지

부모가 주는 메시지는 "넌 별로 중요하지 않아."이고 아이가 받는 메시지는 "난 중요하지도 않고 보이지도 않는 미미한 존재일 뿐이야."이다.

(3) 아이에게 미치는 영향(부작용)

- 중요하지 않은 취급을 당하게 되면, 아이는 자신에 대한 증오가 생겨나거나 극단적으로 이상화된 자기 모습을 추구하게 되나 결국에는 실패하게 되어 좌절감과 불행을 느끼게 된다.

- 자율성을 침해받고 조종당한 아이는 불만을 이야기할 경우, 엄마로부터 버림받을 수 있다는 불안감 속에서 자랐기 때문에 불만이 있더라도 이야기를 하지 못하는 경향이 있다.
- 자기 생각을 신뢰하지 못하게 되고, 다른 사람들의 생각을 그냥 받아들이도록 길들여진다.
- 어떤 일을 시도할 때 실패할지도 모른다는 두려움과 상처 입은 낮은 자존감 때문에 도전하기보다는 숨거나 회피할 방법부터 찾게 된다. 그래서 성공의 가능성이 적고, 성공했다고 하더라도 자기 능력보다는 훨씬 못 미치는 성공에 그치고 만다.

(4) 사례

비벌리 엔젤의 책에서 엔젤의 상담자인 사라는 자신의 엄마를 이렇게 묘사했다.

"엄마는 완전히 자기밖에 몰랐어요. 모든 것이 엄마 중심이었죠.
엄마가 필요로 하는 것, 엄마가 관심 있는 것, 엄마가 생각하는 것으로만 가득 찬 엄마의 눈에 나는 거의 보이지도 않았어요. 한 방에 있으면서도 엄마는 내가 같이 있다는 걸 알아채지도 못했어요. 내가 뭔가 필요로 하는 것이 있으면 엄마는 마치 그것이 엄청난 부담인 것처럼 행동했어요. 엄마가 바쁠 때는 감히 방해하지도 못했는데, 안 그럴 경우 엄마는 마치 내가 엄마를 성가시게 하고 있고, 그것은 아주 이기적인 짓이라고 느끼게 만들곤 했어요. 유일하게 엄마가 내 존재를 인정해 주는 것처럼 보일 때는 내가 뭔가 좋은 면에서 관심을 끌 때뿐이었어요. 예를 들자면 누군가 어린 나를 보며 귀엽다고 말하면 엄마는 자랑스러운 눈빛으로 내가 얼마나 엄마를 많이 닮았는지 이야기하거나 내가 음악에 재능이 있다는 걸 발견했을 때 자기의 재능을 물려받아서 그런 거라고 했어요. 엄마 눈에는 내가 혼자서 이루어 낸 것은 하나도 없었던 거죠. 모두 엄마한테서 물려받았거나 엄마가 도와주었거나 엄마가 할 수 있게 만들어 주었기 때문에 할 수 있었다는 식이었죠."

우리는 위에서 자존감의 중요성과 자존감을 해치는 중요 인자 그리고 자존감을 해치는 부모의 유형에 대해서 알아보았는데, 이 내용을 다시 한번 정리하면서 이번 제4원칙을 마치도록 하겠다.

삶의 모든 면에 영향을 끼칠 뿐만 아니라 성공의 필수 요소인 자존감은 부모의 양육 태도, 내면의 목소리, 수치심에 의해 영향을 받지만 이 중에서도 부모의 양육 태도에 의해 가장 큰 영향을 받는다.

부모가 아이를 사랑하는 마음으로 잘한 일에는 격려, 칭찬, 지원을 해 주고 잘못한 일에만 올바른 방법으로 혼을 낸다면 아이는 스스로 돌볼 줄 아는 자신감 넘치는 사회인으로 성장할 것이다. 그러나 우리가 위에서 언급한 방치하는 무자격 무능력 부모, 자녀를 유기하거나 거부하는 부모, 숨 막히게 하고 소유 간섭하는 부모, 지나치게 통제하고 폭군적인 부모, 완벽주의 부모, 지나치게 비판하거나 수치심을 주는 부모, 자기만을 생각하거나 자기도취적인 부모, 이렇게 7가지 유형의 부모가 된다면 아이는 열등감에 젖어 사는 실패한 사회인이 되기 십상이다. 그러므로 우리는 이 7가지 유형의 부모에 대한 지식을 확실히 하고, 만약에 자신이 이 중 한 가지 유형에라도 속한다면 주저 없이 자신을 개선해 나가야 할 것이다.

과대한 자존감과 자만심을 갖지 않게 하라

낮은 자존감은 한 아이의 실패와 낙오에 그치지만 지나치게 과대한 자존감과 자만심은 사회 전체에 막대한 피해를 끼친다는 것을 명심하여 아이가 과대한 자존감과 자만심을 갖지 않도록 기르자.

제4원칙에서 나는 낮은 자존감에 따른 문제점을 지적하고, 높은 자존감을 세워 주기 위한 방편들을 제시하였다. 또한 많은 사회학, 심리학, 교육학 이론은 주로 반사회적 행동의 원인으로 낮은 자존감만을 주로 다루었고 지나치게 과대한 자존감에 대해서는 언급이 드물었다.

그러나 나는 낮은 자존감만큼이나 지나치게 과대한 자존감 또한 아이가 정상적인 성인으로 성장하는 데 큰 장애라고 생각한다. 어떻게 보면 과대한 자존감을 갖고 자란 아이가 낮은 자존감을 갖고 자란 아이보다 나중에 성인이 되어서 사회적으로 미치는 피해가 훨씬 더 클 가능성이 크다. 왜냐하면 낮은 자존감을 가진 아이가 자라서 사회에 미치는 피해는 개인이나 일부 제한된 소수의 인원에 한정되는 경우가 대부분이지만, 과대한 자존감을 가진 아이가 자라서 사회에 미치는 피해는 개인이나 소수의 인원, 지역을 넘어서 한 민족이나 국가 또는 세계 전체까지도 도탄에 빠지게 할 수 있기 때문이다.

그래서 이번 제5원칙에서는 과대한 자존감과 자만심에 대해 알아보고 이의 생성 원인과 특징 그리고 이에 대한 대안을 모색해 보기로 하자(제5원칙의 본문 일부는 나의 정신적 스승 중 한 분이신 미국의 정신과 의사이자 영성가인 데이비드 호킨스 박사의 여러 저서를 참고하거나 인용하였다).

사전적 의미로 자존감이란 스스로 품위를 지키고 자기를 존중하는 마음이라는 뜻으로, 자신의 가치나 능력을 믿고 당당히 여기는 마음을 나타내는 자부심과 맥락을 같이한다.

정상적이고 양호한 수준의 자존감과 자부심은 남에게 가능한 좋은 인상을 주려는 태도와 성공적인 노력의 결과로 얻어진 성취에서 발생하는 정상적인 만족감이다. 이러한 형태의 긍정적 자기 이미지는 그냥 공짜로 얻어진 것이 아니라 노력한 결과로 얻어진 것이어서 정당하고 적절하다고 말할 수 있다.

따라서 이러한 정상적이고 양호한 수준의 자존감은 노력의 결과로 현실적 기초를 가지고 있기 때문에 에고를 팽창시키지 않는다.

이에 반해 과대한 자존감과 자부심은 자기 자신의 가치와 능력을 실제의 가치와 능력보다 높게 평가하거나 자신이 남보다 낫다는 생각이나 신념 또는 의견이다. 이러한 과대한 자존감은 마치 부풀어 오른 풍선과 같은 에고의 팽창 상태라고 말할 수 있다. 그리고 이 팽창 상태에서는 필연적으로 겸손함이 없이 잘난 체하며 남을 업신여기고 건방진 행동을 나타내는 교만과 오만의 태도가 나타나고, 또 마음에는 자신이나 자신과 관련 있는 것을 과대평가하여 스스로 자랑하거나 뽐내는 마음인 자만심이 가득 차게 된다.

이러한 과대한 자존감과 자부심은 다음과 같은 몇 가지 특성을 나타내게 된다.

과대한 자존감과 자부심의 특성

첫 번째는 이것이 노력의 결과로 얻어진 성취에 바탕을 두지 않고 잘못 판단된 임의적 위치성에 기반하기 때문에 무너지기 쉽다.

두 번째는 부풀려진 자존감과 자부심은 달리 표현하면 허영이기 때문에 아첨에 약해서 이에 쉽게 넘어간다.

세 번째는 과대한 자존심과 자부심은 교만과 오만, 자만, 허영의 태도를 불러오고 이 태도는 자기가 특별하다거나 자신이 원하는 행동은 무엇이든 시 해도 된다거나 혹은 자신이 원하는 것은 어떠한 것이라도 가질 만한 자격이 있다는 '자격 있음'의 신념을 키우게 된다.

이 '자격 있음'의 신념은 마치 왕권신수설의 왕처럼 본인이 타인에게 고통을 가하고 타인의 권리를 침해해서라도 자신이 원하는 것은 강제로 행하거나 취할 자격이 있다고 느낀다. 따라서 이러한 '자격 있음'의 태도는 작게는 죄의식이 없는 가정 폭력과 극악무도한 범죄의 도약대 역할을 하기도 하고, 크게는 무자비한 정복자나 독재자가 되어 과도한 잔학 행위와 대량 살육을 불러오게 된다.

또한 '자격 있음'의 태도를 가진 사람은 과도한 자존감이나 자부심을 가진 사람처럼 다음과 같은 몇 가지 특성이 있다.

'자격 있음'의 태도를 가진 사람들의 특성

* 오만하고 건방진 태도가 동반된다.
* 허영심, 질투심, 경쟁심, 복수심이 강할 뿐만 아니라 악의적이며 타인을 증오하는 경향이 심하다.
* 무시당하면 쉽게 분노하고 피해망상적인 사람이 되어 다수를 대상으로 폭행이나 살인을 저지르고 광란 상태로 날뛰게 된다.

* 타인에게 고통을 가하고 타인의 권리를 침해해서라도 자신이 원하는 것을 취하려 한다.
* 극도로 잔인한 잔학 행위와 대량 학살과 같은 엄청난 범죄를 저지르고도 후회하거나 죄책감을 느끼지 않는다.
* 완벽하고 끈질기게 자기방어적인 경향이 있으며 '자격 있음'의 태도와 자신이 정당하다는 확신을 가지고 있기 때문에 기존에 알려진 어떠한 교정 수단을 통해서도 교정되지 않는 경우가 많다.

위와 같은 과대한 자존감과 자부심에 의한 '자격 있음'의 발생 원인에는 다음과 같은 것들이 있다.

첫 번째는 영·유아기의 해결되지 않은 유아적이고 자기애적인 에고 중심성(이기심)이다. 갓 태어난 아기는 살아남아 생존하기 위하여 타고난 본능에 충실해서 오직 자기의 중요성에 대해서만 관심을 갖는데, 이것이 유아적이고 자기애적인 에고의 핵심이다. 이러한 유아적 자기애적 에고 중심성은 자라면서 양육자의 훈육과 사회의 교육으로 인해 점차 없어지게 되는데, 이러한 과정을 정상적으로 거치지 못할 때 이와 같은 현상이 잔존하여 나타나게 된다.

두 번째는 양육자가 양육 시 아이의 실제 행동에 걸맞지 않은 과도한 칭찬이나 부추김으로 자신에 대한 환상을 키우게 만들고, 다른 아이가 가지고 있는 장난감 등을 자기 아이가 가지고 싶다고 해서 억지로 뺏어 주는 등의 행위를 통하여 무의식중에 타인을 배려하지 않고 자기만을 생각하는 이기심을 아이에게 길러 주거나 자신의 부와 권력 또는 가문 등을 내세워 아이에게 타인보다는 월등하다는 의식을 지속해서 심어 주는 것이다.

세 번째는 폭력적이거나 공격적인 양육자에 대한 투사나 동일시 기제의 발현이다. 아이는 자라면서 양육자를 자신과 비교하여 투사하면서 모방을 통하여 배우게 된다. 이 과정에서 양육자의 폭력적인 모습을 투사하여 똑같이 닮으려고 하거나 그와 같이 되기가 어려울 때는 자기를 학대한 사람이나 자신이 되고 싶은 인물과 자신을 동일시하여 마치 자신이 그들이 된 것처럼 과거에 자신이 학대받은 경험이나 두려움 때문에 하지 못했던 정당하지 못한 행동을 스스럼없이 행하게 되는 것이다.

이제 이에 걸맞은 사례를 들어 보도록 하겠다.

사례 1

아돌프 히틀러는 나치 독일을 이끌면서 제2차 세계 대전을 일으켰고, 이 기간에 점령 지역의 유대인들을 대상으로 사회적 권리를 박탈하고 재산을 몰수한 후, 아우슈비츠를 비롯한 강제 수용소에 몰아넣고 강제 노역에 시달려 죽게 하거나 가스실에서 가스로 죽이는 대량 학살을 주도하였다.

이때 사망한 유대인만 무려 600만여 명에 이르고, 기타 유대인 혼혈과 집시 슬라브인을 포함하면 약 1000만 명도 넘는 인원이 희생되었다.

이러한 히틀러의 나치 정권에 의한 유대인 집단 학살 사건을 홀로코스트라고 한다.

그런데 과연 무엇이 히틀러를 이런 광기 어린 집단 살육으로 이끌었을까?

어떤 이들은 미대 진학 면접 시 유대인 교장이 히틀러를 탈락시켰다는 것과 청년 시절 빈 체류 시 유대인 창녀와 성관계 후 성병에 걸림으로써 유대인에 대한 반감을 갖게 된 것을 이유로 설명한다. 또 다른 이들은 당시 유럽 대륙에 퍼져 있던 반유대주의 사상을 정치적으로 이용하여 유대인들이 이룩해 놓은 부를 차지하기 위해서였다고 설명하기도 하지만, 나는 히틀러의 어린 시절과 연관을 지어 설명해 보고자 한다.

어린 시절의 히틀러는 지방 세무서장인 아버지 덕에 아주 큰 부자는 아니었지만 귀족 학교에 다닐 만큼 잘사는 편이었다.

부모의 성향을 보면 아버지는 가족에게 권위적이고 폭력적이어서 걸핏하면 아내와 자식을 때리고 폭언을 일삼았다. 또한 예술가가 되고 싶었던 히틀러는 공무원이 되기를 강요하고 폭력을 행사하는 아버지와 13살이 될 때까지 갈등을 겪었다(아버지는 히틀러가 13살 때 사망했다).

아버지가 권위적이고 폭력적인 가장이었기 때문에 히틀러는 증오의 감정과 함께 아버지를 '쉽게 다가갈 수 없는 존재'로 여겼다.

반대로 어머니는 히틀러가 태어나기 전에 여러 번 자식을 잃은 경험이 있어서 히틀러까지 잘못될까 봐 노심초사하면서 히틀러를 애지중지 키웠다고 한다. 그래서 히틀러는 유난히 어머니를 좋아했고 어머니가 세상을 떠났을 때는 그 누구보다 슬퍼했다고 한다.

아동·청소년기의 히틀러는 초등학교를 비교적 우수한 성적으로 마치고 우리나라의 인문계 중·고등학교를 합친 것과 같은 실업학교에 들어갔지만, 얼마 가지 않아 학업에 흥미를 잃어 유급을 당하고 결국은 자퇴를 하고 만다.

이러한 성장 과정을 볼 때 영·유아기의 히틀러는 어머니의 과잉보호 아래 유아적이고 자기애적인 에고를 버리지 못했을 것으로 추측된다. 또 중·상류층으로 잘사는 지방 세무서장의 아들로 특권 의식 속에서 특별한 대접과 보호를 받았기 때문에 과대한 자존심과 '자격 있음'의 태도도 가지게 되었을 것이다. 그리고 아동기에 접어들어서는 미래에 대한 꿈이 아버지로 인해 좌절되는 한편, 아버지에게 폭언이나 폭행을 당하는 과정을 겪으면서 자기도 모르게 공격자였거나 혹은 박해자였던 아버지를 자신에게 투사함으로써 자신을 독재적이고 폭력적인 아버지와 동일시하는 동일시 기제가 발현하였을 것이다. 그리하여 그 결과로 과대한 자존심과 '자격 있음'의 태도를 가진 사람의 성격적 특성이 발현되었다고 추측할 수 있다.

물론 당시의 유럽 특히 동부 유럽에는 예수를 죽인 민족의 후예들, 즉 유대인을 죽이는 것이 기독교인의 의무라는 중세의 기독교인들의 사상을 이어받은 반유대주의 사상이 팽배해 있었고, 히틀러가 빈에 체류할 때는 섹스 업종이나 고리대금업에 종사하는 유대인이 많았으며 제1차 세계 대전에서는 유대인들이 적극적으로 전쟁에 나서지 않고 본인들의 이익만을 챙겨서 소수의 유대인이 막대한 부를 누리고 있었다. 이러한 유대인들의 행위에 히틀러뿐만 아니라 많은 유럽인이 반감을 품고 있기는 했다.

교활하게도 히틀러는 이러한 유럽의 반유대인 정서를 등에 업고서, 게르만족 우월주의로 무장한 신독일 건설이라는 미명 아래 민족적, 인종적 편견을 퍼뜨려서 자신들의 이익을 위해 얼마든지 타인을 공격할 수 있다는 생각으로 유대인 말살이라는 끔찍한 정책을 실행에 옮겼다.

히틀러가 아무런 죄책감 없이 이런 만행을 저지른 이면에는, 그가 젊은 시절에 겪었던 원치 않은 경험과 인간에게 잠재되어 있는 나쁜 특성들을 모두 유대인에게 투사함으로써 유대인은 악의 화신이며 세계의 모든 곤경의 원인이기 때문에 자기가 유대인을 말살하는 것이 정당할 뿐만 아니라 자신의 사명이라고 여기는 '자격 있음'의 태도가 숨어 있다. 또한 자신이 박해자인 아버지로부터 받았던 억압과 폭력을 피해망상적으로 확대, 증폭시킨 후에 이제는 자신이 박해자가 되어 잔학한 학살을 통해 유대인들에게 보복함으로써 만족을 얻으려는 심리가 숨어 있다.

이름을 대면 누구나 알 만한 대학 병원의 한 외과 의사에 대해서 들은 적이 있다.

나이 사십쯤 되는 이 외과 의사의 행동 특성은 다음과 같다.

* 분노 조절이 안 되어 하찮은 일에도 불같이 화를 내며, 화가 나면 참지를 못하고 눈에 보이는 주변의 물건(예를 들면 휴대폰이나 컴퓨터 심지어는 자동차까지도)을 던져서 부숴 버리고, 망치로 깨서 박살을 낸다. 그런데 신기하게도 부모가 다음 날이면 금방 새것으로 사 준다.

* 공과 사를 구별할 줄 몰라 보조하는 간호사들을 무시하고 하인 부리듯이 대하여 개인적인 잡일을 시키면서도 당연시한다. 그래서 투서로 징계 위원회에 회부된 적도 있다.

* 약자에게는 강하고 강자에게는 약해서 인턴이나 레지던트 의사에게는 잘난체, 무시, 심한 인격적 모독을 서슴지 않는다. 반면에 병원에 영향력 있는 간부급 의사에게는 비굴할 정도로 아첨하고 굽신거린다.

* 오직 자기 환자밖에 없다. 동일한 상황에서 더 위중하고 위급한 다른 환자는 안중에 없다.

* 주변의 모든 사람이 잘못되고 나쁜 사람이라고 평가하는데, 정작 본인은 자기가 올바르고 일을 잘하는 좋은 사람이라고 자평한다.

* 동료 교수들과 사이가 좋지 않아 어울리지 못하고 외톨이로 지낸다.

　이 불쌍한 외과 의사의 성장 과정은 어땠을까?

　현재 이 외과 의사의 부모는 중견 종합 병원을 소유하고 있는 병원장과 병원장 사모님이다. 주변에서는 어머니가 아들을 다 망쳐 놓았다고 수군덕거린다.

　사십이 다 된 아들이 분노를 조절하지 못하여 새 차를 부수더라도 호되게 질책하는 것이 아니라, 오냐 잘했다 하고 다시 새로 사 주는 어머니이니 볼 장 다 본 게 아닌가? 이 외과 의사는 초등학교부터 고등학교까지 줄곧 전교 일 등을 놓치지 않았다고 한다. 그리고 그 어렵다는 의대에 합격하고 의사가 되었으니 부모 입장에서는 장하지 않겠는가? 그러나 이것은 공부에 국한된 이야기다.

　이 외과 의사는 부모의 교육에 대한 무지로 인하여 과대한 자존감과 잘못된 '자격 있음'으로 길러진 전형적인 사례다. 아직도 보호자 역할을 해 주는 부모의 보호의 손길이 거두어진다면 이 외과 의사의 미래가 어떻게 될지는 누구나 예측이 가능한 일이다.

　위에서 과대한 자존감과 자부심에 대한 현상, 원인, 사례까지 살펴보았는데 이제는 이런 나쁜 성격이 형성되지 않는 양육 방법에 대해 알아보도록 하자.

　앞에서 나는 과대한 자존감과 자부심이 생기게 된 원인 3가지를 거론했는데 이 3가지 원인이 발생하지 않도록 하는 것이 최우선이고, 그다음으로는 아이에게 과대한 자존감, 자부심에 대한 최대의 치료제인 겸손함을 배우게 해서 평상시의 생활에서 감사와 만족 그리고 고마움의 태도를 갖게 하는 것이 최고의 해결책이라고 생각한다.

이에 대한 방안으로 첫 번째는 영·유아기의 자기밖에 모르는 자기애적 자기중심적 에고에서 벗어나 정상적인 사회 시민으로 성장하기 위해 앞에서 거론한 '유아기에 도덕적 기틀을 바로 잡아라' 항목을 참조할 필요가 있다.

해서는 안 될 행동
* 남을 먼저 때리지 마라.
* 다른 아이를 괴롭히거나 위협하지 마라.
* 남에게 욕하지 마라.
* 생명 있는 것들을 죽이거나 괴롭히지 마라.

권장 행동
* 친구들과 나누고 어려운 친구를 도와라.
* 부모를 돕고 형제자매들과 사이좋게 지내라.
* 가족과 친척들에게 친절하게 대하라.
* 남의 좋은 일은 축하해 주고 함께 즐거워해라.

위의 행동을 실천하게 하다 보면 유아기의 자기애적이고 자기중심적인 에고는 자기도 모르는 사이에 점차 없어질 것이다.

두 번째는 아이의 과대한 자존감과 자부심이 증폭하는 원인 중의 하나로 부모가 아이에게 아이 자신에 대한 환상을 키워 줌으로써 이기심과 특권 의식을 가지게 하는 것이다. 이를 방지하기 위해 부모가 유념해야 할 행위는 다음과 같은 것들이 있다.

* 실제와 걸맞지 않게 과도한 칭찬이나 부추김을 하지 마라.
* 자기 아이가 가지고 싶다고 하거나 하고 싶다고 해서, 타인의 것을 뺏어 주거나 타인이 양보하게 하지 마라.
* 타인을 배려하지 않고 자기만을 생각하는 이기심이 자라지 않도록 하라.
* 부와 권력, 가문 등을 내세워 타인보다 월등하다는 특권 의식을 심어 주지 마라.

세 번째는 아이에게 폭력적이고 공격적인 양육자에 대한 잘못된 투사나 동일시 기제가 발현하지 않도록 평상시에 폭력적이거나 공격적인 언행으로 아이를 대하지 않는 것이다.

그리고 마지막으로 아이에게 가르쳐야 할 겸손함이 있는데, 이것은 앞에서도 거론했듯이 평상시의 생활에서 아이가 누리는 모든 것이 저절로 당연하게 생겨나는 것이 아니라 누군가의 노력과 희생의 결과라는 것을 상기시켜 줌으로써, 그들에 대한 감사와 만족, 고마움의 태도를 갖게 하는 것이 결국에는 과대한 자존감과 잘못된 '자격 있음'의 태도가 자라나지 않게 할 것이다.

제4원칙과 제5원칙에서 다룬 자존감에 대해 다시 한번 정리해 보도록 하겠다.

아이의 자존감은 부모의 양육 태도에 의해 가장 크게 영향을 받는다.

부모가 아이를 사랑하는 마음으로 잘한 일에는 격려, 칭찬, 지원을 해 주

고, 동일한 기준으로 잘못한 일에는 시비를 분명하게 가려 주고 조언해 주는 한편 꼭 필요한 경우에만 혼을 낸다면, 아이는 적절하게 높은 건전한 자존감을 가지게 되어 자신감을 가지고 매사를 낙천적이고 긍정적인 자세로 대하며 진취적이고 창조적인 능력을 발휘해 사회적으로 성공할 확률이 높다.

그러나 부모가 아이를 무시, 비난하고 필요 이상으로 꾸짖고 혼내고 체벌을 가하는 등으로 학대하고 해도 되는 것과 안 되는 것 등의 행동 기준을 명확히 알려 주지도 않으면서 부모의 기분에 따라 칭찬이나 처벌의 기준이 바뀌게 되면 아이는 불건전하고 낮은 자존감을 갖게 된다.

그리고 유아기 아이의 자기애적 에고 중심성을 부모가 양육 과정에서 없애 주지 못하고, 아이의 행동에 걸맞지 않은 칭찬이나 부추김으로 아이 자신에 대한 환상을 키우게 하고, 자기 아이가 갖고 싶다고 하여 다른 아이의 장난감을 뺏어 주는 행동 등으로 타인을 배려하지 않고 자기만을 생각하는 이기심을 길러 주고 자신의 부와 권력과 가문 등을 내세워 타인보다 월등하다는 우월 의식을 심어주게 되면, 이런 양육 환경에서 자란 아이는 나중에 사회에 큰 해악을 끼칠 수 있는 불건전한 과대한 자존감을 가진 사람으로 성장하게 될 확률이 높다.

그러니 우리 부모들은 이 점들을 명심하여 우리 아이들이 너무 낮거나 혹은 너무 과대한 자존감을 갖지 않고, 적절하게 높고 건전한 자존감을 가진 아이가 될 수 있도록 관심과 노력을 기울여야 할 것이다.

자애로우면서도 권위적인 부모가 되어라

부모의 양육 방식은 독재적, 권위적, 허용적, 방임적 양육 방식 이렇게 4 가지가 있는데, 일반적으로 많은 부모가 자녀들을 친구처럼 대하는 허용적 양육 방식을 선호한다. 그러나 아이에게는 권위적인 부모가 가장 최선이라는 것을 명심하자.

영아기를 거쳐 유아기에 접어들면서 아이가 말을 하게 되고 자아의식이 발달하기 시작하면, 우리는 부모 또는 양육자의 입장에서 아이에게 어떤 태도로 대해야 할지 고민하게 된다. 여기에서 태도란 자녀에게 독재적이거나 권위적이거나 관대하거나 무관심하거나 냉담하거나 엄격하거나 부드럽게 대하는 등등의 행동을 말한다.

이 태도에 대하여 어떤 사람들은 아이들에게 엄격하게 대하는 것이 좋다고 하고, 또 다른 사람들은 아이들에게 친구처럼 대해 주는 것이 좋다고 한다. 과거의 부모들은 속마음은 그렇지 않으면서도 겉으로는 엄격하고 권위적인 부모를 추구했고, 경우에 따라서는 체벌까지도 당연하게 여겼다. 그런데 이런 과거의 부모들과는 달리 최근의 부모들은 대다수가 엄격한 부모보다는 친구 같은 부모가 되기를 선호하고, 아이가 원하는 것은 무엇이든지 다 들어주는 슈퍼 부모가 되기를 원한다. 예전과 달리 자녀가 한 명 아니면 두 명뿐이다 보니, 자녀가 사랑스러운 마음과 함께 자녀에게 좋은 아빠, 좋은 엄마가 되고 싶을 것이다. 당연히 이해가 간다. 그렇지만 부모의 입장이 아니라 아이의 입장에서 볼 때도 정말 이런 친구 같은 부모가 최상의 부모일까?

결론부터 말하자면 아니다.

발달심리학에서는 친구 같은 부모 밑에서 성장한 아이보다는 다소 권위적인 부모 밑에서 성장한 아이의 성공 확률이 더 높다고 말한다. 그러니 마음속으로는 친구 같은 부모가 되고 싶더라도 아이의 장래를 생각한다면 권위적인 부모가 되어야 한다. 단 이 권위적인 모습의 이면에는 아이에게 따뜻하게 대하는 자애로움이 숨어 있어야 한다.

발달심리학자인 데이비드 셰프와 캐서린 킵은 부모의 양육 방식을 독재적 양육 방식, 권위적 양육 방식, 허용적 양육 방식, 방임적 양육 방식 4가지로 분류하였다. 그리고 또 다른 발달심리학자인 다이애나 바움린드는 1991년에 이 4가지의 양육 방식이 취학 전 아이들에게 미치는 영향을 100명의 백인 중산층 가정을 대상으로 조사하여 발표하였다. 주 내용은 양육 방식별 부모의 특성에 따라 아이들도 이에 해당하는 공통적인 특성들을 보인다는 것이었는데, 그 발표 내용은 다음과 같다.

4가지 양육 방식과 그에 따른 부모와 아이들의 특성

1) 권위적인 부모(높은 자애로움, 높은 통제)

(1) 부모의 특성

- 일관성 있게 지시하며 대체로 엄격한 통제 방식을 사용한다.
- 자녀가 사회적, 인지적 능력에 걸맞게 행동하도록 요구하고, 독립심과 결단력을 권장함으로써 자녀가 성숙한 행동을 하도록 유도한다.

- 지시나 통제, 요구를 할 때는 부모의 말에 따라야 하는 합리적인 이유를 충분히 설명한다.
- 자녀의 관점과 의사도 존중하여 자녀의 의견에 귀 기울일 줄 알며, 그 의견에 따라 행동을 바꾸기도 한다.
- 자애로운 분위기에서 양육하며, 자녀에게 정서적으로 안정적인 환경을 제공한다.
- 자녀가 자신의 요구에 잘 순응하리라는 것과 자녀의 밝은 미래에 대한 믿음을 가지고 있다.

(2) 자녀의 특성

- 심리 사회적 발달을 가장 잘하여 사회적 기술이 높고 인지적 능력도 비교적 높다.
- 사회적으로 책임감 있고 독립적이며 성취 지향적이고, 내면적으로는 자기 자신에 대한 신뢰가 높다.
- 대체로 쾌활하며 어른이나 또래 집단 모두에게 협조적이어서 사회성이 뛰어나다.

2) 독재적인 부모(낮은 자애로움, 높은 통제)

(1) 부모의 특성

- 부모가 일방적으로 정한 절대적 기준에 따라 자녀를 강하게 통제한다.
- 자녀에게 일방적인 지시, 통제, 요구를 하고 부모의 말에 따라야 하는 합리적인 이유를 설명해 주지 않는다.
- 자녀에게 무조건적인 복종을 기대하며 자녀와 대화를 거의 하지 않는

다.

- 자녀를 복종시키기 위해 애정을 거두어들이는 등의 자녀를 거부하는 행동을 취하거나 힘으로 굴복시키려 하는 경향을 보인다.
- 자녀의 관점과 의사에 둔감하여 융통성을 발휘하거나 수용할 줄 모른다.
- 아이에게 존중받기를 원한다.

(2) 자녀의 특성

- 사회적 기술이나 인지적 능력이 평균이거나 그 이하이다.
- 행복한 모습보다는 우울한 경향을 자주 보이며 예민하다.
- 타인을 쉽게 괴롭히고 불친절하다.
- 목표가 없다.

3) 허용적인 부모(높은 자애로움, 낮은 통제)

(1) 부모의 특성

- 자녀의 충동과 행동에 대해 민감하게 받아들이고 긍정적으로 받아들인다.
- 자녀가 감정과 생각을 자유롭게 표현하고, 스스로 자기 행동을 조절하도록 한다.
- 자녀가 하고 싶은 대로 놔두고 자녀의 잘못된 행동에도 통제나 처벌을 거의 하지 않는다.
- 책임감이나 예의범절 같은 사회적으로 성숙한 행동을 하도록 가르치거나 요구하는 것도 거의 하지 않는다.

- 자녀의 비행 행동이나 다른 식구들에 대한 공격적 행동을 허용한다.

(2) 자녀의 특성
- 사회적 기술이나 인지적 능력이 모두 낮다.
- 자주 으스대는 경향을 보이며, 여기에 남자아이는 공격적인 성향이 추가된다.
- 자기중심적이며 충동적이고 통제력이 부족하다.
- 독립심과 성취 수준이 낮다.

4) 방임적인 부모(무관심한 부모, 낮은 자애로움, 낮은 통제)

(1) 부모의 특성
- 자녀를 방치하거나 거부하는 부모로 자녀에게 관심이 없다.
- 자녀에 대한 기대나 반응을 보이지 않고 아무런 요구도 하지 않는다.
- 거칠고 훈육에 일관성이 없으며, 자녀의 비행 행동이나 식구들에 대한 공격적 행동을 묵인하고 방치한다.

(2) 자녀의 특성
- 사회적 기술이나 인지적 능력이 모두 낮다.
- 목표나 동기가 없고 자기 통제가 부족하다.
- 강제적 수단을 통해 본인의 요구를 관철하고 타인의 행위를 통제하려한다.

이상이 부모의 4가지 양육 방식과 양육 방식별로 나타나는 자녀의 특성이다.

그런데 이 양육 방식 중 부모의 특성 내용이 어디선가 본 것 같지 않은가? 이 부모의 특성은 제4원칙에서 소개한 자존감을 해치는 7가지 부모의 유형과 거의 일치한다. 다만 높은 자애로움과 높은 통제의 권위적인 부모는 자존감을 해치는 7가지 부모에 속하지 않아 해당 사항이 없다.

해당 사항이 없다는 것은 그만큼 양호한 양육 방식이라는 의미이다.

그래서 양호한 양육 방식인 권위적인 부모를 제외한 독재적, 허용적, 방임적 양육 방식과 자존감을 해치는 7가지 부모의 유형을 조합하여 좀 더 세부적으로 각각 어디에 속하는지 알아보자.

그런 다음에는 자존감을 해치는 7가지 부모의 유형에 따른 아이의 영향(부작용)을 여기에 추가해 보자. 그러면 양육 방식별로 자녀의 어릴 적 특성뿐만 아니라 어른이 된 이후의 영향(부작용)도 유추해 낼 수 있다.

첫 번째로 독재적인 양육 방식은 자존감을 해치는 7가지 부모의 유형 중에서 유기하거나 거부하는 부모, 숨 막히게 하거나 매사에 간섭하는 부모, 지나치게 통제하거나 폭군적인 부모, 지나치게 비판하거나 수치심을 주는 부모, 이렇게 4가지가 포함되어 있다고 볼 수 있다. 그래서 독재적인 양육 방식에 의해 자녀를 기르면 자녀가 어릴 적에는 사회적 기술이나 인지적 능력이 떨어지고 우울하며 불친절하고 남을 괴롭히고 목표가 없는 성향을 보인다.

어른이 되어서는 스스로 비판적이어서 낮은 자존감과 자신감으로 자신의 참모습을 찾지 못한 채 부모에게 의존하는 삶을 살게 된다. 그리고 성격적으로는 예민하고 방어적이며 쉽게 분노를 표출하는 반면 대인 관계에서는 움츠러들고 새로운 도전을 꺼리고 매사에 긴장하는 부정적인 삶을 살게 된다고 유추해 볼 수 있다.

　두 번째로 허용적인 양육 방식은 유기하거나 거부하는 부모, 자기만 생각하고 자기도취적인 부모의 유형이 포함되어 있다. 그래서 허용적인 양육 방식에 의해 자녀를 기르면, 자녀가 어릴 적에는 사회적 기술이나 인지적 능력이 낮으며 자기중심적이고 충동적이고 통제력이 부족하고 독립심과 성취 수준이 낮은 성향을 보인다. 어른이 되어서는 건강한 자기상이 없기 때문에 바람직한 인간관계를 맺지 못하고, 자기의 능력을 과소평가하여 쉬운 일만 찾게 되고, 자기혐오로 인하여 극단적으로 이상화한 자기 모습을 추구하나 실패하여 불행한 삶을 살게 될 가능성이 크다.

　세 번째로 방임적 양육 방식은 방치하는 부모, 유기하거나 거부하는 부모, 자기만 생각하는 부모, 이렇게 세 가지 유형이 포함되어 있다. 그래서 방임적 양육 방식에 의해 자녀를 기르면 자녀가 어릴 적에는 사회적 인지적 능력이 떨어지며 목표나 동기가 없고, 자기 통제가 부족하고 폭력이나 억지를 통해 요구를 관철하려는 성향을 보인다.
　어른이 되어서는 타인과의 정서적인 유대 관계나 바람직한 인간관계를 맺지 못하고 타인에게 공격적인 행동을 하게 되며 자기혐오와 낮은 자존감으로 도전보다는 회피하거나 쉬운 일에만 집착하는 경향을 보인다. 이들에게는 또 타인에게 극단적으로 매달리는 성향이 있다.

　위에서 살펴본 것과 같이 독재적, 허용적, 방임적 양육 방식, 이 세 가지는 아이에게 부정적인 영향을 미치므로 바람직한 양육 방식이 아니다. 이상의 결과로 볼 때 자애로우면서도 엄격한 통제를 하는 권위적인 양육 방식만이 가장 이상적인 양육 방식이다.

그런데 사실이 이러함에도 불구하고 권위적인 양육 방식보다도 "나는 친구 같은 허용적인 부모가 좋은데~~~" 하고 허용적 양육 방식을 선호하는 부모들이 있다. 나도 한때는 '친구 같은 부모가 더 좋지 않을까?' 하는 생각을 했다. 이처럼 친구 같은 부모에 미련을 버리지 못하는 이들을 위하여 왜 허용적인 양육 방식보다는 권위적인 양육 방식이 나은지 그 이유를 또 다른 각도로 설명해 보겠다.

먼저 부모가 아이에게 친구 같은 부모가 되면 아이도 부모를 친구로 여겨 줄 수 있는지 한번 생각해 보자. 친구란 든든하고, 의지가 되고, 어려울 때는 내 편이 되어 주고, 오래 만나는 친밀한 사이의 관계를 말한다. 그런데 친구는 친밀한 사이이긴 하지만 나와 매일의 일상을 공유하지도 않고, 내가 원하지 않을 때는 나를 방해하지도 않는다. 한마디로 적당한 거리를 유지하는 관계이다. 그래서 친구는 전적으로 나를 보호해 주지도 않고 나를 책임져 주지도 않는다.

아이에게 친구는 위와 같은 역할을 하는 또래 친구만 있으면 충분하다.

아이에게는 이런 친구 같은 부모가 아니라 자신의 의식주를 충족해 주고, 전적으로 나를 보호해 주고 책임져 줄 뿐만 아니라 믿고 의지하고 따를 수 있는 권위 있는 어른으로서의 부모가 필요하다.

한마디로 친구와 부모가 필요하지, 친구의 역할을 하는 부모 친구는 필요가 없다.

또한 허용적인 양육 방식에서는 자녀의 충동과 행동에 너그럽고, 감정과 생각을 자유롭게 표현하고 스스로 자기 행동을 조절하도록 한다. 그런데 이와 같은 태도의 밑바탕에는 아이가 스스로 판단 능력을 갖추고 잘할 수 있다는 전제가 깔려 있다. 그러나 그런 기대와는 달리 어린아이에게는 아직 스스로 판단할 수 있는 능력이나 기준이 없다.

그래서 자율을 강조하는 허용적 양육 방식 아래에서는 당연히 사회에 필요한 사회성이나 규범에 대해서는 배울 기회가 없으므로 본능적으로 이기적인 생각과 행동의 틀에서 벗어나기가 어렵다.

이에 반해 권위적 양육 방식에서는 일관성 있는 지시와 엄격한 통제 방식을 통하여 자녀가 사회적, 인지적 능력에 걸맞게 행동하도록 요구한다.

이러한 요구는 아이가 몰랐던 판단 기준과 방향을 가르쳐 주고 제시해 주며 아이는 이를 통하여 판단 능력과 사회성을 기르게 된다.

그리고 대부분의 친구 같은 허용적인 부모들은 자녀가 하고 싶은 대로 놔두고 잘못된 행동에도 선뜻 나서서 통제하거나 처벌을 거의 하지 않는다. 그래서 자녀의 비행 행동을 눈감아 주거나 자신이나 다른 식구들에 대한 공격적인 행동을 허용한다. 그러나 이러한 태도는 마치 잘못된 행동을 해도 된다는 시그널을 주는 것과도 같아서, 결국에는 아이를 버릇없고 자기만 아는, 그리고 서열 싸움에서 부모를 이겨 버린 기고만장한 청소년으로 커 나가게 만들고 만다.

반대로 권위적 양육 방식은 자녀에게 나이와 사회적 규범에 걸맞게 행동할 것을 요구하고, 이런 요구나 지시를 할 때 부모의 말에 따라야 하는 합리적인 이유를 설명한다. 이를 통하여 부모는 자연스럽게 사회 규범이나 이치를 가르쳐 주고 잘못된 것은 그때그때 바로잡아 주게 되는데, 아이는 이러한 과정을 통해서 배우게 되며 부모를 존경하고 따르게 된다.

마지막으로 친구 같은 허용적인 부모는 아이에게 친구 대접을 받을 수는 있어도 아이의 롤 모델이 되거나 존경받는 부모가 되지는 않는다.

반면에 권위적인 부모는 아이가 커서 닮고 싶어 하는 롤 모델이 되고 존경받는 부모가 될 확률이 높다. 그리고 아이에게 신뢰와 믿음을 심어 준다.

단편적이지만 권위적인 부모와 허용적 부모의 양육 사례를 한번 소개해 보겠다.

　아주 가까운 친척 중에 여섯 자매가 있다. 이 자매는 모두 결혼하여 지금은 자녀 대부분 성인이 되었으며, 나이는 55세~70세 사이이다. 이 자매의 남편들은 직업이 선생, 은행원, 회사원, 공기업체 직원 등으로 다양하나 누구 하나 빠지지 않고 머리나 학력, 집안 등등이 모두 엇비슷하다. 그리고 나는 이들과 아주 가까운 사이여서 이들의 모든 아이가 태어날 때부터 어른이 될 때까지, 아이들을 키우는 양육 방식과 아이들의 성장 과정을 먼발치에서 쭉 지켜볼 수 있었다. 이 여섯 자매는 모두가 개성이 강하고 성격도 매우 달랐는데, 서로 다른 성격만큼이나 아이들을 길러 내는 양육 방법도 또한 달랐다. 내가 보기에 나이가 많은 세 자매 부부는 위의 네 가지 양육 방식 중에서 독재적인 요소도 한두 가지 포함하고 있었지만 대체적으로는 권위적인 양육 방식의 틀 속에서 아이들을 키워 냈다. 이에 반하여 평균 10년 정도의 나이 차이가 나는 어린 세 자매는 언니들의 양육 방식에 부정적이어서 친구 같은 부모가 되기를 원했다. 이유는 자기들이 봤을 때 언니 부부들이 어린 조카들을 너무 엄격하고 권위적으로 키워서 아이들이 불쌍하다는 것이었다. 그래서 어린 세 자매는 언니들의 양육 방식에 대한 반발심을 가지고 친구 같은 허용적인 양육 방식으로 아이들을 키워 냈다.

　몇십 년이 흐른 지금, 여섯 자매의 아이 대부분이 성인이 되었다. 그런데 성장한 자녀들을 살펴보면 공교롭게도 나이가 많은 세 자매 자녀들과 어린 세 자매의 자녀들의 사회적인 성공 정도가 너무나도 다르다.

　권위적인 양육 방식으로 키워진 세 자매의 자녀들은 대부분이 서울의 명문 대학이나 지방 국립 대학교를 졸업하고 은행 간부, 대기업 관리자, 육사 출신 장교, 의사, 공무원이 되어 각자 위치에서 자부심을 느끼며 성공한 인생을 살고 있다.

반면에 허용적인 양육 방식으로 키워진 세 자매의 자녀들을 보면 여섯 명 중 네 명은 지방 대학을 졸업했는데, 두 명은 그저 그런 평범한 직장을 다니고 있고 두 명은 공무원이 되기 위해 준비 중인데 그중 한 명은 몇 년째 공부 중이나 합격을 할 수 있을지 의심스러운 수준이다.

그리고 자매 중 막내의 자녀 한 명은 전문 대학을 졸업하고 취업 준비 중이고, 한 명은 아직 고등학생인데 이 친구도 지금 하는 것으로 봐서는 좋은 대학에 갈 것 같지는 않다.

내가 봤을 때 이 여섯 자매의 부부 모두 지능도 비슷하고 학력도 서로 간에 큰 차이가 나지 않는다. 그런데도 자녀들의 성장 결과에 있어서는 왜 이렇게 큰 격차가 날까? 이러한 사실을 우연의 일치라고 말할 수도 있겠지만, 나는 이 성공의 차이가 부모가 선택한 양육 방식의 장단점에서 기인한다고 굳게 믿고 있다. 그리고 이러한 믿음으로 나는 친구 같은 허용적인 부모보다는 권위적인 부모가 되는 것을 적극적으로 지지하고 있다.

권위란 남을 지휘하거나 통솔하여 따르게 하는 힘이다. 이것은 강요로 얻어지는 것이 아니라 신뢰와 존경의 마음에 의해 얻어진다. 그러므로 권위적인 부모는 부모의 따뜻함과 사랑을 느낄 수 있도록 배려하는 한편, 신뢰와 합리성에 기초한 일정한 규칙을 지키게 하되 적절한 수준의 자율성을 보장해 주어야 한다. 그리고 행동 기준이나 칭찬 혹은 상벌에 있어서도 일관되면서도 단호한 태도를 견지해야 한다. 한마디로 자애로우면서도 권위적이어야 한다. 이런 자애로우면서도 권위적인 부모상을 조금 더 구체적으로 다듬어서 우리가 추구해 나갈 부모의 상으로 정리해 보자.

* 자녀의 양육과 성공 그리고 행복을 자신의 인생 목표에서 큰 비중으로 여기고 여기에서 보람을 찾는다.
* 자녀가 부모의 요구에 잘 따를 것이라는 확신과 자녀의 밝은 미래에 대한 믿음을 가지고 행동한다.
* 자녀를 자애로운 분위기에서 양육하며 자녀에게 정서적으로 안정적인 환경을 제공한다.
* 자녀에게 자녀의 사회적, 인지적 능력에 걸맞게 행동하도록 요구하고 독립심과 결단력을 권장함으로써 자녀가 성숙한 행동을 하도록 유도한다.
* 자녀에게 일정한 기준으로 일관성 있게 지시하거나 요구한다.
* 지시나 통제, 요구를 할 때는 부모의 말에 따라야 하는 합리적인 이유를 충분히 설명한다.
* 자녀의 관점과 의사도 존중하여 자녀의 의견을 잘 들어 줄 줄 알며, 그 의견에 따라 생각이나 행동을 바꾸기도 한다.
* 대체로 엄격한 통제 방식을 사용하여 규칙 위반이나 일탈 시에 강력하게 규제한다.

　이상으로 나는 네 가지의 양육 방식 그리고 친구 같은 허용적 양육 방식과 권위적인 양육 방식의 장단점을 비교 설명한 후에 자애로우면서도 권위적인 부모에 대해 설명하였다.

　이번 제6원칙을 마치면서 나는 독자 여러분이 친구 같은 허용적인 부모가 되기보다는 자애로우면서도 권위적인 부모가 되기를 간절히 바란다. 그러나 권위적인 부모가 되는 것은 어렵다. 왜냐하면 자애로우면서도 권위적인 양육 방법이 가장 효과적인 양육 방법이긴 하지만 부모에게도 그만한 인격적 자질을 요구하고 있기 때문이다. 그렇지만 이러한 이유로 많은 사람이 무의식적으로 편한 길을 택해 권위적인 부모보다는 친구 같은 허용적인 부모가 되려고 하는지도 모른다.

이러한 어려움이 있음에도 불구하고 우리 자녀의 미래를 위해서 권위적인 부모를 지향하고 권위적인 부모가 되는 것에 도전해 보자.

우리가 권위적인 부모라는 목표를 세워 놓고 노력하고 실천하다 보면 자신의 인격 수양은 물론이거니와, 우리 자녀들의 성공한 미래라는 큰 보상이 따를 것이다. 그리고 또 이 도전에 성공만 한다면 우리의 상상 이상으로 영민한 아이들도 부모의 이러한 노력과 변화를 금방 알아차릴 것이다. 그리하여 부모의 권위를 인정하여 믿고 따르는 것은 물론 부모에게 감사와 존경의 마음을 품게 될 것이다.

제7원칙

올바른 독서를 하게 하라

독서는 삶을 가치 있고 행복하게 만들어 주고, 글을 잘 읽어 내는 능력은 학습의 효율성을 높인다. 그러니 열심히 공부하기를 독려하기 이전에 올바른 글 읽기를 가르쳐서 학습의 효율성을 높여 주어라.

현대 사회는 끊임없이 배움을 지속해야만 생존이 가능한 세상인데 독서는 이런 배움을 가능하게 해 주는 가장 효과적인 수단이다.

독서란 글을 읽고 내용에 대한 간접 경험을 하고 이해하는 과정을 통해서 읽는 즐거움을 얻으며 생존에 필요한 지식을 습득하고 자신과 세상을 통찰함으로써 세상에 대한 안목을 기르고, 삶을 더욱 가치 있고 행복하게 한다.

그래서 현명한 사람은 책 읽기를 즐기며, 읽은 내용을 자기 삶에 반영하여 삶을 더욱 좋게 바꿀 줄 안다.

독서를 하게 되면 삶의 다양한 상황을 간접적으로 접하게 되어 타인의 감정과 경험을 간접적으로 체험할 수 있으며, 생활 또는 학문적인 지식을 얻을 수 있을 뿐만 아니라 다음과 같은 큰 효과를 기대할 수 있다.

* 어휘력 향상
* 문장의 구조에 대한 이해 및 글쓰기 능력 향상
* 공감 능력과 세상사에 대한 대처 능력 향상
* 의사 표현 능력 향상

* 상상력과 창의력 배양
* 논리력과 사고력 향상
* 올바른 가치관 형성
* 학업에 있어서 국어 영역을 위시한 전 영역에 높은 학업 성적 성취

그런데 이렇게 효과가 큰 독서를 하려면 우선 잘 읽을 줄 알아야 한다.

교육 전문가들에 의하면 글자를 읽을 줄 모르는 대한민국의 단순 문맹률은 세계에서 가장 낮은 수준이다. 그러나 이에 반해 읽을 수는 있지만 이해를 하지 못하는 우리나라의 실질 문맹률은 75% 정도로 아주 높은 편이라고 한다.

실질 문맹이라는 것은 글자를 읽을 수는 있지만 글의 의미를 제대로 읽을 수 없어 글의 내용과 맥락을 이해할 수 없는 상태를 말한다. 이런 실질 문맹인 사람들의 특성은 어떤 내용을 말로 설명해 주면 머리가 팽팽 잘 돌아가 금방 이해를 하지만, 같은 내용이라도 글로 제시하면 평소에 글을 읽는 훈련이 안 되어 있기 때문에 글자 자체를 읽어 내는 데 급급하여 글 내용에 대한 사고를 할 수가 없는 상태에 빠져 버린다.

그래서 문장을 읽어도 문장이 어떤 내용과 의미인지 전혀 파악하지 못하고, 심지어는 방금 책을 읽고도 개략적인 줄거리조차 제대로 알지 못한다.

이것은 마치 내 아들이 초등학교 1학년 때 겨우 한글을 읽기 시작하여 겨우 읽어 내기는 하지만 내용에 대한 의미를 전혀 몰랐던 상태와 동일하다.

시험을 봐도 문제를 읽기는 하지만 문제의 내용이 무슨 의미인지를 모르니 답을 알 리가 없었다. 그래서 그 시기의 내 아들은 학교에 가서도 수업을 제대로 따라가지 못하고 멍하니 앉아 있다가, 수업이 끝나면 무얼 배웠

는지도 모르는 상태에서 기계적으로 가방만 메고 학교에 오가는 수준이었다. 이런 아들은 나와 내 아내를 무척이나 애타게 했다.

그 당시의 내 아들과 같은 상태의 사람들은 4가지 언어 기능인 말하기, 듣기, 읽기, 쓰기 중에서 읽기 훈련이 전혀 안 되어 있는 사람들이다.

이와 같은 이유로 실질 문맹의 가장 큰 요인은 읽기 훈련의 부족이다.

읽기 훈련과 함께 실질 문맹을 초래하는 또 다른 요인은 과잉 언어증이다.

과잉 언어증이란 문자를 읽는 능력은 발달해 있지만 읽은 내용을 이해하지 못하는 발달 장애이다. 보통은 세밀한 것에만 집중하고, 타인에게 관심을 보이지 않고, 사회성 결여 등의 특징을 보인다.

이 과잉 언어증을 불러일으키는 주원인은 2세 이전부터 TV나 비디오 등 과도한 환경 자극에 노출되고, 한글이나 영어 학습용 프로그램, 선전 등에 하루 3시간 이상 노출되는 것으로 알려져 있다. 그래서 미국 소아과학회에서는 2세 미만의 영아는 TV를 봐서는 안 된다고 권고하고 있다(『발달심리학』 149p).

그런데 국내의 독서 교육 전문가들은 우리나라의 청소년 중 20~30% 정도가 위와 같은 원인과 현상을 가진 심각한 읽기 열등생이라고 추정하고 있다. 여기에 속한 친구들은 글의 의미를 파악하는 데 너무나도 서툴러서 학교에서 학습을 원활하게 할 수 없고, 책을 읽어도 읽은 게 아니기 때문에 독서 효과를 전혀 가져올 수가 없다. 기억을 되살려 보면 내가 초등학교에 다니던 50여 년 전에도 이런 친구들이 한 반에 수두룩했다.

따라서 우리 부모들은 단순히 글자를 읽는 것과 글을 이해하면서 읽어 낼 줄 아는 것은 서로 다른 영역이라는 것을 인지하여야 한다.

그리하여 자녀가 정말로 글을 잘 읽어 내는지 꼼꼼하게 살펴본 후에 조금이라도 부족하다면 그들이 읽기 훈련을 통하여 글을 제대로 읽고 이해할 수 있는 능력을 갖추도록 잘 지도해 주어야 한다.

글을 잘 읽을 줄 안다는 것은 다음과 같은 상태를 말한다.

* 문장을 읽고 내용과 의미의 파악을 원활하게 한다.
* 글을 읽으면서 앞 문장과 뒤 문장의 단편적인 정보를 서로 연결해 새로운 정보를 끌어낼 줄 안다.
* 글이나 이야기 속에 담긴 정보를 통하여 정보 속에 담긴 의미와 감정들을 파악해서 읽어 낼 줄 안다.
* 단어나 문장의 의미를 유추 추론할 줄 안다(단어는 문장 안에 존재하고 문장은 앞뒤 문장 간 밀접한 관계에 있는데, 그 관계를 통하여 단어의 뜻이나 문장의 의미를 유추하고 추론할 수 있는 능력을 말한다).
* 글의 줄거리와 내용을 기억하고 이야기할 수 있다.
* 글의 내용과 맥락을 이해하고 자기 것으로 만들 줄 안다.

그런데 위의 6가지 능력을 수반하는 글을 잘 읽는 수준은 저절로 이루어지는 것이 아니라, 영·유아기인 어린 시절부터 부모들의 적극적이고도 철저한 독서 교육에 의해 이루어지게 된다.

자녀가 글을 잘 읽을 줄 알게 만들기 위해서는 부모들이 다음의 6가지 사항을 염두에 두고 실천하는 것이 좋다.

* 독서 교육 및 독서 습관 형성은 어리면 어릴수록 좋다. 늦어도 언어 능력이 완성되는 만 12세 이전에 한다.
* 책을 읽을 때는 아이가 읽는 행위 자체보다는 내용에 대해 생각하는 상태로 만

들어 주는 것이 중요하다.

＊ **정독하게 한다.**

꼭꼭 씹는 것처럼 글의 의미를 생각하고 내용을 머릿속에 기억해 가면서 천천히 읽는 습관을 길들여라.

＊ **사전을 곁에 두고 모르는 단어는 반드시 찾게 한다.**

단어의 정확한 의미를 모르고 대충 읽는 습관은 악순환의 고리를 만든다. 모르는 단어는 반드시 사전을 통하여 뜻을 정확하게 적용하게 하고 올바른 해석을 하는 습관을 길들여라.

＊ **같은 책이나 글을 반복해서 읽게 한다.**

읽기가 반복되면 정확한 의미가 이해되고 기억됨은 물론이고, 자신도 모르게 글쓰기 실력이 느는 한편 내면의 깊이가 쌓이고 지식이 축적된다.

＊ **질문을 통해 이해 정도를 파악하고 서로 토의한다.**

질문을 통하여 아이가 내용과 의미를 제대로 파악하고 있는지, 앞뒤 문장의 정보를 서로 연결할 줄 아는지, 정보 속에 담긴 의미와 감정을 읽어낼 줄 아는지, 단어나 문장의 유추 추론을 할 줄 아는지, 줄거리와 중요 내용을 기억하고 있는지 등을 알아보고, 모르는 부분은 왜 그렇게 되는지 힌트를 주어 깨닫게 한다. 물론 부모가 이런 질문을 할 수 있으려면 책을 같이 읽거나 책 내용을 잘 알고 있어야 한다.

위와 같은 방법으로 글을 읽는 훈련을 하다 보면 아이들의 글을 읽는 실력은 차츰차츰 늘게 되는데, 이런 아이들의 이해 능력에 대한 수준 평가는 다음과 같이 4단계로 나누어 볼 수 있다.

아이들의 글 이해 능력 수준 단계

1단계: 짧은 문장 10여 개로 이루어진 이야기를 이해하는 단계

2단계: 문장 20~40개, 3~4장 정도의 단문을 읽고 이야기를 나눌 수 있는 단계

3단계: 15장 이내의 중문을 어려움 없이 전후 맥락을 파악해 가며 중요한 사건을 기억하고 이야기할 수 있는 단계

4단계: 15장 이상 장문의 흐름과 전후 맥락을 파악하고 유추해 가면서 중요한 사건과 줄거리를 기억하고 이야기할 수 있는 단계

지금까지 독서의 효과, 실질 문맹과 그 원인, 글을 잘 읽는다는 것의 의미, 잘 읽기 위한 방법, 아이들의 글 이해 능력 수준에 대해 개념적으로 정리하여 이야기했다. 이제부터는 책을 잘 읽기 위한 올바른 독서법에 대해서 알아보도록 하자. 부득이하게 앞의 내용과 중복되는 항목도 있으나 중요한 사항임으로 반복해서 설명하도록 하겠다.

올바른 독서법 4가지

＊ 정독하고, 반복하여 재독하는 방법으로 책을 자기 것으로 만들어라.

내가 청소년일 때 우리나라에서는 유독 속독법이 각광을 받았고, 다독이 장려되었다. 그래서 친구들 사이에서도 속독을 잘하고 책을 많이 읽으면 그 친구의 수준이 높은 것으로 치부하고는 했다. 그런 유행에 따라 나도 한때는 속독과 다독을 좋아해서 내용도 제대로 이해하지 못하면서 많은 책을

닥치는 대로 읽은 적이 있었다. 그러나 지금은 가벼운 책을 빼놓고는 속독을 하지 않는다. 왜냐하면 속독법으로 다독을 하여 많은 책을 읽었다는 것이 중요한 것이 아니라 한 권이라도 제대로 읽어 내서, 내 것으로 백 프로 소화해 내는 것이 훨씬 더 낫다고 생각하기 때문이다.

미국행동과학연구소(NTL, National Training Laboratories)에서는 1954년에 여러 가지 방식의 학습 방법별로 학습을 시키고 나서, 24시간이 경과한 후에 학습 내용이 기억에 남아 있는 비율을 연구 조사하여 그 결과를 '학습 효율성 피라미드'라는 이름으로 발표하였다.

이 발표에 따르면 학습 후 24시간이 경과한 후에 학습한 내용이 기억에 남아 있는 비율이 수동적 학습 방법에 속하는 강의 듣기는 5%, 읽기는 10%, 시청각 교육(보고 듣기)은 20%, 시범 강의 보기는 30%로 전반적으로 낮았다. 이와 반면에 참여적 학습 방법에 속하는 집단 토의 형식 중의 실제 해 보기는 75%, 서로 설명하기(가르치기)는 90%로 학습의 효율성이 훨씬 높게 나왔다.

이러한 연구 조사 결과는 책을 한 번 읽는 것만으로는 내용을 평균적으로 10%밖에 기억하지 못하고, 속독법으로는 그 이하밖에 기억하지 못한다는 것을 의미한다.

위의 실험을 통해 책을 읽는 가장 좋은 방법을 유추해 본다면, 서로 가르치기와 유사하게 책을 읽은 후 다른 사람을 가르친다는 자세로 정독과 재독을 통하여 내용을 완전히 이해하고 자기 것으로 만들어 명료하게 정리한 후 머릿속에 저장하는 것이 책을 읽는 가장 좋은 방법이다. 달리 말하면 언어의 기능 중 읽고, 생각하고, 쓰고, 말하는 전 단계를 통한 독서를 해야 한다는 것이다.

나는 이것이 마치 우물을 파는 것과 같다고 생각한다. 우물을 팔 때 힘들다고 해서 한 우물을 깊게 파지 않고 여기저기 찔끔찔끔 조금씩 파서는 더러운 흙탕물을 마실 수밖에 없고, 한 우물을 깊게 파야만 시원하고 깨끗한 좋은 물을 마실 수 있다.

＊ 독서 노트를 만들어 두고 필사하는 습관을 들여라.

독서 노트를 만들어서 중요한 개념, 기억하고 싶거나 놓치고 싶지 않은 명문장을 필사하고, 책을 읽으면서 떠오르는 생각이나 깨달음, 다짐, 느낌, 비판 등을 기록해라. 그러면 집중력에 도움이 되며 문장 구조나 단어의 개념을 이해하게 되어 자기도 모르는 사이에 논리가 정연해지고 문장력이 좋아진다. 또한 나중에 글쓰기를 할 때 요긴하게 참고하여 쓸 수 있으며, 표절 시비에 휘말리는 것을 사전에 방지할 수도 있게 된다. 나 자신도 독서 노트를 만들어 두지 않았기 때문에 이 글을 쓰면서 인용 글의 출처 등을 찾으며 애를 먹었다.

＊ 고전과 인문학 책을 읽어라. 그중에서도 소설을 많이 읽어라.

실용, 사회, 순수 과학에 관한 책들에서는 얻을 수 있는 것이 지식에 국한되기 때문에 많이 읽는다고 해도 지식이 늘 뿐이지 언어 능력이 향상되거나 인격에 영향을 미치지는 않는다. 이에 반해 청소년기에 양질의 소설이나 인문학 관련 책을 읽게 되면, 독해를 위시한 언어 능력뿐만 아니라 이해력, 논리력, 통찰력과 같은 사고 능력을 기를 수 있으며 또한 올바른 가치관 형성과 인격 함양에 도움을 준다. 그러니 고전 소설과 인문학 책을 많이 읽도록 하자.

* **독후감을 써라.**

책을 읽은 후에는 반드시 독서 노트에 독후감을 써라.

독후감은 책 내용에 대해 스스로 질문하고 생각하게 만든다. 주인공이 왜 그렇게 생각하고 왜 그렇게 했는지, 중요한 사건은 무엇인지, 나라면 어떻게 생각하고 어떻게 했을지 등과 같은 소감을 쓰다 보면 자연스럽게 책의 내용이 머릿속에 정리되는 것은 물론이고 글쓰기 실력이 늘게 된다.

제대로 글을 읽어 내는 능력을 기르고 올바른 독서를 하려면 그것 못지 않게 글을 막 깨우치는 어린 시절부터 독서 습관을 잘 들이는 것도 무척 중요하다.

부모가 아이의 어린 시절부터 독서에 관심을 기울이고 함께하면서 아래와 같이 독서 습관을 길들여 보자.

올바른 독서 습관 6가지

* **부모와 함께 책을 가까이하는 습관을 들이자.**

영·유아기의 아이에게는 책을 읽는 행위보다 책을 매개체로 삼아 부모나 친구들과 함께하는 행위 자체가 더 유익하다. 따라서 이 시기에는 부모가 책을 읽는 모습을 자주 보여 주며 아이와 함께 그림책이나 동화책을 보거나 읽는 활동을 통하여 아이를 책과 친숙하게 만들어 주는 것이 유익하다.

내 경우를 보자면 거실 소파에서 책을 읽고 있는 내 모습을 본 세 살밖에 안 되었던 어린 딸이 그림 동화책을 가지고 다가와 살며시 가슴에 안겨 책을 읽는 시늉을 한 일이 있는데 나는 그 일을 지금도 벅찬 감동으로 기억하고 있다.

* **아이의 수준에 맞는 책을 골라 주어 아이가 흥미와 재미를 느끼게 하자.**

아이가 한글을 스스로 읽고 쓰게 될 때부터 아이의 수준에 맞는 책을 골라 줌으로써 아이가 흥미와 재미를 느낄 수 있도록 유도하고 도와주는 것이 진정한 독서 교육의 시작이다. 아이의 지적 능력과 인지 능력을 고려해서 쉬운 책부터 시작해서 어려운 책으로 차근차근 단계를 높여 나가자. 처음부터 너무 길거나 어려운 책으로 시작하지 말자.

* **책에 집중하여 내용을 생각하면서 읽게 만들자.**

책을 읽을 때는 오로지 책에 집중하여 내용을 생각하면서 읽게 만들어야 한다. 따라서 독서를 하는 시간은 집중력이 유지 가능한 시간으로 정하는 것이 좋다. 독서 시간을 너무 길게 잡아서 집중력이 흐트러진 상태에서 책을 읽게 하면 건성으로 책을 읽는 잘못된 습관을 키우게 된다.

처음에는 집중해서 읽는 시간이 짧을지라도 훈련이 되다 보면 나중에는 자연스럽게 독서 시간이 길어지게 된다. 또 아이가 독서에 열중하는 시간에는 독서에만 집중할 수 있도록 배려해야 한다. 독서 중인 아이에게 잔심부름이나 말을 거는 행위 등으로 집중력을 흐트러지게 하는 것은 삼가야 한다.

* **한 권의 책을 한꺼번에 다 읽으려는 욕심을 버리게 하라.**

책을 한꺼번에 끝까지 다 읽어 버려야지 하는 생각으로 자신의 독서 능력에 걸맞지 않게 장시간 무리하게 책을 읽다 보면, 나중에는 집중력이 떨어져 건성으로 책을 읽게 되어 결국은 읽으나 마나 한 독서가 되고 만다.

나는 중학교 2~3학년 시절에 학교 수업이 끝나면 도서관에 남아서, 하루에 한 권을 읽겠다는 목표를 세워 놓고 소설을 위주로 밤 9시까지 책을 읽곤 했는데, 그 당시에는 많은 책을 읽었다는 큰 자부심이 있었다. 그러나 세월이 흐른 지금 생각해 보면 그 당시의 독서는 다독의 기록을 위하여 속독법으로 건성으로 읽었기 때문에 지금까지 기억에 남아 있는 책이 별로 없다.

* 한번 읽기로 작정한 책은 끝까지 읽을 수 있도록 해야 한다.

책을 읽다가 포기하는 습관을 들이다 보면 조금만 어려운 책을 만나도 금방 싫증을 내고 포기하게 되고, 결국에는 이러한 습관이 다른 일까지 번져서 차후에 일을 하거나 공부를 하는 데 있어서도 어려운 문제를 만나면 쉽게 포기해 버리게 된다.

* 한글을 깨친 후에는 기초 상용한자를 익혀 활용하게 하라.

우리 한글은 표음 문자지만 단어의 기원은 많은 수가 표의 문자와 상형문자인 한자에 기초하고 있다. 그래서 한글로 표기된 단어의 한자를 알면 단어의 의미를 쉽고 정확하게 알게 되는데, 이러한 한자 지식은 인문학 책을 읽거나 역사서를 읽을 때 더욱 빛을 발한다. 예를 들면 우리나라 청동기 시대 역사에 무문토기라는 단어가 나오는데, 무문토기라는 한글 단어만 생각해서는 어떤 그릇인지 전혀 짐작이 안 되지만 한자 없을 무(無), 글월 문 또는 무늬 문(文), 흙 토(土), 그릇 기(器)를 알고 있으면 '글이나 무늬가 없는 흙으로 만든 그릇'이라는 것을 금방 알 수 있으며, 의미가 이해되었기 때문에 오랫동안 기억할 수 있게 된다. 그래서 적어도 기초 상용한자 1,800자 정도는 배워 두는 것이 좋다.

이제 마지막으로 아이가 성장해 감에 따라 어떤 책들을 읽어야 좋을지 알아보기로 하자. 이 부분은 학교나 인터넷에서 제시하는 기준을 따르면 될 것으로 보인다.

학교 기준 추천 도서 종류

영·유아기: 소리가 나는 그림책, 전래 동화

유치원, 초등학교: 동화, 위인전, 읽기 쉬운 세계 명작

중학교: 유명한 일반 소설

고등학교: 고전 소설, 인문학 책

나이 기준, 책의 난이도 기준 추천 도서 종류

* 9세까지는 쉽게 읽을 수 있는 책

* 10세부터는 살짝 어려운 책

* 중학생부터는 부모가 놀랄 정도로 어려운 책

개략적으로는 위와 같은 기준으로 자녀들이 책을 골라 읽게 하고, 구체적으로는 학교에서 권장하거나 인터넷에 있는 학년별 추천 도서 목록을 참고해서 읽게 한다.

이번 제7원칙 마치면서 다시 한번 강조하지만 올바른 독서는 효율적인 학습과 가치 있고 풍부한 삶을 사는 데 없어서는 안 될 가장 훌륭한 양식이다. 그러나 이러한 올바른 독서는 저절로 이루어지지 않는다. 아이들의 책 읽기를 지도해 주지 않고 방치하면, 책을 읽어도 읽은 것이 아닌 실질 문맹에서 벗어나지 못하는 사태가 벌어져서, 공부를 열심히 해도 학습을 따라가지 못하는 경우가 발생할 수도 있다. 그러니 우리는 아이들에게 학교 공

부를 독려하기보다는 우선 글을 잘 읽고 잘 쓰는 법부터 철저하게 가르쳐야 한다. 그리고 올바른 독서 방법을 배워서 제대로 읽을 줄 알게 되면, 학습 효과는 저절로 따라온다는 것을 잊지 말자.

만족 유예 능력을 키워 주어라

미래의 더욱 큰 만족을 위하여 눈앞의 작은 만족을 뒤로 미룰 줄 아는 능력인 만족 유예 능력은 성공을 여는 주요 열쇠 중의 하나이다. 자녀들을 성공시키고 싶거든 어릴 적부터 만족 유예 능력을 길러 주어라.

 부모인 우리의 어린 시절로 되돌아가서 추억을 한번 떠올려 보자. 유치원이나 초등학교에서 큰 행사가 있을 때 한꺼번에 많은 양의 과자나 먹을거리를 받은 적이 있을 것이다. 이때 적당히 먹을 만큼만 먹고 나머지는 아껴 두는 아이들이 있는가 하면, 한 번에 먹기에는 많은 양임에도 불구하고 식탐을 이기지 못하고 우걱우걱 한꺼번에 다 먹어 버리고서는 나중에 가서 아껴 놓았던 아이들이 맛있게 먹는 모습을 부러운 눈으로 쳐다만 보는 아이들이 있었다.

 또 시험이 닥치면 며칠 전부터 차근차근 미리 시험공부를 하는 아이들이 있는가 하면, 노는 것의 유혹을 물리치지 못하고 시험 전날 낮까지도 실컷 놀다가 전날 밤이 되어서야 벼락치기로 공부하는 아이들이 있었다.

 물론 시험 결과야 뻔했지만….

 위와 같은 우리의 과거 모습에서 보듯이, 어떤 아이들은 눈앞의 먹거리나 노는 것의 유혹을 뿌리치지 못하는 반면 어떤 아이들은 나중의 더 큰 보상과 만족을 위하여 당장의 만족을 뿌리칠 줄 안다.

 후자의 아이들과 같이 미래의 더욱 큰 만족과 보상을 위하여 지금 당장 눈앞에 있는 작은 만족을 뒤로 미룰 줄 아는 능력을 '만족 유예 능력'이라고 한다.

　그런데 이 만족 유예 능력이 있느냐 없느냐가 자녀들의 성공 여부를 크게 판가름한다고 한다. 왜냐하면 이 능력이 성공에 필요한 하나의 큰 요소이기 때문이다. 그런데 이 만족 유예 능력이라고 하는 것은 갑자기 생겨나는 것이 아니고 훈련과 체험에 의해서 길러지고 향상될 수 있다. 그러므로 부모들은 아이들이 커 나가는 과정에서 이 능력을 최대한 길러 주어야 한다. 만약에 우리 아이들이 이 능력을 기르게 된다면 성공에 이르는 여러 요소 중의 하나를 갖추게 됨을 의미한다. 이번 제8원칙에서는 이러한 만족 유예 능력에 대해서 알아보고, 자녀가 어릴 때부터 이 능력을 길러 주는 방법을 찾아보도록 하자.

　아주 오래전에 미국 스탠퍼드 대학에서 만 4살 무렵의 아이 600여 명을 대상으로 욕망과 자제심에 관한 실험을 한 적이 있었다.

　만 4살 무렵의 어린아이를 각기 다른 독방에 배치하고, 마시멜로 한 개를 주면서 지금 먹든 나중에 먹든 자유지만, 15분 동안 먹지 않고 참고 기다린다면 한 개를 더 주겠다고 약속한 실험이었다(마시멜로는 미국인들이 즐겨 먹는 일종의 부드러운 캔디로 특히 어린아이들이 이 캔디나 이 캔디가 들어간 과자들을 좋아한다).

　약속대로 15분이 지난 후에 못 참고 먹어 버린 아이와 참고 두 개를 받은 아이를 분류하고 조사하였다. 그리고 실험한 지 10년이 지나서 아이들이 14살이 되었을 때 참가자 600명 중에서 200여 명을 찾아내어 그들의 학업 성취도와 인간관계를 비교 조사하였다.

　그 결과 놀랍게도 15분을 참아 냈던 아이들이 못 참고 먹어 버렸던 아이들에 비하여 학업 성적이 더 우수하고, 친구들과의 관계가 더 원만할 뿐만 아니라 스트레스를 더 효과적으로 관리한다는 사실이 밝혀졌다.

세계적으로 널리 알려진 이 '만족 유예'에 관한 실험은 인간의 자유 의지를 어떻게 활용할 것인가에 대한 교훈을 주었다. 그리고 그 교훈의 핵심은 '더 큰 만족과 보상을 위해 당장의 욕구를 미룰 줄 아는 의지가 성공을 견인하는 가장 강력한 지표'라는 것이었다.

일반적으로 성공하지 못하는 사람은 좀 더 큰 만족의 가능성을 헤아리지 못한 채, 눈앞의 욕구를 충족하는 데에 자신의 자유 의지를 써 버리고만다. 그래서 이런 사람들은 늘 내일보다는 오늘의 만족을 위해서만 살기 때문에, 새로운 내일이 없는 언제나 오늘이 반복되는 일상적인 삶을 살게 된다.

이런 사례들은 아래처럼 우리 주변을 조금만 둘러봐도 넘쳐날 정도로 많다.

* 학창 시절에 노는 것에 눈이 팔려 어른이 되어서 성공하지 못하는 것
* 눈앞의 음식을 절제하지 못해 비만으로 건강을 잃는 것
* 거래에서 눈앞의 작은 이익을 좇다 미래의 큰 이익을 놓치는 것
* 당장의 풍족함을 추구하여 저축하지 않아 노후에 빈곤한 삶을 사는 것
* 돈을 모으지 못해 내 집 마련의 꿈을 놓치는 것
* 주식에서 단기 상승의 작은 이익을 좇다 장기 상승의 큰 이익을 놓치는 것
* 눈앞의 이익에 눈이 멀어 약속을 어김으로써 미래의 큰 이익을 놓치는 것

이와 같은 것들이 크게 보면 미래에 있을 더 큰 만족의 가능성을 헤아리지 못하고, 눈앞의 욕구를 만족시키기에 급급한 사람들의 모습이다.

이와 반대로 성공하는 사람은 눈앞의 작은 만족과 유혹을 참고 견디면 정해진 때와 장소는 아닐지라도 언젠가는 반드시 성공의 결실이 보상으로 돌아온다는 믿음을 가지고, 지금 당장의 작은 만족을 희생하여 미래의 큰 성공으로 만들어 갈 줄 아는 사람이다. 이런 사람들은 앞의 사람들과는 달리 다음과 같은 특징이 있다.

* 학창 시절에 열심히 공부해 어른이 된 후에 성공한 삶을 산다.
* 평상시 눈앞의 음식을 절제해 아름다운 몸매와 건강을 유지한다.
* 알뜰하게 생활하고 저축하여 노후에 풍족한 삶을 산다.
* 돈을 아끼고 모아서 차근차근 내 집을 마련하여 늘려 나간다.
* 주식에서 단기 상승의 작은 이익보다는 장기 상승의 큰 이익을 얻는다.
* 눈앞의 작은 이익보다는 신용을 지킴으로써 미래의 큰 이익을 얻을 줄 안다.

내 나이 47세였던 2005년은 내게 그야말로 시련의 한 해였다. 그때까지만 해도 한번 대기업에 입사하면 평생직장이라는 개념이 남아 있어서 나는 정년퇴직으로 직장 생활을 마무리할 계획이었다. 그런데 본의 아니게 평생직장이라 여기던 대기업을 한순간에 그만두게 됨으로써 어떻게 하면 가족을 먹여 살리고 자녀들을 가르칠까 고민하는 실업자 신세로 전락하고 말았다. 설상가상으로 그해에 암으로 투병하다 돌아가신 형님을 대신하여 장남 역할까지 대신해야 했다. 그래서 그해는 내 인생에 있어서 가장 암울한 시기 중의 하나였다. 하지만 이 시기는 내 인생의 가장 밑바닥이기는 했지만, 내 인생을 새롭게 재설계하고 실낱같은 희망을 품고 재출발하는 한 해이기도 했다.

좀 더 구체적으로 이야기하면, 그해 1월에 계급 정년이라는 명목으로 타의에 의해 회사를 퇴직할 당시 나를 임원급 간부 사원으로 받아 주겠다는 회사가 있었다. 그런데 입사를 약속했던 회사가 돌연히 내부 사정을 이유로 입사 약속을 취소해 버렸다. 이로 인하여 나는 본의 아니게 6개월 이상을 실업자로 지냈다. 그때 당시의 나는 제조 회사에 필요한 풍부한 지식과 경험을 갖추고 있다고 자부하고 있었던 만큼 내가 재취업을 못 하리라고는 상상도 하지 않았다. 그러나 이상하리만치 취업이 안 돼 실업 기간은 길어졌고 거기다 형님까지 돌아가시는 바람에 사태가 악화되었다.

이후에 우여곡절 끝에 나는 가까스로 중소기업에 취직할 수 있었지만, 머릿속에는 항상 앞으로 어떻게 하면 가족들의 생계와 교육을 뒷받침하고 안정적인 인생의 후반을 보낼 수 있을까 하는 고민으로 가득 차 있었다.

그러다 11월 말경에 한국경제신문에서 펴낸 호아킴 데 포사다와 엘런 싱어의 『마시멜로 이야기』를 읽게 되었는데, 내 처지가 힘들어서였는지는 모르겠지만 깊은 감명을 받았다. 특히 만족 유예에 대한 내용은 나를 다시 일어서게 만들었다. 그래서 나는 이 책을 읽고 나서 내 인생을 근본적으로 되돌아보고 인생 계획을 재설계하게 되었다. 나와 내 처지에 대한 철저한 분석과 고민 끝에 나는 직장인 겸 부동산 임대 사업자로서 경제적인 안정을 이루어 노년의 경제적 기반을 다지고, 60세 이후에는 내가 하고 싶은 종교와 철학 특히 인도 철학과 불교에 대한 공부를 계속해서 끝장을 보겠다는 새로운 인생 목표를 재설계했다.

그 결과 평생직장이라 여겼던 첫 회사를 퇴직한 지 거의 20여 년이 다 되어 가는 지금, 나는 재설계한 인생 계획에서 크게 벗어나지 않고 만족한 삶을 살고 있다. 주제넘게도 그때 당시에 회사를 계속 다니면서 잘나가던 친구들의 현재와 나의 현재 상황을 놓고 비교한다면, 경제적 성취나 살아온 삶의 질에 있어서 내가 결코 그 친구들에게 뒤지지 않는다고 자부한다. 물론 이러한 나의 성과는 『마시멜로 이야기』에서 얻은 바가 아주 크다.

이러한 이유로 『마시멜로 이야기』라는 책의 내용을 가지고 앞으로의 이야기를 전개해 나가고자 한다.

『마시멜로 이야기』는 성공한 회사 오너와 그 회사 운전기사의 대화로 책을 전개해 나가는데, 운전기사는 마시멜로의 유혹을 견디지 못하고 먹어치운 사람이고, 오너는 마시멜로의 유혹을 견뎌 낸 사람이다.

책 속에서 운전기사는 어렵지 않은 가정에서 태어나 혈기 왕성한 학창 시절을 보내면서 누구나 갖고 싶어 하는 멋진 차를 몰고, 아름다운 여자들과 어울리는 등 남들이 부러워하는 화려한 학창 시절을 보냈다. 그러나 이로 인하여 공부를 소홀히 한 결과로 대학 진학을 포기할 수밖에 없었고, 대학을 포기하자 직업과 미래가 불안한 청년으로 낙인찍혀 얼마 안 가 차도 여자도 신기루처럼 사라졌다고 말한다.

반면에 성공한 대기업의 오너는 가난한 어린 시절을 보내면서, 공부야말로 아무것도 가진 것 없는 자신이 원하는 멋진 것을 모두 얻을 수 있는 유일한 열쇠라 믿고, 오직 한 번뿐인 청춘을 즐기는 것을 포기하고 열심히 공부하였다. 그 결과 명문대를 졸업하고 보수가 좋은 일류 회사에 취직하게 되었는데, 취직한 이후에는 바늘 가는 데 실 가듯이 멋진 차와 아름다운 여자가 보상으로 돌아왔고, 결국에는 대기업의 오너까지 되었다고 말한다.

이 『마시멜로 이야기』에 나오는 것처럼 인생에서 오직 한 번뿐인 청춘을 마음껏 즐기고 싶지 않은 자는 없다. 그리고 혈기 왕성한 학창 시절에는 유혹에 굴복하기도 쉽고, 강렬한 이성의 매혹에 빠져들기도 쉽다.

그래서 실제로 많은 청소년이 이러한 유혹에 굴복하고 이성의 매혹에 빠져 학업을 등한시한다. 반면에 자신의 인생을 긴 안목으로 보고 학창 시절의 짧은 고생이 남아 있는 인생의 긴 여정에서 너 많은 것을 보상하고도 남는다는 것을 알아차리고, 자신의 꿈을 이루기 위해 당장 눈앞의 욕구를 억제하고, 자신의 눈부신 학창 시절을 희생하고 견디어 낸 사람은 청춘을 가장 성공적으로 보낸 사람이다.

물론 우리 부모들과 자녀들도 이러한 만족 유예의 효과를 잘 인지하고 있기는 하다. 다만 거의 모든 사람이 만족 유예의 효과를 나름대로 인식하고 있으면서도 학창 시절의 시련과 희생을 견디어 내지 못하고 포기하고 만다는 것에 문제가 있다. 이 문제에 대해 조금 더 구체적으로 들어가서 현실을 들여다보고 방안을 찾아보도록 하자.

부모들이 자식을 가르치는 과정에서 가장 힘들고 어려운 것이 무엇일까? 그리고 또 부모들이 자식에게서 가장 바라는 것은 무엇일까?

아마도 우리 한국의 부모들이라면 십중팔구 첫 번째 질문에는 자식이 스스로 공부를 열심히 하게 하는 것이고, 두 번째 질문에는 공부를 잘하는 것이라고 대답할 것이다. 이처럼 한국의 부모들에게는 아이의 공부가 첫째이다.

이런 부모의 마음을 우리 아이들도 안다. 또 공부를 잘해서 명문 대학을 졸업해야 좋은 직장에 취직을 하고 출세를 한다는 것도 안다. 그래서 우리 아이들이 '앞으로 공부를 열심히 해야지.' 하고 결의를 다져 보기도 하지만, 대부분은 작심삼일에 그치고 만다.

작심삼일에 그치는 데는 여러 이유가 있겠지만 가장 큰 첫 번째 이유는 만족을 유예할 줄 아는 능력인 만족 유예 능력의 부족이라고 말하고 싶다.

아이가 공부를 열심히 하고 또 잘하려면, 우선 미래에 대한 꿈을 명확히 하고, 그 꿈을 실현하기 위해서 학창 시절에 하고 싶은 것을 꾹 참고 공부에 매진해야 한다. 다시 말해 만족을 유예할 줄 아는 능력이 있어야 가능하다. 그런데 우리가 해 봐서 알듯이 자신이 원하는 것을 꾹 참고 공부하는 것이 결코 쉬운 일은 아니다.

따라서 당장 눈앞에 있는 자신이 원하는 것을 참아 낼 수 있느냐 없느냐에 따라 달리 말하면 만족 유예 능력이 있느냐 없느냐에 따라 공부를 잘하는 아이와 못하는 아이가 결정된다.

이처럼 만족 유예 능력이 공부의 우열을 가르는 주요인이라면, 이 능력을 후천적으로 길러 줄 수는 없는가? 나는 아이가 아주 어릴 적부터 훈련을 통해 충분히 기를 수 있다고 본다.

그래서 이제부터는 책 내용을 바탕으로 우리 자녀들에게 만족을 유예할 줄 아는 능력을 키워 주는 방법 몇 가지를 제시해 보겠다.

만족 유예 능력을 키워주는 방법 5가지

* 현재의 작은 만족과 유혹을 참고 견디면, 언젠가는 그 보상이 몇 배로 돌아온다는 것을 알고 체험해 보게 만들어 주어라.

영·유아기의 어린 시기부터 가능한 한 많이 마시멜로 테스트와 같은 방법을 아이에게 적용함으로써, 만족 유예의 효과를 알고 체험할 기회를 만들어 주자. 체험을 자주 하여 만족 유예의 효과를 경험한다면, 아이는 학습 효과로 인하여 점차 자신의 만족 유예 능력을 키워 나갈 수 있을 것이다.

* 자신이 원하는 꿈과 목표를 확실하게 정하게 하라.

무언가를 이루겠다는 꿈이 있어야 의욕이 생겨나고, 확실한 목표가 있어야 이룰 수 있는 방법이 생긴다. 나 자신의 학창 시절을 돌이켜 봤을 때, 그 당시의 나에게는 야망이나 확실한 목표가 없었기에 머리가 상당히 좋고, 부모님이 공부할 수 있는 조건을 만들어 주셨음에도 불구하고 노력을 하지 않았었다. 내가 만약 그때 『마시멜로 이야기』를 알았다면, 지금보다는 훨씬 더 나은 삶을 살고 있으리라는 것은 자명한 사실이다.

그 점이 아쉽기는 하지만, 사십 대 중반에라도 이 책을 읽고 인생 후반부에 대한 꿈과 목표를 확실히 했기에 그나마 지금의 나 정도라도 성장할 수 있었으니 그것도 다행이라고 생각하고 있다.

＊ 30초의 법칙을 기억하게 하라.

어떤 일을 결정해야 하는 결단의 기로에 섰을 때, 30초만 더 자신에게 겸허하게 물어보는 습관을 들이도록 하라. 눈앞의 마시멜로를 덥석 먹어 치우기 전에 30초만 더 생각한다면 인생이 극적으로 뒤바뀔 수도 있다.

책에서는 오늘 백만 달러를 받는 것과 오늘 1달러, 내일 2달러, 모레 4달러 이렇게 매일 두 배로 30일 동안 받는 것 중에서 어느 쪽을 선택할 것인지를 묻는다. 이때 보통 사람 대부분이 눈앞의 이익에만 급급하여 성급하게 백만 달러를 받겠다고 답하고 마는데, 바로 이런 사람들이 성급하게 마시멜로를 먹어 치우는 사람들이다. 왜냐하면 후자는 자그마치 5억 3687만 912달러를 받을 수 있기 때문이다.

＊ 마시멜로라는 새로운 패러다임을 적용해 주변 사람들을 판단해 보는 습관을 길러 주어라.

내 주변의 사람들을 살펴보면, 그들 모두를 성급하게 마시멜로를 먹어 버린 사람과 먹지 않고 참아 낸 사람으로 분류할 수 있다.

내 주변의 사람들을 성급하게 마시멜로를 먹어 치운 사람과 더 큰 마시멜로를 얻기 위해 눈앞의 작은 마시멜로를 먹지 않고 꾹 참는 사람으로 판단해 구별하는 습관을 들이다 보면, 자기도 모르는 사이에 후자에 속하는 사람으로 바뀌는 자신을 발견하게 될 것이다.

* 실천이 성공의 명약이다.

미래의 더 큰 마시멜로를 포기하고 당장 눈앞에 있는 마시멜로를 먹어 치우고 싶을 때마다 참고 실천하게 하라. 목표를 이루기 위해 열정을 가지고 참고 실천에 옮기다 보면, 성공에 대한 확신이 생겨나서 의심과 불안한 마음 대신에 평온한 마음을 얻게 된다. 왜냐하면 사람은 아무것도 하지 않을 때보다 무엇인가를 하고 있을 때 마음의 안정감을 느끼기 때문이다.

이상이 내가 『마시멜로 이야기』에서 간추린 만족 유예 능력에 관한 내용이다.

최근에 누군가가 "자녀를 키우는 데 있어서 가장 큰 문제는 자녀를 편하게만 키우는 것이다."라고 하는 말을 들었다. 이 말은 "젊어서 고생은 사서도 한다."라는 우리 속담과도 일맥상통한다. 내 주변을 돌아봤을 때, 내 아이들은 권위적인 부모의 유형에 속하는 우리 부부의 지원과 성화 덕분에 학창 시절에 공부를 열심히 하는 편에 속했다. 그 결과 한 명은 의사가 되고, 한 명은 공무원이 되었다. 반면에 내 친척 중의 한 부부는 아이들이 커가는 과정에서 아이들이 하고 싶은 것은 다 하게 하고, 가지고 싶은 것은 다 가지게 하면서도, 힘든 일은 전혀 시키지 않고 자유 방임형으로 편하게만 키웠다. 한마디로 네 가지 부모의 유형 중에서 전형적인 허용적 부모였다. 그래서 그 집 아이들은 아주 편한 학창 시절을 보냈다. 그렇지만 그 결과 두 명 다 변변찮은 지방의 삼류 대학을 졸업한 이후에 번번이 취직에 실패하더니, 지금 한 명은 임시직 직장을 전전하고 있고, 또 한 명은 아르바이트 인생을 살고 있다. 이것을 달리 말하면 내 아이들은 학창 시절 10년~15년 동안 고생해서 평생 안정된 생활을 보장받지만 친척 아이들은 10년~15년 편안함의 대가로 평생을 어렵게 서민으로 살 가능성이 크다는 것이다. 이것이 바로 만족을 유예할 줄 아는 능력의 차이다.

나는 이렇게 자녀의 미래를 천양지차로 만드는 것은 전적으로 부모의 책임이 크다고 굳게 믿고 있다. 그리고 우리 자녀들 성공의 밑바탕에는 만족을 유예할 줄 아는 능력이 큰 축으로서 한 부분을 차지하고 있는데, 이 만족 유예 능력은 훈련과 체험으로 길러질 수 있는 것이다. 그러니 자녀를 진정으로 사랑하고 위한다면, 자녀들이 눈앞의 만족과 편안함에 안주하게 놔두기보다는 이번 제8원칙에서 설명한 만족 유예 능력을 적극적으로 길러주도록 하자. 내 설명에 미진함을 느낀 독자들은 자녀들과 함께 『마시멜로 이야기』 책을 읽어 보기를 권하면서 제8원칙을 마친다.

역경을 헤쳐 나가는 능력을 기르게 하라

아이가 어릴 때부터 아이와 함께하는 극기 훈련의 기회를 자주 가져서 역경을 극복할 수 있는 능력을 길러 주자.

역경이라는 것은 '생활 속에서 느끼는 힘든 상황'이라고 정의되는 개념이다.

역경이라 말할 수 있는 것은 전쟁, 자연재해, 사회적 문제, 경기 침체, 구조 조정, 가난, 질병, 실업, 파산, 이혼 등 모두 열거할 수 없을 정도로 많다. 이것들은 교묘하게 예고 없이 우리의 삶 속에 파고들기 때문에 사람이라면 누구나 살아가는 동안에 몇 번씩은 이런 역경을 경험하게 된다. 그리고 이와 같은 인생을 뒤흔들어 놓을 만큼 큰 난관에 부딪혔을 때, 다시 말해 역경에 처해서 인생의 갈림길에 서 있을 때, 이 역경을 얼마나 잘 극복해 내느냐에 따라 그 사람의 성공 여부와 삶의 질이 갈리게 된다.

그래서 나는 역경을 헤쳐 나가는 능력이 어른에게 있어서는 성공을 가져오는 강력한 요인이며, 아이들에게 있어서는 우수한 학업을 성취하는 데 큰 몫으로 기여하는 중요한 인자라고 생각하고 있다. 왜냐하면 우리 아이들의 주변에는 우리 아이들을 유혹하고 타락하게 해서 공부를 방해하는 역경이라 할 만한 것이 도처에 널려 있고, 이러한 자질구레한 모든 역경을 이겨 내야만 공부를 잘할 수 있기 때문이다.

그런데 이 역경을 헤쳐 나가는 능력은 타고나는 것이거나 저절로 길러지는 것이 아니라, 성장 과정에서 겪게 되는 많은 역경이라 할 만한 상황과 실패의 경험을 통해서 길러진다고 한다. 그래서 나는 아이가 어릴 적부터 이런 역경이라 할 만한 상황을 자주 접하게 하여 이것을 극복하는 과정이나 실패의 경험을 쌓도록 함으로써 이 능력을 길러 주어야 한다고 믿고 있다.

나는 제9원칙에 대한 글쓰기를 준비하면서 '역경을 헤쳐 나가는 능력의 수준'을 가리켜 '역경 극복 능력 지수'라고 명명하고 글을 전개해 나갈 예정이었다. 그러나 인터넷을 통하여 역경 극복에 대하여 조사하는 과정에서 '역경 극복 능력 지수' 개념이 이미 '역경 지수'라는 명칭으로 세상에 통용되어 있음을 알았기에 앞으로 이 명칭을 사용하겠다. 그러나 '역경 지수'라는 용어만으로는 의미가 불명확하게 전달될 수도 있으니, 이 의미를 '역경 극복 능력 지수'와 동일한 개념으로 이해해 주기를 바란다.

제9원칙에서는 역경 지수에 대한 개념과 이 지수가 미치는 영향 그리고 역경을 극복한 사례들을 살펴보고 우리 자녀들에게 어떻게 하면 이 역경 지수를 높여줄 수 있을지에 관해 이야기해 보자.

1997년 미국의 심리학자 폴 스톨츠(Paul. G. Stoltz. 1960~)가 역경 지수(AQ, Adversity Quotient)라는 이론을 처음으로 주장했는데, 이것은 역경에 얼마나 잘 견딜 수 있는지 그리고 얼마나 잘 극복할 수 있는지를 나타내는 능력의 수준을 의미하는 지수이며, 또 한편으로는 스트레스에 얼마나 건설적으로 대응할 수 있느냐를 보여 주는 지수이다.

폴 스톨츠는 역경 지수를 등반에 비유하여 사람이 난관에 부딪혔을 때의 반응을 세 가지 유형으로 분류하였다. 그 세 가지 유형의 첫 번째는 난관에 부딪혔을 때 중간에 포기하고 내려오는 사람(Quitter, 퀴터), 두 번째는 적당한 곳에 캠프를 치고 안주하는 사람(Camper, 캠퍼), 세 번째는 난관을 극복하고 정상으로 나아가는 사람(Climber, 클라이머)이다.

유형별 특성을 보면, 쿼터의 유형에 속하는 사람들은 어떤 어려움을 당했을 때 쉽게 포기해 버리고, 마치 인생의 종말이라도 온 것처럼 비관하고 움츠러들어 결국에는 실패에 이르는 부류의 사람들이다. 이런 사람들은 평상시에 "이건 내 한계를 넘어선 거야." "내가 해 볼 수 있는 게 없어." "계란으로 바위 치기야." "난 왜 이렇게 바보 같을까?" "난 뭘 해도 안 돼." "나는 늘 이런 식이야." "좋아지지 않을 거야." "난 의지력이 없어." "난 게을러." 등과 같은 말과 생각을 품고 산다.

캠퍼의 유형에 속하는 사람들은 난관에 부딪히면 그 순간만 모면하려는 유형으로, 어려움이 지나면 그냥 그 자리에 안주해 버리는 사람들이다.

클라이머의 유형에 속하는 사람들은 역경이 왔을 때 그 역경과 맞서 싸우는 유형으로 강철 같은 의지와 야망을 품고 앞을 내다보고 나아가는 전진형의 사람들이다.

이런 사람들은 난관이나 실패가 자신 때문에 생겼다고 생각하지 않기 때문에 자신을 비난하거나 타인을 비난하지 않는다. 그리고 자신이 직면한 난관이나 문제는 규모나 지속력에 있어서 한계가 있기 때문에 얼마든지 헤쳐 나갈 수 있다고 믿는다. 그래서 "난 이것보다 더한 것도 할 수 있어." "늘 길이 있기 마련이니 한번 찾아봐야지." "시도하지 않으면 얻을 수 없어." 등등의 긍정적인 말을 주로 한다.

폴 스톨츠는 이 이론을 통해 미래에는 IQ(지능 지수)나 EQ(감성 지수)보다 AQ(역경 지수)가 높은 사람들이 성공하는 시대가 될 것이라고 예견하였다. 그리고 역경 지수는 실패를 거듭할수록 높아지기 때문에 실패를 많이 겪어 본 사람이 역경을 이겨 내는 능력이 발달하여 성공의 가능성이 커진다고 했다.

이 이론의 요지를 한마디로 요약하자면 다음과 같다.

성공한 사람은 역경과 실패의 경험을 '덕분에'의 마음으로 감사하게 받아들여 극복하는 사람들이고, 실패한 사람은 역경과 실패의 경험을 '때문에'의 마음으로 받아들여 회피하고 좌절하고 포기하는 사람이다.

역경과 실패의 경험을 극복하고 성공한 사람들의 이야기는 찾으려고만 하면 우리 주변을 포함하여 여기저기에 많이 있다.

외국의 유명한 인물로는 작은 식당을 운영했지만 실패하여 65세에 폐업을 하고 난 이후에, 노인이 다 된 늙은 몸과 낡은 트럭을 이끌고 미국 전역을 돌며 자신의 요리 비법을 파는 과정에서 무려 1,008번을 시도하였으나 실패하고 1,009번째에 계약을 맺는 데 성공함으로써 KFC(켄터키 프라이드치킨)를 설립한 할랜드 샌더스(Harland D. Sanders. 1890~1980)와 지독하게 가난한 미혼모에게서 태어나 14세에 사촌 오빠에게 성폭행을 당하여 사생아를 낳았으나 2주 만에 그 아이를 잃는 경험을 했고, 그 이후에는 그 후유증으로 인하여 상습적으로 마약을 복용하는 지옥 같은 어린 시절을 보냈으나 결국 전 세계의 시청자를 웃고 울리는 토크쇼의 여왕이 된 오프라 윈프리가 있다.

그리고 역경을 이겨 낸 국내의 대표적인 인물로는 가난한 가정에서 태어나 청소년기를 공장에서 보냈으나 결국은 성남 시장과 경기 도지사를 거쳐 대통령 후보까지 이른 이재명 씨와 맨손으로 출발해 대한민국의 조선업과 자동차 산업을 일으켜 세운 故(고) 정주영 회장이 있다.

나는 자동차 회사에 다녔기 때문에 정주영 회장에 대한 일화를 들을 기회가 종종 있었는데, 이번 주제와 연관된 일화 하나를 소개하고자 한다.

정주영 회장이 출세하기 전 젊은 날에 항구의 부두 노동자로 일한 적이 있었는데, 한 푼의 돈이라도 아끼기 위해 부두의 공동 숙소에서 잠을 잤다고 한다. 그때는 우리나라의 위생 상태가 좋지 않아 빈대와 이가 많았는데, 특히 환경적으로 열악한 부두의 공동 숙소는 더 심해서 대부분의 노동자가 빈대 때문에 잠을 제대로 잘 수가 없었다고 한다. 정주영 회장도 마찬가지로 얼마 동안 빈대에게 시달리다 못해 결국 꾀를 냈다고 한다. '설마 다리가 있는 테이블 위까지는 올라오지 못하겠지?'라고 생각해서, 밥상으로 쓰는 긴 테이블 위에서 잠을 잤다고 한다. 예상대로 하루 이틀은 괜찮아 쾌재를 부르고 있었는데, 삼 일째 되는 날부터는 빈대가 테이블 다리를 타고 기어 올라오는 바람에 소용이 없었다고 한다. 그래서 다시 꾀를 낸 것이 테이블 다리 네 개 밑에 물그릇을 받쳐 놓고 '이제 빈대란 놈도 어쩔 수 없겠지.' 하고 다시 며칠 편하게 잤다고 한다.

그런데 며칠이 지나자, 웬일인지 도저히 접근할 수 없을 거라고 생각한 빈대가 다시 물기 시작했다고 한다. 그래서 정주영 회장은 빈대가 어떻게 올라왔는지 의구심을 갖고 밤에 가만히 지켜보았다고 한다. 한밤중이 되자 놀랍게도 빈대란 놈들이 벽을 타고 테이블 위의 천장으로 기어 올라간 다음 테이블로 떨어졌다고 한다.

정주영 회장은 이때 이렇게 필사적인 빈대를 보고 느낀 점이 많았다고 한다. '한낱 미물인 빈대조차 살기 위해 이렇게 치열하게 노력하고 머리를 쓰는데, 하물며 사람인 내가 빈대보다 못해서야 쓰겠는가?' 하고 성공의 각오를 다졌다고 한다.

그리고 나중에 성공한 뒤에는 일에 대한 도전을 망설이거나 머리를 쓰지 않는 부하 직원을 보면 "이 빈대만도 못한 놈아!" 하고 농담 반 진담 반으로 나무랐다고 한다.

나는 이 일화가 사실인지 아니면 꾸며 낸 이야기인지는 모르지만, 사실이라면 역경을 헤쳐 나가는 능력에 있어서 정주영 회장은 물론이고 빈대마저도 탁월한 능력자라고 생각한다.

우리는 이렇게 말할 수 있다. "우리가 빈대만도 못해서야 되겠는가?"라고….

또 다른 사례 하나를 더 살펴보자.

나는 얼마 전에 「순간포착 세상에 이런 일이」라는 TV 프로그램에 나오는 시각 장애인 농부를 봤다.

이 농부는 현재 60대인데 네 살 때 한쪽 눈을 실명하고, 40대에 들어서 나머지 눈마저 병으로 실명하고 말았다. 만약에 독자 여러분이 이 농부와 같은 처지가 되었다면 자신의 처지에 대해 어떻게 생각했겠는가? 아마도 십중팔구는 신세를 비관하여 극단적인 생각이나 한탄 속에서 세월을 보내거나 이를 극복한다고 해도 활동에 제약을 받아 많은 것을 포기하고 집 안에 틀어박혀 있을 것이다. 그런데 이 농부는 한쪽 눈에 이어 나머지 한쪽 눈마저 실명하였음에도 절망하거나 포기하지 않았다. 긍정적인 생각과 불굴의 도전 의식을 가지고, 전혀 보이지 않는데도 불구하고 손으로 느껴지는 촉각이나 청각에만 의지하여 모든 일에 도전했다. 결국 혼자서 집도 청소하고, 소여물도 쑤고, 논밭에 나가 농사도 짓고, 꽤 멀리 떨어진 산에 가서 나무도 해 오고, 심지어는 창고를 짓거나 집을 수리할 수도 있게 되었다. 이 농부는 조금 느릴 뿐이지 모든 것을 해낼 수 있다고 했다. 그런데 이 농부에게서 불만이나 슬픈 표정은 전혀 찾아볼 수 없다. 오히려 평온하고 행복해 보이기까지 한다. 실명이라는 역경을 딛고 일어나 거의 정상인이나 다름없이 생활하는 이 농부도 역경 지수가 아주 높은 사람이라고 말할 수 있다.

그리고 위에 언급한 사람들 이외에도 역경을 이겨 내고 성공한 사람이 많이 있겠지만 나는 고등학교 졸업 후에 의대 도전 2년, 일반 대학 4년, 의전원 도전 2년, 의전원 4년 총 12년을 의사가 되겠다는 꿈을 포기하지 않고 혼신의 힘을 다해 공부한 결과, 지금은 원하던 내과 전문의가 되어 있는 내 딸 역시 역경을 이겨 내고 성공한 사람 중의 한 명이라고 말하고 싶다.

폴 스톨츠가 설명한 역경 지수와 사례들에서 보듯이 일반인에 비해 AQ, 즉 역경 지수가 높은 사람들이 성공할 가능성이 큰 것은 사실인데 그러면 어떻게 하면 우리 자녀들이 높은 역경 지수를 가질 수 있을지 생각해 보기로 하자.

우선 우리 자신의 과거 삶으로 돌아가, 육체적이거나 혹은 정신적으로 가장 힘들었던 기억을 떠올려 보자.

내 경우에는 육체적으로는 학사 장교 훈련생 시절에 했던 100km 행군이 가장 힘들었다. 중간에 되돌아 걸었던 거리까지 포함하면 24시간 동안 아마 110~120km는 걸었을 것이다. 초여름의 무더운 날씨에 완전 군장을 한 채 장거리를 걷는 강행군이었기에 앰뷸런스에 다 태우지 못할 정도로 중간에 낙오된 동료가 꽤 있었다. 나는 80km를 조금 더 걸은 시점에서 앰뷸런스에 타지 못한 낙오된 동료 때문에 내 완전 군장 위에 동료의 완전 군장을 얹어 메고, 한쪽 어깨에는 소총 2자루를 메고, 나머지 한 손으로는 동료를 부축하고 독려해 가면서 수 km를 걸었다. 하지만 다시 돌아온 앰뷸런스에 가까스로 동료와 동료의 장비를 실어 보내고 군장의 무게가 다시 가벼워졌음에도 나는 긴장이 풀려 버리고 체력의 한계가 와 버렸다. 발바닥은 물집이 잡히고 터져서 고통스럽고, 몸은 탈진해서 도저히 한 발자국도 떼기 힘든 상황이었다. 나는 나머지 10여 km를 육체가 아니라 오로지 정신력으로 걸었다. 나는 지금까지도 그 길고 고통스럽게 느껴졌던 시간을 잊을 수가 없다.

그리고 정신적으로는 내가 한때 잘나가던 식상에서 올바르지 못한 상사에게 부당한 대우를 받은 것이 원인이 되어, 결국에는 극단적인 스트레스와 함께 회사를 그만둔 상황에서 형님과 아버님이 돌아가시는 악재가 겹쳐서 경제적인 압박과 정신적인 압박이 동시에 들이닥친 때가 가장 힘들었다.

이 일 이후로 나는 인생을 살아오면서 힘들 때마다 이 두 경험을 떠올린다.

그러면 나의 내면에 있는 또 다른 내가 속삭인다.

'이 정도 어려움은 그때와 비교하면 아무것도 아니야! 그렇지 않아?'

그러면 신기하게도 두려움이 사라지고 헤치고 나갈 용기가 솟아난다.

이것이 바로 역경의 경험이 역경을 헤쳐 나가는 능력을 높여 준다는 증거다.

독자 여러분도 나와 똑같이 아주 힘든 경험을 했거나 큰 실패를 하고 일어선 경험이 있다면, 눈앞의 어지간한 난관이나 실패는 대수롭지 않게 여기고 충분히 극복할 수 있다고 생각할 것이다.

이처럼 우리 자녀들이 유아기나 아동기에 혹은 청소년기에 아주 혹독한 역경이나 실패를 경험하고 극복한 적이 있다면, 이러한 경험은 인생을 살아가는 데 훌륭한 자산이 될 것이다. 그래서 이는 우리나라 속담 중 "젊어서 고생은 사서도 한다."라는 선조들의 지혜와 일맥상통한다.

그런데 문제는 요즘의 우리 자녀들에게는 역경이라 할 만한 경험을 할 수 있는 기회가 없다는 점이다. 왜냐하면 거의 모든 부모가 한두 명뿐인 자식을 애지중지 키우면서 자녀들을 고생시키는 일이라면 벌벌 떨기 때문이다. 그러나 긴 안목으로 볼 때, 이러한 부모들의 태도는 자녀를 콩나물시루

안의 콩나물처럼 연약하게 키워 내는 것과 같아서, 결국에는 자녀를 위하는 것이 아니라 자녀를 망치는 행위가 되고 만다.

그래서 우리가 현명한 부모라면 애지중지하는 마음을 꾹 누르고, 의도적으로 자녀에게 어린 시절부터 육체적이거나 정신적으로 역경과 실패의 기회를 제공함으로써 이를 극복하는 경험을 하게끔 만들어 주어야 한다.

그렇다면 어떻게 이런 기회를 만들어 주어야 할까?

역경의 기회와 극복의 경험을 만들어 주는 방법

✳ 유년기, 청소년기에 부모를 떠나 단체 활동이나 야외 활동의 경험을 만들어 주어라.

나는 이를 위하여 아이들에게 보이 스카우트나 걸 스카우트에 참여하길 권한다. 보이 스카우트는 1907년 영국의 기병대 장교였던 육군 중장 베이든 파월이 창설했다. 보이 스카우트는 아이들에게 야외 생활의 기쁨을 강조하고 야영, 수영, 항해, 등산, 동굴 탐험 및 카누 타기 등의 야외 활동을 추구하고, 정신적으로는 국가에 충성하고 다른 사람을 도울 것을 강조한다. 이런 활동의 장점은 아이가 부모를 떠나 자신이 스스로 판단하고 결정해야 하는 경험을 하기 때문에 자립심을 길러 주고, 야외 활동의 체험을 통하여 자연스레 힘든 일과 실패의 경험을 만들어 준다. 또한 자연스럽게 또래 친구들과 우정을 나누고 협동 정신을 배우게 된다.

✳ 부모와 함께하는 야외 활동이나 스포츠 또는 여가 활동을 통하여 어려움을 극복하는 과정을 공유하라.

등산, 트레킹, 하이킹, 래프팅, 수영 등 장시간 함께할 수 있는 야외 활동이나 여가 활동을 하다 보면 자연스레 극기 훈련이 되는 한편 부모와의 친밀감이 증대된다. 내 경우를 예로 들어 보겠다.

    아들이 초등학교 2학년 때인가 여름 방학 숙제 중 전라도에 있는 명산 오르기가 있었다. 아들이 지리산 정상에 오르기를 고집했는데, 나는 무리다 싶으면서도 다녀오기로 작정했다. 방학 기간 중의 어느 일요일에 우리는 대원사에 주차하고 대원사~천왕봉 코스로 천왕봉에 올랐다. 힘들어서 중간에 포기하려는 어린 녀석을 어르고 달래서 겨우겨우 천왕봉에 올랐을 때는 점심때가 한참 지나 있었다.

    정상에 오른 기쁨을 아들과 함께 만끽하고 준비해 온 도시락을 먹고 있었는데, 어느새 하늘에 먹구름이 몰려오더니 금방 사방이 암흑천지가 되어 폭우가 내리기 시작했다. 아들은 어렸을 때 유난히 천둥 번개를 무서워했고, 또 고소공포증이 있었다. 그런 아들이 지리산 천왕봉에서 천둥 번개를 동반한 폭우를 만났으니 어떠하였겠는가? 어두컴컴한 하늘과 천둥과 번개, 비에 젖어 미끄러운 암반, 쏟아지는 폭우와 흙탕물이 세차게 흘러내리는 등산로, 아들은 이 모든 것에 대해 겁을 먹고 공포에 떨었다. 그래서 내려오는 세 시간 동안 아들은 내 손을 꼭 잡고서 놓지를 않았다. 가까스로 내려와 대원사에 다다르자 나는 꼭 잡은 아들의 손을 통하여 이심전심으로 아들의 감정적인 무언가를 느낄 수 있었다. 그것은 다른 것이 아니라 무슨 일이 있어도 자기를 지켜 주리라는 아빠에 대한 무한한 믿음과 신뢰였다. 그리고 나 또한 광주로 돌아오는 차 안에서 곤히 잠든 아들 녀석을 보면서 사랑하는 마음과 함께 아빠로서 자긍심을 느꼈다. 아무튼 아홉 살 아들에게는 이 등산 경험이 자기가 경험한 것 중에서 가장 힘든 역경의 시간이었을 것이다.

✳ 부모의 직업과 관련된 힘든 일을 경험해 보게 하라.

보통의 부모들은 자신은 힘들게 일하면서도 자녀는 자신이 하는 힘든 일을 하지 못하게 한다. 그리고 자녀가 자신보다 나은 삶을 살기를 바란다. 그러나 자식을 진정으로 위한다면, 또 자식들로부터 업신여김을 당하고 싶지 않다면, 일과 관련하여 부모를 이해하게 만들어야 한다.

내가 마지막으로 몸담았던 회사에는 그 회사를 설립한 존경하는 회장님이 계셨다. 과거에 이분은 하나뿐인 아들이 중·고등학교에 다닐 때, 방학이 되면 꼭 회사에 나와서 일을 하게 했다. 일도 허드렛일 정도의 쉬운 일이 아니라 현장의 일 중에서도 가장 힘들고 어렵다는 도금 공장을 비롯한 몇몇 작업장에서 며칠씩이나 공장의 생산 직원들과 똑같이 일을 하게 했다. 며칠간의 일이 끝나면 회장님은 아들의 고생을 위로하고 그에 상응한 용돈을 주셨다. 회장님의 입장에서는 아들이 고생하는 것이 안타깝기는 하지만 힘든 경험을 체험하게 하며 회사의 실상을 가르치실 목적이었을 것이다. 회장님의 의도대로 아들은 이 경험을 통해서 힘든 역경과 이 역경을 극복하는 힘을 길렀을 것이다. 또 자기 아버지가 얼마나 많은 고생을 해서 회사를 일으켰는지, 그리고 생산직 직원들이 얼마나 힘들게 일하는지 그 누구보다도 잘 알게 되었을 것이다. 그 결과 세월이 많이 흐른 지금은 그 아들이 회사를 물려받아 운영하고 있는데, 세간의 입방아에 오르내리는 여타 회사의 잘못된 재벌 2~3세대들과는 달리 아들은 정말로 겸손하면서도 성실한 자세로 빈틈없이 회사를 잘 운영해 나가고 있다. 나는 아들의 이런 회사 경영에 대한 자질이 저절로 생기거나 타고난 것이 아니라 부모의 역경에 대한 훈련에 의해 길러졌을 것이라고 확신하고 있다.

마지막으로 앞의 내용을 다시 한번 요약 정리하면서 글을 마치도록 하겠다.

'생활 속에서 느끼는 힘든 상황'으로 정의되는 역경은 이를 얼마나 잘 극복해 내느냐에 따라 어른에게 있어서는 성공 여부가 결정되는 주요인이 되며 아이들에게 있어서는 우수한 학업을 성취하는 데 큰 몫으로 작용을 한다. 그리고 역경을 헤쳐 나가는 능력인 높은 역경 지수는 타고나거나 길러지는 것이 아니라 오직 역경에 대한 경험을 통해서만 길러질 수 있다.

역경 지수를 만들어 낸 폴 스톨츠는 난관에 부딪친 사람의 반응을 쿼터, 캠프, 클라이머 이 세 가지 유형으로 분류하였는데, 클라이머는 역경이 왔을 때 그 역경과 맞서 싸우는 유형으로 강철 같은 의지와 야망으로 앞을 내다보고 나아가는 전진형의 사람이다.

"젊어서 고생은 사서도 한다."라는 속담은 빈말이 아니다.

우리가 자녀들을 애지중지하면서 전혀 고생을 모르게 키우는 것은 자녀를 위하고 돕는 것이 아니라 오히려 자녀를 망치는 것이다.

그러니 진정으로 자녀를 사랑하고 위한다면, 애지중지하는 마음을 잠시 내려놓고 앞에서 제안하는 방법으로 역경과 이를 극복할 수 있는 경험의 기회를 자주 만들어 주어라. 그러면 우리 자녀들은 역경이 왔을 때 그 역경을 이겨 내고 앞으로 전진하는 성공한 클라이머가 되어 있을 것이다.

행복하게 살 수 있는 직업을 선택하게 하라

자녀가 성장해서 어떤 직업을 선택해야 평생을 즐겁게 일하고 행복하게 살 수 있는지 고민하고 또 고민하게 하라.

현대 사회에서 교육의 목적은 만족스러운 개인 생활, 행복한 가정과 사회관계 그리고 실용성 있는 시민으로 길러 내는 데 있다. 한마디로 행복한 민주주의 사회의 시민을 길러 주는 것이 교육의 목적이라고 볼 수 있다(『한국 민족 문화 대백과 사전』 인용).

우리나라는 이러한 교육의 목적을 실현하기 위하여 유치원 교육을 제외하고도 초등학교 6년, 중·고등학교 6년, 대학교 4년, 총 16년의 교육 과정을 거치는 것이 대부분이다. 사람의 평균 수명을 80살이라 가정할 때 유아기의 교육까지 생각한다면 인생의 4분의 1에 해당하는 오랜 기간을 배우는 데 바치는 셈이다.

또한 부부가 가정을 이루고 살면서 가장 많은 비용을 소비하는 분야가 자녀 교육이다. 그럼 왜 우리 사회는 이렇게 긴 교육 기간과 비용을 투자하면서까지 교육에 매진할까?

국가적으로 볼 때는 교육을 통하여 성숙한 사회 시민을 길러 냄으로써 바람직한 사회가 이루어지도록 하고, 또 한편으로는 국민 각자가 현대 사회에 걸맞은 각 분야의 경쟁력 있는 자질(능력)을 갖추게 함으로써 선진 국가로 발전, 유지하기 위해서이다.

가정 혹은 부모의 입장에서 볼 때는 첫 번째, 자녀를 훌륭하게 길러 내 사회에 진출시키는 것이 부모의 인생에 있어서 큰 보람을 가져다주기 때문이다. 그리고 두 번째, 교육을 통하여 자녀들이 경쟁력 있는 자질을 갖춤으로써 자녀 본인은 물론이거니와 한 가정이 남보다 나은 조건에서 가장 효율적으로 가정을 유지하고 계승 발전시킬 수가 있기 때문이다. 한마디로 자녀들이 잘되면 대를 이어 가족이 잘살 수 있기 때문이다. 그리고 또 한 가지 특이한 점은 전 세계 어느 나라의 부모보다 한국의 부모가 유별나게 교육에 목을 맨다는 것이다. 그 이유는 우리 한국 사회가 학벌을 자질과 능력의 기준으로 삼아 사회와 기업에 진출하는 신입 사원을 뽑을 때 명문 대학 출신을 우대하는 경향이 크기 때문이다. 다시 말해서 대학에서 사회에 필요한 전문 지식을 얼마나 쌓았는지도 중요하겠지만, 대부분의 사람은 명문 대학을 졸업했으면 능력이 뛰어나서 사회에 진출할 준비가 그만큼 잘됐다고 판단을 하게 되고, 그보다 못한 대학을 졸업하면 그만큼 능력이 떨어지며 사회에 진출할 준비가 미흡한 것으로 판단해 버리고 만다(그러나 이러한 현상은 정도의 차이가 있기는 하지만 전 세계에서 공통적이다). 나는 기업에서 입사 면접관으로 여러 차례 참여한 적이 있는데, 입사 지원자가 학력이 좋으면 왠지 나도 모르게 긍정적으로 평가하고 있는 나를 발견할 수 있었다.

그러나 이러한 현상을 놓고 우리 사회의 시스템과 기업의 생리만을 탓할 수는 없다. 왜냐하면 일반적으로 초, 중, 고등학교 과정에서 열심히 공부한 사람들만이 명문 대학에 들어갈 수 있으며, 이런 명문 대학을 졸업한 사람들이 그렇지 못한 사람들보다 자질이나 능력이 더 우수할 확률이 높다는 것은 세계적으로 여러 세대를 거쳐 검증되었기 때문이다.

그래서 우리 부모들은 좋든 싫든 간에 자녀들이 초, 중, 고등학교 과정을 거치면서 열심히 공부하여 명문 대학에 입학하기를 간절히 바라면서 온 정성을 다해 뒷바라지를 한다. 그러나 소수를 제외한 대부분의 자녀는 부모의 기대와 정성 어린 뒷바라지에도 불구하고 공부를 열심히 하지 않아 명문 대학 입학에 실패하고 만다.

또 최근의 뉴스나 매스컴을 보면 과거와 달리 요즘에는 개천에서 용 나는 것이 힘들다고 한다. 이 말의 의미는 과거에는 가난한 집의 자녀들이어도 공부를 열심히 해서 출세를 하는 사람들이 있었는데 요즘에는 그러기가 힘들어졌다는 뜻이다. 사람들에게 그 이유를 물으면 이구동성으로 하는 말이, 돈이 있어야 자식을 잘 가르칠 수 있고, 잘 가르쳐야 명문 대학에 입학해 성공할 수 있기 때문이라고 한다. 어떤 면에서는 이 말이 맞을지도 모른다.

그러나 이 논리대로라면 현재 경제적으로 돈이 많거나 사회적으로 우위에 있는 자녀들은 모두 명문대를 나오고 잘되어야 한다. 그런데 우리 주위를 조금만 돌아보아도 그렇지 않은 경우를 어디서나 쉽게 찾아볼 수 있으니 부모의 재력이 유일한 변수는 아니다.

게다가 요즘도 가난과 불우한 환경을 이겨 내고 열심히 공부해서 명문 대학에 당당하게 합격하는 자녀가 꽤 많지 않은가?

그럼 이제부터 왜 우리 자녀들은 부모의 기대와 정성을 저버리고 공부를 열심히 하지 않는지 그 이유에 대해 알아보자.

자녀들이 열심히 공부하지 않는 이유

* 미래에 대한 간절한 꿈, 다시 말해 꼭 이루고 싶은 목적과 목표가 없다.

아동기(6~12세) 때부터 직업에 대한 목표와 인생에 대한 꿈을 가지고 있느냐 없느냐에 따라 자녀들의 공부하는 태도와 열정이 달라진다. 미래에 어떤 직업을 가지고 어떤 사람이 되겠다는 구체적인 꿈과 목표는 아이에게 공부를 해야 하는 동기를 유발하고 아이가 당장 하고 싶은 것들을 참고 공부에 매진할 수 있게 만들어 준다.

반면에 아이에게 꿈이 없으면, 꿈을 이루기 위해서 꼭 공부를 열심히 해야 한다는 동기나 당위성이 없기 때문에 공부를 열심히 하지 않고 공부를 하더라도 부모의 채근에 의해 마지못해 하는 척한다.

내 청소년 시절을 예로 들어 보겠다.

나는 면 단위의 시골에서 태어났지만 아버지께서 준공무원이시면서 시멘트 블록이나 기와를 생산하는 조그만 공장을 운영하셨기에 적어도 고등학교 1학년 때까지는 풍족한 경제적 환경에서 자랐다.

아버지께서는 교육열이 아주 높아서 자녀에 대한 경제적인 지원을 아끼지 않으셨고, 본인이 못다 이룬 꿈을 자식들이 이루어 주길 바라셨다. 이러한 바람에 의해 나는 초등학교 5학년 때부터 광주로 전학하여 학교를 다니게 되었다. 당시에 나는 세 살 위의 중학생인 형과 함께 하숙을 했다. 아버지께서는 두 아들의 학비와 하숙비 그리고 용돈까지 시골 살림으로는 절대 만만치 않은 돈을 오로지 자식들의 성공에 대한 기대로 아낌없이 쓰셨다. 아버지께서는 어려운 환경 속에서도 수재라는 소리를 들으면서 일제 강점기 시기 명문 학교인 목포 상고를 다니셨다. 그러나 명문 학교를 다니셨음에도 불구하고 사상에 연루되어 사회 진출이 막히셔서 출세에 대한 한이 많으셨고, 그 한을 자식들이 풀어 주기를 원하셨다. 그래서 대부분의 내 부모 세대가 그랬듯이 우리 형제가 고위 공무원이나 법조인 또는 교육자가 되길 바라셨다.

그러나 누군가 "최선의 의도도 최악의 결과를 낳을 수 있다."라고 했듯이 형과 나는 아버지의 바람과는 달리 대도시 유학의 실패자가 되고 말았다.

형제가 같은 하숙방을 썼는데, 형은 친구를 잘못 사귀어 공부보다는 온갖 못된 짓을 하면서 노는 데 정신이 팔린 상태였고, 나 역시도 형의 영향도 있었겠지만 공부를 게을리하는 편에 속했다. 머리는 좋은 편이었지만 왠지 학교 공부는 하기 싫어서 주로 소설책을 끼고 살았다. 그리고 부모님을 실망시켜 드리지 않기 위해 중간고사나 기말고사 등 시험을 치를 때만 벼락치기로 공부해 간신히 부모님의 꾸중을 면하는 정도였다.

나중에 성인이 된 뒤에야 나는 학창 시절을 잘못 보낸 원인을 생각해 보게 되었다. 그리고 그 원인은 내가 학창 시절에 미래에 대한 고민을 진지하게 해 본 적이 없었고, 이에 따라 어른이 되어서 이루고자 하는 꿈과 욕망이 없었기 때문이었다.

그리고 아버지는 열심히 뒷바라지만 해 주면 되는 줄 아셨지, 자식의 미래에 대해 진지하게 자식과 이야기하실 줄은 모르셨는데, 이 점이 내가 살아오면서 내 아버지께 가장 아쉽게 생각하는 부분이다.

이제 반대의 예를 들어 보도록 하겠다.

나는 대학을 졸업하고 결혼을 해서 사회생활을 시작한 후에야 내가 왜 그렇게 학창 시절을 철없이 보냈는지 반성하고 후회하게 되었다.

그래서 내 자녀에게만큼은 나와 같은 실수를 반복하지 않겠다고 다짐했었다. 내 아내도 나처럼 시골에서 태어나 광주에서 초, 중, 고등학교와 대학교에 다닌 도시 유학파 출신이다. 그리고 나와 똑같은 도시 유학의 실패자다.

부농이면서도 딸 여섯에 아들 하나인 집의 넷째 딸로 태어나서 아들밖에 모르는 장모님의 유별난 차별에 한을 품은 아내는 아이를 낳으면 딸 아들을 구별하지 않고 키우겠다고 다짐했고 자녀 교육에 있어서 만큼은 나와 가치관이 잘 맞았다.

큰애인 딸이 초등학교 2학년 때부터 나는 딸에게 만화나 소설을 통하여 훌륭한 위인들이나 다양한 직업에서 성공한 사람들의 이야기를 읽도록 분위기를 조성했다.

그리고 과외는 본인이 하고 싶어 하는 피아노 학원만 보냈다.

딸이 초등학교 3학년이 되었을 때 나는 딸에게 어른이 되어서 무엇을 하면서 살면 가장 행복하게 살 수 있겠는지 곰곰이 생각해 보고, 결정이 되면 알려 달라고 했다. 거기에 덧붙여서 본인이 하고 싶은 직업이 결정되고 나면 공부는 하고 싶은 것을 할 수 있을 정도만 하면 된다고 강조했다.

딸은 몇 달을 고민하는 것 같더니 마침내 몇몇 직업을 이야기했고, 우리는 그 직업에 대해서 딸이 모르는 정보들을 알려 줬다.

딸은 한동안 심사숙고한 끝에 최종적으로 방송국 피디가 되겠다고 했고, 우리 부부는 우리가 생각하기에도 잘한 선택이라고 판단하고 칭찬해 줬다. 그리고 방송국 피디가 되기 위해서는 어떤 자격을 갖춰야 하는지 또 학교 성적은 어느 정도 되어야 하는지 등의 가이드라인 정도만 알려 주었다.

그리고는 공부하라고 채근도 하지 않고 지켜봐 주기만 했다.

같은 아파트에 사는 아내 지인이 "딸을 저렇게 놀게만 방치하면 나중에 뭐가 되겠어?"라고 말할 정도로 딸은 잘 놀았지만, 공부를 할 때는 스스로 집중해서 열심히 공부했다.

내가 계획한 1단계는 대성공이었다.

내가 학창 시절에 공부를 등한시한 이유는 커서 무언가 되고 싶은 꿈이 없었기 때문이라고 생각해서 내 사례를 반면교사로 삼아 딸에게 미래 인생의 꿈을 가질 수 있도록 조건을 마련해 주었고 그 덕택에 딸은 성공할 수 있었다.

그렇다고 해서 우리 부부는 우리가 못다 이룬 꿈을 딸을 통해 이루어 대리 만족하거나, 우리가 되고 싶은 것을 딸에게 전가해 강요하고 싶은 생각은 추호도 없었다. 단지 딸이 행복한 인생을 살기를 바라는 염원을 가지고 부모로서 도와주고 싶을 뿐이었다.

딸은 중학교 3학년 1학기까지 피디가 되겠다는 꿈을 계속 가지고 있었다.

그런데 2학기가 되자 딸이 돌연 피디가 아닌 의사가 되겠다고 내게 선포했다. 이유는 피디도 좋지만 의사처럼 남을 도울 수 있는 직업이 더 보람이 있으며 마음에 더 끌린다는 것이었다.

딸의 의견에 나는 난감했다. 우리 집안은 대대로 인문학에 강한 편이었다. 반면 이공계 쪽 특히 수학과 관련된 분야는 아주 약했다. 이러한 이유로 내가 보기에 딸이 피디를 선택한 것은 정말 잘한 일이었는데, 의사가 되겠다고 한 것은 최악의 선택이라는 생각이 들었다.

특히 딸이 중학교 때는 본인의 노력으로 약한 과목인 수학 성적을 어느 정도 커버하고 있었지만 고등학교 2학년이 되면 수Ⅱ 때문에 애먹을 것은 불 보듯 뻔했다.

그래서 나는 딸에게 예상 시나리오를 설명하고 다시 한번 심사숙고해서 결정하기를 권했다.

그러나 딸은 다시 생각해 봐도 의사가 되고 싶은 마음이 변함이 없다며 그 길을 걸을 준비를 했다. 나는 그동안 딸에게 자율적인 선택을 강조했던 터라 딸의 결정을 존중해서 우려 반 새로운 기대 반으로 지켜볼 수밖에 없었다.

아니나 다를까. 고등학교 1학년 때까지도 전교 1~2등을 하던 성적이 수Ⅱ를 배우기 시작하자 떨어지기 시작했다. 그래서 결국에는 고등학교를 졸업하고 삼수까지 했음에도 불구하고 번번이 수학 점수 때문에 의대에 떨어지고 말았다.

대신 생물학과에 입학해 4년을 다녔다. 나는 그 당시에 딸이 의사가 되겠다는 꿈을 접을 것으로 생각했었다. 그러나 딸은 의사라는 꿈을 버리지 않고 대학교에 다니면서 의학전문대학원에 들어갈 준비를 했다. 그 결과 생물학과를 졸업하고 또다시 삼수를 한 끝에 의사가 되겠다는 본인의 꿈을 이룰 수 있었다. 본인도 고생을 많이 했지만, 나와 내 아내 역시 딸이 고등학교를 졸업한 후에도 장장 12년을 뒷바라지하고 나서야 결실을 보게 된 것이다.

내 주변의 많은 사람이 딸을 보고 의지의 한국인이라고 말한다. 그렇지만 나는 딸이 모든 역경을 이겨 내고 나아갈 수 있었던 이유가 첫 번째는 본인이 스스로 찾아 결정한 간절하고도 확고한 꿈을 가지고 있었다는 것이고, 두 번째는 그 꿈을 성취하기 위해 현재 눈앞에 있는 작은 마시멜로의 달콤한 유혹을 참고 견디어 내면 결국에는 본인이 원하는 가장 크고 맛있는 마시멜로를 먹을 수 있다는 믿음인 만족 유예 능력이 있었다는 것이며, 세 번째는 역경을 참고 이겨 내는 능력이 있었다는 것이라고 생각한다.

이번에는 아들 이야기를 해 보도록 하겠다.

둘째인 아들은 나를 닮아서인지 어릴 적부터 모든 것이 늦되었다. 서너 살이 될 때까지 침을 흘리고, 거의 여섯 살이 될 때까지 말문도 트이지 않았다.

그러다 보니 한글을 마치지 못한 상태에서 초등학교에 입학하게 되었고, 이로 인하여 저학년 때는 성적이 아주 엉망이었다. 시험을 봐도 문제를 읽을 줄 모르니 어떻게 점수를 잘 맞을 수 있었겠는가? 아마도 우리 부부의 기억으로는 초등학교 2학년까지는 학교에 가방만 들고 가서, 수업 시간 내내 꿀 먹은 벙어리처럼 앉아서 자리만 지키고 있다가 파하면 집에 오는 것이 전부였다. 그러나 학년이 높아질수록 인내와 끈기를 가진 엄마의 정성 어린 보살핌에 힘입어 성적이 좋아지기 시작했다.

아들이 초등학교 4학년이 되었을 때 과거 누나에게 물어봤듯이 커서 무엇을 하면서 살면 가장 행복하겠느냐고 물었더니 아들은 역사학자가 되겠다고 했다. 그러다가 고등학교 2학년 때 중국 관련 학자가 되겠다고 목표를 수정했다. 이유를 물으니 역사학자가 되면 수입이 적어 가난하게 살 수밖에 없으니 중국 관련 학자가 되어 역사 공부는 취미로 하겠다고 했다. 그래서 대학교는 한양 대학교 중국 관련 학과에 입학했으나, 1학년을 마치고 나자 경제학을 공부하여 경제 관련 전문가로 성공하겠다는 꿈으로 또다시 목표를 수정하여 경제학과로 전과하여 공부를 했다. 대학교를 졸업한 후에는 경제 전문가로 일하기 위해 2년 동안 금융감독원이나 산업은행 등 공기업 입사를 지원하였으나 번번이 실패하고 말았다. 그리고 세무직 공무원으로 목표를 수정하여 다시 2년 동안 공부한 끝에 광주광역시의 세무직 공무원이 될 수 있었다. 아들은 공기업이나 공무원 시험을 치를 때 국사만큼은 만점을 맞을 정도로 잘했는데, 이는 아마도 본인이 좋아하는 과목이어서 그랬을 것이다. 이렇게 좋아하는 것을 직업으로 삼는다면 얼마나 좋겠는가?

어찌 됐든 아들은 이제 공무원으로 살면서도 역사 공부에 대한 꿈을 버리지는 않을 것이다.

청소년기에 꿈이 없는 이유는 자신의 미래에 대해 진지하게 생각을 하지 않는 점이 주된 이유지만, 또 한 가지는 부모의 반대로 인한 꿈의 좌절이다.

나는 중학교 1학년 때까지 새나 곤충을 포함한 동물을 좋아하고 꽃이나 식물을 기르는 걸 좋아했기 때문에 막연하게나마 동물학자나 식물학자가 되겠다는 꿈을 가지고 있었다. 그런데 그해 초여름의 어느 날, 나는 동네 뒷산에 갔다가 그 당시에 보기 드문 식용 버섯을 발견하고, 그것을 집에서 키워 보겠노라고 조심스럽게 캐 와서 집 앞 마당의 나무 그늘에 심고 있었다. 이런 내 모습을 보신 아버지께서 공부하라고 돈 들여서 가르쳤더니, 하라는 공부는 안 하고 엉뚱한 짓만 하고 다닌다고 심하게 꾸중을 하셨다.

나는 이 사건을 계기로 동물학자나 식물학자가 되고 싶다는 꿈을 접게 되었고, 이후로는 커서 뭔가가 되겠다는 꿈을 품지 않게 되었다.

그냥 경제적으로는 어느 정도 먹고 살 만큼만 벌면 되고, 아버지처럼 세상을 깨끗하게만 살면 된다고 생각했었다.

또 다른 예로 내 형의 이야기를 해 보겠다.

내 형은 잘못된 중학교 생활을 보내고 야구부가 있는 이류 고등학교에 진학했다.

아버지를 닮아 운동에는 전혀 소질이 없는 나와는 달리 내 형은 어머니를 닮아 운동을 잘하고 또 좋아했다.

다른 신체 조건도 훌륭했지만 특히 어깨가 남달리 좋았다. 이렇게 좋은 신체적 조건을 갖추고 야구를 좋아하는 형은 학교 야구부에 들어가고, 장래에는 프로 야구 선수가 되기를 희망했다.

형의 신체 조건과 자질을 알아본 학교 야구부 감독과 코치가 아버지를 찾아가, 형이 야구를 하게 된다면 투수나 포수로 대성할 수 있을 것이니 야구를 시켜 달라고 아버지를 설득했다.

그러나 아버지는 집안의 장남이 무슨 운동이냐고 반대를 하셨고, 그 후에도 감독과 코치가 몇 번을 더 시골집까지 찾아갔음에도 불구하고 끝까지

고집을 꺾지 않으셨다.

그 결과 형은 아버지의 염원과는 달리 심한 불량 학생이 되어 고등학교 2학년을 두 번이나 다녔음에도 불구하고 공부하고는 영영 멀어져서 잘못된 옆길로 빠지고 말았다.

여태까지 인생을 살아오면서 나는 가끔 내가 중학교 때의 꿈처럼 동물학자나 식물학자가 되었거나 이와 연관된 일을 하면서 살았으면 내 인생이 어떻게 전개되었을까 하고 생각해 보고는 한다.

또 내 형이 고등학교 때 본인의 의지대로 야구를 했어도 인생이 그렇게 잘못 풀리고 불행해졌을까 하는 의구심도 든다.

그때마다 내가 내린 최종 결론은, 우리 형제가 하고 싶은 것을 했더라면 크게 성공하지는 못했어도 최소한 인생을 불행하다고 여기거나 불만족 속에 살지는 않았을 것이라는 점이다.

이러한 점으로 볼 때 나와 내 형은 "최선의 의도도 최악의 결과를 낳을 수 있다."라는 말에 들어맞는 전형적인 교육의 실패 사례들이다.

＊ 부모의 보살핌으로 인하여 현재도 부족한 것이 없고, 미래에도 이런 보살핌이 지속될 것이라는 현실 안주 때문이다.

이러한 현상은 사회 상류층이나 전문직에 종사하는 성공한 부모의 자녀들이 유전적으로 우수한 자질을 가졌음에도 부모와는 다르게 실패하는 경우에서 자주 볼 수 있다. 최근 언론에 자주 오르내리는 대기업 3세들의 마약 투약 사건들을 보면 알 수 있다.

내 경우에도 어릴 적 아버지께서 시골 면에서 주조장 다음으로 세금을 많이 내셨기 때문에(더군다나 당시에 가난한 농촌 출신 학생 대부분이 자취를 하는 데 반해 나는 하숙을 하고 있었다) 고등학교 2학년 때까지는 우리 집이 잘산다는 착각과 함께 상대적 우월감에 젖어 있었다.

또 나는 어리석게도 부모님의 환경과 경제력으로 인하여 내가 별 노력을 하지 않고 그럭저럭 살더라도 어른이 되어서도 현재와 같은 경제적 여유를 유지하면서 살 수 있을 것으로 생각했었다.

＊ 부모들이 계속되는 자녀들의 한계 없는 요구를 수용해 줌으로써 장래 자립의 필요성이나 성취를 위한 노력을 할 필요성을 느낄 수 없도록 만들어 주기 때문이다.

1998년도에 환경미화원의 아들로서 과외도 학원도 한 번 다니지 않고 서울대학교 법대에 합격하고 『아버지가 사는 이유, 내가 공부하는 이유(창작시대)』라는 책을 낸 박 경진 씨는 가난한 환경 속에서 일찍부터 성공의 필요성을 절감하였기 때문에 열심히 공부한 케이스다. 이와는 반대로 부유한 집에서 자녀들이 요구하는 모든 것을 다 들어주게 되면, 아이들은 좁은 생각으로 자기의 부모들이 화수분이나 되는 것처럼 여기고, 어른이 된 후에도 부모의 지원이 지속될 것으로 여겨서 자립이나 성공을 위한 공부를 열심히 할 필요가 없다고 여긴다.

＊ 공부를 해야 하는 이유는 알고 있으나 당장 눈앞의 유혹에 넘어가 공부를 등한시하기 때문이다.

앞에서 거론한 만족 유예 능력이 부족하여 공부를 해야 한다고 생각은 하면서도 눈앞의 유혹인 오락이나 연애, 친구 등에 빠져 공부를 열심히 하지 않는 경우다.

사실 요즘은 주변에 유혹거리가 너무나도 많아 유혹을 물리치기가 여간

쉽지 않다.

나는 이상의 네 가지를 자녀들이 공부를 열심히 하지 않는 주된 이유로 들었는데, 이 중에서도 자신이 좋아하고, 하고 싶은 미래의 꿈이 있느냐 없느냐의 차이가 열심히 공부하는 것에 가장 큰 영향을 끼친다. 그리고 그다음이 미래의 큰 성과를 위해서 현재의 시련과 유혹을 이겨 내고 공부를 열심히 할 수 있게 만들어 주는 만족 유예 능력이다.

앞에서 거론한 『마시멜로 이야기』는 내 삶의 방향을 재정립하는 계기를 만들어 주기도 했지만, 동시에 내가 내 자녀를 올바른 방향으로 교육하고 있다는 확신을 가져다주기도 했었다.

이 책의 저자는 본인이 직접 참가했던 '만족 유예 실험'을 근거로 하여 더 큰 만족과 보상을 위해 눈앞에 있는 당장의 욕구를 참고 미룰 줄 아는 의지가 바로 성공을 견인하는 강력한 지표가 된다고 했다. 또 무언가를 이루겠다는 꿈, 즉 목표가 중요하다고 했다.

꿈이 생기면 이루고자 하는 열정이 생기고, 열정이 있으면 실천이 뒤따른다고도 했다. 실천이 뒤따른다는 의미는 사회에 진출하기 위한 준비, 즉 공부를 스스로 열심히 하게 된다는 의미이다.

자, 그럼 이제부터는 열심히 공부하게 만드는 원동력이 되는 가장 중요한 꿈, 즉 목표를 어떻게 갖도록 만들지 고민해야 하는데 여기에서의 꿈, 즉 목표는 바로 자녀가 성인이 되었을 때 본인이 가장 즐겁게 할 수 있고 행복하게 살 수 있는 것을 말한다. 즉, 일과 직업이다.

따라서 우리는 자녀가 열심히 공부하게 하려면 먼저 그들이 즐겁고 행복하게 살 수 있는 일과 직업을 선택할 수 있도록 도와주어야 한다.

* 자녀가 초등학교 저학년일 때 위인들의 전기를 읽도록 하여 다양한 삶에 대한 정보를 얻게 만든다.
* 하고 싶은 직업, 닮고 싶은 사람을 생각하게 한다.
* 하고 싶은 직업을 갖기 위한 준비 사항, 즉 어느 정도의 자격이나 노력이 수반되어야 하는지 생각하게 하고 알려 준다.
* 초등학교 4~5학년이 되면 최종적으로 본인이 할 수 있다고 여기는 직업과 목표를 정하게 한다.

이때 너무 쉽고 편한 무의미한 직업보다는 인생의 의미와 보람을 얻을 수 있는 직업을 택하게 하라.

가끔 부모 자신의 허영심으로 자녀의 미래 직업을 강요하는 경우가 있는데, 부모 자신의 허영심보다는 자녀의 미래와 행복을 우선시하여 선택하게 하라.

* 정한 직업과 목표를 성취하는 데 필요한 준비, 자격을 구체적으로 조사하고 학창 시절에 해야 할 계획을 세우게 한다.

공부는 정한 직업과 목표를 이룰 수 있을 정도만 하면 된다.

* 부모로서 자녀가 성공할 때까지 해 줄 수 있는 지원의 정도와 자립 기한 한계를 명확하게 제시한다.
* 자녀들의 꿈과 목표는 커 가면서 계속 변한다. 자녀와의 지속적인 대화로 꿈의 변화를 확인하고 조언해 준다.

이상이 자녀의 직업 선택을 돕는 방법인데, 이 과정에서 유의할 점 세 가지가 있다.

첫 번째, 자녀에게 직업을 선택하게 할 때 예체능 분야에서는 선택을 신중하게 유도해라.

왜냐하면 예체능 분야는 성공 확률이 몇십만분의 일, 몇백만분의 일로 낮고 이에 따라 경쟁 또한 극심하기 때문이다. 부모 눈에는 자녀가 잘하는 것처럼 보여도 그 잘하는 수준은 반 내 혹은 학교 내에서 잘하는 정도의 수준이다. 다시 말해서 몇십 명 혹은 몇백 명 중에서 잘하는 정도의 수준이 대부분이다. 또한 이 분야는 유전적인 타고난 소질의 영향이 절대적으로 크기 때문에 노력으로 극복하는 데는 한계가 있다는 점을 인정해야만 한다.

그러니 정말로 특출한 경우가 아니라면 이런 예체능은 취미로 하도록 유도하는 것이 좋다.

일례로 몇 년 전(2019년 10월) EBS 「다큐 시선」이라는 프로에서 '그 많던 야구 선수는 다 어디로 갔을까?'라는 제목의 방송이 방영되었다.

이 방송에 의하면 야구 선수 대부분이 초등학교 3학년인 10살 때부터 야구를 시작하고, 중·고등학교 시기에는 전혀 학교 수업을 받지 않고 야구만 한다고 한다.

그러나 이 중에서 정작 야구 선수의 꿈인 프로 야구 선수로 선발되는 인원은 3~4% 정도밖에 되지 않으며, 프로 야구 선수가 되지 못한 많은 선수의 평균 은퇴 연령은 23.8세라고 한다. 그리고 은퇴한 선수들의 은퇴 이후의 직업을 조사했을 때 스포츠 관련 종사자는 23% 정도밖에 되지 않고, 직업이 없는 사람이 36%나 되었다고 한다.

현실이 이러하니 예체능 직업을 선택할 때는 정말로 신중해야 한다.

두 번째, 자녀가 하고 싶은 꿈이나 직업을 이야기했을 때 충분히 잘 들어주고 잘못 생각했을 때는 강압적으로 바꾸려 하지 말고, 합리적으로 설득하여 목표를 수정할 수 있도록 도와줘야 한다.

일반적으로 아이들이 잘못 생각했을 때 부모들은 답답한 마음에 자초지종을 들어 보지도 않고 윽박지르는 경우가 많다. 이런 때일수록 이성과 지혜를 가지고 차분히 합리적으로 설득하여 목표를 수정할 수 있도록 만들어야 한다.

내 작은어머니와 초등학교 3학년이었던 사촌 동생의 이야기를 해 보겠다.

1983년 무렵 내가 작은어머니 집을 방문했을 때, 막 학교를 다녀온 초등학교 3학년 사촌 동생이 집에 들어오자마자 책가방을 현관 마루에 던지며 말했다.

"엄마!"

"왜?"

"나 커서 청소부 할래!"

작은어머니는 순간적으로 안색이 변하시면서 한참을 멍하니 아무 말도 못 하시다가 말씀하셨다.

"근데 왜 뜬금없이 갑자기 청소부를 한다고 그러니?"

"응, 우리 선생님이 청소부는 사회에서 꼭 필요한 사람이고 남에게 봉사하는 좋은 직업이라 그러셨어. 그래서 나 커서 청소부 할 거야!"

"그래?"

작은어머니는 더 말이 없으셨다.

그날 오후 내가 보기에 작은어머니는 집 안을 청소하시고, 만두를 빚으

시고 또 저녁에는 그렇게 좋아하시는 주말 연속극을 보시면서도 집중을 못 하시는 것 같았다. 연속극이 끝나고 9시 뉴스가 시작되자, 작은어머니는 사촌 동생을 불러 앉혔다.

"커서 청소부가 되고 싶다고?"

"응"

"네 말대로 청소부가 좋은 일이긴 한데 얼마나 힘든 일인지 아니?

"아니 몰라. 근데 힘들어도 할 거야!"

"그럼 이렇게 하자! 네가 커서 청소부가 된 다음에 힘들다고 후회하면 안 되니 지금 미리 조금 실습을 해 보는 게 어떻겠니?"

"무슨 실습인데?"

"응, 너희가 따뜻하게 잘 수 있도록 엄마가 매일 연탄을 갈아 주고 있어. 그리고 매일 새벽 4시에 청소부 아저씨가 리어카를 끌고 와서 연탄재와 쓰레기를 수거해 가져가신단다. 그러니 매일 새벽 4시에 엄마가 너를 깨워 주기는 할 테니, 청소부 아저씨가 종을 치면서 오면 네가 집에 있는 연탄재와 쓰레기를 수레에 버려 주렴! 할 수 있겠니?"

"응, 할게!"

"그럼 내일 새벽부터다?"

"알았어, 엄마!"

그 일이 있고 나서 한 달 후쯤 다시 작은어머니 집에 방문했더니 작은어머니께서 그 어느 때보다도 웃는 얼굴로 반갑게 나를 맞아 주셨다.

"영석아, 영석아!"

"왜요?"

"저 녀석 청소부 포기했다. 2주 만에 손들었어!"

나는 지금도 작은어머니를 지혜로운 최상의 어머니상으로 생각하고 있다.

세 번째, 자녀들의 적성에 대한 파악을 다양한 방법으로, 교차적으로 해서 직업 선택에 참고하도록 하라.

자녀들에게 직업을 선택하게 할 때 일반적으로는 자녀의 직업에 대한 선호도와 함께 적성을 고려하여 선택하게 한다. 그러나 나는 직업에 대한 선호도와 적성을 고려하는 것 이외에 명리학의 사주에 나오는 직업을 참고할 필요가 있다고 생각한다. 이 점은 독자들의 가치관에 따라 민감하게 받아들여질 수 있고, 더 나아가서는 혹독하게 비판을 받을 수도 있는 사안이지만 판단은 독자들에게 맡기고 내 딸의 사례를 말해 보겠다.

나는 딸의 장래 직업을 피디에서 의사로 바꾸는 과정에 아내의 설득이 개입되어 있다는 것을 최근에 알게 되었다.

얼마 전에 내과 전공의가 되어 대학 병원에서 근무 중인 딸이 웃으면서 "엄마의 '의사가 피디보다 훨씬 낫다.'라는 감언이설에 속아서 시집도 못 간 노처녀로 고생만 한다."라고 진담 반 농담 반으로 투덜대는 걸 들었다. 그렇지만 나는 딸이 힘들어하면서도 즐거운 마음으로 기꺼이 그 어려운 과정을 극복해 내고 친절한 의사상까지 받는 걸 보면서 '피디보다도 의사가 적성에 맞는가 보다.' 하는 생각을 한다.

그리고 내가 생각하기에도 이제는 피디보다는 의사가 낫다(왜냐면 PD라는 직업의 성공 확률이 야구 선수처럼 낮은 것을 간과했었다).

딸이 꿈을 피디에서 의사로 바꿀 때 내가 적극적으로 반대했던 이유는 수학을 비롯한 이과 과목 때문에 의대 진학이 어려울 것으로 예상했기 때문이다. 그 점 말고는 딸은 나를 닮아 손재주가 좋고 담력도 있어서 반대할 특별한 이유가 없었다.

그럼 아내는 왜 딸에게 의사라는 직업을 추천하고 설득했을까?

여기에는 명리학인 사주가 크게 작용을 했다.

아내는 아버지의 친구분께서 명리학에 밝아 광주에서 철학관을 운영하고 계셨기 때문에 사주나 관상에 거부감이 없었다.

그래서 아내가 딸의 사주를 봤는데 딸의 장래 직업이 의사이며 신랑도 의사일 것이라는 말을 듣고 딸이 의사가 되도록 설득했던 것이다.

많은 사람이 명리학인 사주나 관상을 하찮은 미신 정도로 치부하지만, 우리 부부는 이것을 오랜 경험의 축적을 데이터화한 일종의 통계학이라고 생각하고 있다. 특히 장인의 친구분에게 받은 우리 가족의 사주 풀이를 보면, 내 직장과 재산 변동 예측, 아내가 40대 후반에 직업을 갖게 되는 것, 딸이 의사가 되고 아들이 공무원이 되는 것, 이 모든 것이 현실화가 되었다.

사주와 관련된 또 한 가지 사례를 들어 보겠다.

공부를 지독히도 못해서 초등학교 때 학교 성적이 꼴찌를 다투었던 내 손위 동서의 아들이 공고를 다니고 있을 적에 장모님이 이 녀석의 사주를 보고 오셨다. 그리고 장모님이 받아 오신 사주 풀이에 의하면 이놈이 꼭 공무원이 된다는 것이다. 공부라면 꼴찌를 다투는 애인데 공부를 꽤 한다는 사람도 어렵다는 공무원이라니 그 자리에 있던 그 누구도 그 말을 믿지 않았다. 특히 내 아내는 그놈이 공무원이 되면 내 손에 장을 지지겠다고 했다. 그런데 신기하게도 공고를 졸업한 후 뛰어난 손재주 덕에 잡일을 하는 기술직 임시직으로 지방 군청에 들어가더니, 법 제도의 변경과 임시직의 정규직화 정책에 힘입어서 십여 년 만에 정규직 공무원이 되었다.

위의 사례들처럼 나는 내 인생의 경험을 통하여 사주의 확률적 정확성을 어느 정도 신뢰하고 있다. 그래서 나는 자녀들의 진로를 결정할 때 본인의 희망과 학교의 적성 검사 등이 결정의 주요 요소가 되어야 하겠지만, 사주에서 나타난 미래의 직업을 참고해서 결정할 가치는 충분히 있다고 생각한다.

여기까지가 부모가 어린 자녀에게 미래의 꿈, 즉 가장 크고 맛있는 마시멜로를 찾아 주는 방법이었다면, 이와 반대로 부모로서 절대 하지 말아야 할 것들도 있다.

첫 번째는 내가 못다 이룬 것을 자녀를 통해 이루려는 보상 심리를 가지는 것이고,

두 번째는 부모 본인들이 하고 싶고 원하는 것을 자녀에게 강요하는 것이고,

세 번째는 앞에서 강조했지만 백 번을 강조해도 넘치지 않는 과잉보호이다.

부모의 과잉보호라는 새장 안에 안주한 자녀들은 드넓은 세상으로 날아갈 꿈조차 꾸지 않고 새장 안에만 머무르려 한다.

일반적으로 부모의 나이가 60살이 넘어 내 나이쯤 되면 보통의 자녀는 대부분 이삼십 대에 이르게 되는데, 이 시기에 이른 자녀들이 자기 부모를 진심으로 존경하는 경우는 매우 드물다. 그런데도 우리 부부는 삼십 대인 두 자녀로부터 인정과 존경을 받고 있는데, 이 점이 우리 부부에게는 크나큰 영광이자 자부심이다.

자녀들에게 존경의 이유를 물어보면 첫 번째 이유로 미래 직업을 부모의 뜻대로 강요하지 않고 진정으로 자식을 위하여 본인이 선택하게 해 준 것이라고 한다. 그리고 두 번째는 자기들이 실패하고 또 실패했음에도 불구하고 신뢰하고 격려하면서 희생과 인내의 정신으로 성공할 때까지 기다려 준 것이라고 한다.

그러니 이번 제11원칙을 마치며 다시 한번 강조하면서 부탁을 드린다.

당신의 자녀들이 학창 시절에는 열심히 공부하고, 어른이 되어서는 행복하고 성공한 인생을 살기를 바란다면 어린 시절에 열심히 공부할 수 있게 만드는 원동력인 미래의 꿈을 바로 세우고, 그 꿈을 이루어 나갈 수 있도록 도와주어라.

그 후에는 자녀들을 믿고 성공을 이룰 때까지 지켜봐 주어라.

좋은 친구를 가까이하게 하고, 나쁜 친구를 멀리하게 하라

좋은 친구는 사귀기는 어려우나 얻는 이익은 많다. 반면에 나쁜 친구는 사귀기는 쉬우나 한번 사귀면 빠져나오기 힘든 악의 수렁과도 같다. 그러니 자녀의 친구들을 유심히 관찰하여 자신보다 나은 좋은 친구들을 사귀고 나쁜 친구와는 절대 어울리지 않도록 유도하여라.

인생을 살아가면서 자의적으로 선택할 수 없는 부모님을 빼놓고는 어려서는 친구, 성인이 되어서는 배우자가 자기 삶에 가장 큰 영향을 미친다. 어떻게 보면 이 두 가지 인간관계가 인생의 성공이나 행복을 크게 좌우할 수 있는 가장 큰 변수일 수 있다. 이 두 가지 중에서 배우자를 선택하는 결혼은 어느 정도 판단력이 갖추어진 성인이 된 이후의 일이기 때문에 선택에 실수할 확률이 낮지만, 친구는 대부분 판단력이나 가치관이 미숙한 아동기나 청소년기인 학창 시절에 사귀기 때문에 실패할 확률이 더 높다.

또 자녀의 성장 과정인 아동기나 청소년기에는 분별력이나 판단 능력 그리고 자신을 컨트롤할 수 있는 능력이 부족하기 때문에 어울리는 또래 친구들로부터 크게 영향을 받을 수밖에 없다. 그래서 한번 나쁜 친구들과 어울리게 되면 자신도 모르게 점점 나쁜 길로 빠져들게 되어 결국은 불량 청소년이나 비행 청소년이 되기가 쉽다. 설사 운이 좋아서 중간에라도 잘못된 길임을 깨달아서 나쁜 친구들과 단절하고 올바른 길로 선회한다고 해도 촌각이 아까운 시절의 시간 낭비는 어쩔 수 없는 일이다. 그리고 한번 불량한 친구들과 어울리게 되면 생각처럼 빠져나오기가 쉽지 않다.

반면에 좋은 또래 친구를 사귀게 되면 자연스럽게 친구의 좋은 점을 본받고 따라 하기 때문에 자녀들이 가능하면 자신보다 나은 좋은 친구를 사귀도록 유도해야 한다. 그런데 부모들이야 자녀들이 자기보다 나은 친구를 사귀면 너무 좋겠지만, 대부분의 우리 자녀는 비교당하고 상처받는 것이 싫어서 자기도 모르게 가능하면 자기와 비슷하거나 자기보다 못한 아이들과 사귀려고 하는 경향이 있다. 이와 같은 아이들의 유유상종은 지극히 자연스러운 보편적인 현상이다. 그리고 아이들은 도덕관념이나 가치관이 미숙하기 때문에 불량한 친구들과 어울릴 경우에 옳지 못한 행동이나 제안을 쉽게 뿌리치지 못한다. 이러한 이유로 부모들은 자녀들의 가치관과 판단 능력이 성숙하기 전까지는 자녀들과 함께 좋고 나쁜 친구의 기준과 사귀는 기준을 서로 이야기하고 공유함으로써, 나쁜 친구를 멀리하고 자신보다 나은 친구들을 가까이하도록 유도해야 한다. 또 한편으로는 자녀가 어울리는 친구들을 면밀히 살펴서 불량 친구일 경우에는 부모가 나서서라도 단호하게 차단하게 해야 한다.

자, 그러면 이제부터는 어떤 친구가 좋은 친구고 어떤 친구가 나쁜 친구인지 그리고 구체적으로 어떤 친구들을 사귀어야 하는지 알아보도록 하자.

중국 사마천(BC 145?~BC 86?)이 쓴 『사기』의 「계명우기」에는 친구를 다음의 네 종류로 분류하고 있다.

* **외우(畏友): 서로 잘못을 바로잡아 주고 큰 의리를 위해 함께 노력하는 친구로 친구 사이지만 서로를 아끼고 존중하며 존경하여 서로 조심하는 친구를 일컫는다.**

* 밀우(密友): 속내를 털어놓아도 비밀을 지켜 줄 수 있는 친구로 힘들 때 서로 돕고 늘 함께할 수 있는 친구를 말한다.
* 일우(昵友): 절구와 절굿공이와 같이 단순히 친밀한 관계의 친구를 말한다.
* 적우(賊友): 자신의 이익만 추구하며 걱정거리가 있으면 서로 미루고, 나쁜 일에는 책임을 전가하는 기회주의적인 친구로 상대를 무시하거나 존재를 인정하지 않는 친구를 말한다.

또 인터넷에서는 부처님께서 말씀하셨다고는 하나 출처가 불분명한 친구 네 종류가 있다.

* 화우(花友): 꽃이 피어서 예쁠 때만 찾는 친구
* 칭우(秤友): 마치 저울과 같은 친구로 이익을 따져서 이익이 큰 쪽으로만 움직이는 친구
* 산우(山友): 산처럼 늘 그 자리에서 한결같이 반겨 주는 친구
* 지우(地友): 어머니의 품과 같은 대지처럼 한결같은 마음으로 내어주고 지지해 주는 친구

즉, 사마천의 적우나 부처님의 화우, 칭우는 나쁜 친구이고 사마천의 외우와 밀우 그리고 부처님이 말씀하셨다는 산우나 지우는 좋은 친구이다. 그러나 사람이 인생을 살다 보면 일우나 적우 또는 화우나 칭우같이 별 볼일 없거나 나쁜 친구들은 만나기 쉬워도 외우, 밀우, 산우, 지우 같은 진정한 친구를 만나기는 어렵다. 따라서 이러한 좋은 친구들이 곁에 있다는 것은 더없이 바람직하고 행복한 일일 것이다. 또 한 걸음 더 나아가 만약에 친구들이 나 자신을 외우, 밀우, 산우, 지우 같은 친구로 여기고 있다면 나

는 가치 있는 삶을 살았다는 것이 증명되는 셈이니 이보다 더 복된 일이 어디 있겠는가?

그러나 이러한 친구의 기준은 어디까지나 성인의 눈높이로 바라본 것이어서 성장 과정에서는 이러한 기준으로는 좋고 나쁜 친구를 가려내기가 어렵다. 그래서 아동기와 청소년기에는 이것과는 다른 방법으로 쉽게 친구를 구별하고 가려서 사귀는 지혜가 필요하다. 나는 내 아동기와 학창 시절로 되돌아가 친구들을 살펴서 내 나름대로 친구들의 유형을 우등생형, 착실파형, 무기력형, 불량파형, 우등 불량 혼합형의 다섯 가지 유형으로 나누어 보았는데, 그 분류의 기준은 다음과 같다.

* 우등생형: 목표와 주관이 뚜렷하여 공부를 열심히 하고 학업 성적도 늘 상위권인 유형
* 착실파형: 학교생활에 성실히 임하고 착하기는 하나 미래에 대한 뚜렷한 목표가 없어 학교 공부를 열심히 하지 않는 유형(수적으로 가장 많으며 중간 그룹 형성)
* 무기력형: 마지못해 학교생활을 하며 미래에 대한 희망도 없고 노력도 하지 않아 성적도 하위권을 형성하는 유형
* 불량파형: 요즘 말하는 일진으로 공부보다는 세력 우위 다툼과 이성에 관심을 두고 불량한 패거리를 형성하여 착실파형이나 무기력형을 괴롭히는 유형
* 우등 불량 혼합형: 공부도 상위권에 속하면서 일정 부분 불량 학생들과도 어울리는 유형

자, 과연 위에 열거한 다섯 가지 유형의 친구 중에서 어떤 유형의 친구들

을 사귀어야 할까? 어떤 사람들은 친구는 좋은 친구, 나쁜 친구 가릴 것 없이 골고루 사귀어야 한다고 하고, 어떤 사람들은 같은 부류의 친구들이 좋다고 하고, 또 다른 사람들은 자기보다 나은 우등생형 친구만을 사귀기를 고집한다. 만약 내게 물어본다면, 나는 차별과 편견으로 비칠지 모르겠지만 단도직입적으로 나보다 나은 우등생형이나 착실파형은 가까이하여 적극적으로 사귀는 반면에, 무기력형은 될 수 있으면 멀리하고, 불량파형은 절대 피하라고 대답하겠다. 왜 내가 비난을 감수하면서까지 이렇게 강조하는지 불량파형의 친구를 사귄 폐해의 사례를 말해 보겠다.

내가 아는 고향의 한 형은 시골에서 초등학교에 다닐 때 수재라는 소리를 듣고 자랐다. 성적도 항상 반에서 일 등을 놓치지 않았고 대부분의 학년에서 반장을 했었다. 거기다 성격도 활달하고 예의도 발라서 동네 어른들에게 공손하게 대했기 때문에 어른들의 칭찬도 자자했고 큰 인물이 될 것이라는 말도 들었다. 그래서 그 형의 부모는 큰 기대를 품고 중학교부터는 그 형을 광주로 보내고, 자취방 하나도 얻어 주기 힘든 빠듯한 살림이었지만 하숙을 시켰다. 그러나 광주로 나온 그 형은 부모의 기대를 저버리고, 부모의 눈길과 통제에서 벗어나 고삐 풀린 망아지처럼 못된 길로 빠지기 시작했다. 그렇게 잘못되게 된 그 첫 번째 계기가 바로 불량파형의 친구들을 사귄 것이다.

불량 학생들과 친구가 되자, 그 누구도 간섭하지 않는 형의 하숙방은 친구들의 아지트가 되었고, 부모가 어렵게 마련한 형의 하숙비와 납부금은 빈번하게 그 친구들의 방탕하고 문란한 생활을 위한 뒷돈으로 허비되기 일쑤였다.

한번 불량 학생들과 친구가 되어 어울리자 그 형은 중학교 1학년 때부터 성적이 떨어지기 시작하여 2학년 때부터는 공부와는 영영 멀어졌고, 결국은 비행 청소년의 길을 걷게 되었다. 그리고 그러한 선택은 나중에 어른이 된 후의 불행한 삶으로 이어졌다.

이 형의 성장 과정을 지켜봐 온 나로서는 가장 안타까운 게 한 가지 있다. 그것은 형이 중학교 1학년 때 불량 친구들을 막 사귀기 시작했을 무렵부터 그 친구들을 시골집에 자주 데려왔는데, 그때 그 형의 부모가 친구들의 면면을 살펴보고 불량 친구들을 가려서 적극적으로 차단해 주지 않고, 내버려 두고 방치했다는 점이다. 그 당시에 내가 보기에도 형들의 복장이나 행동에서 불량한 끼가 철철 넘쳐 보였기 때문에 부모님도 그 친구들이 불량 학생이라는 것 정도는 충분히 아셨을 것이다. 부모님은 알면서도 아들의 친구들을 차마 내치지 못하셨는지, 아니면 여러 부류의 친구를 골고루 사귀어 봐야 한다고 스스로 위안 삼으셨는지는 잘 모르겠다. 가정이지만 그때 그 형의 부모님이 초기에 납득할 만한 이유와 근거로 불량 친구들을 차단하여 사귀지 못하게 하고, 형이 이를 받아들였다면 결과는 180도 달라졌을 것이다.

이 형의 부모와는 달리 세계적으로 유명한 자녀 교육법을 쓴 프랑스의 칼 비테는 자기 아들이 불량 친구들과 어울리는 것을 철저하게 막았으며, 책을 통하여 그 중요성을 강조하였다. 그러므로 자녀들의 성장 과정에서 자녀들이 사귀는 친구들을 유심히 살펴서 불량 친구다 싶으면, 자녀들과 허심탄회하게 대화해서 설득한 후에 가차 없이 차단해야 한다는 것은 아무리 강조해도 지나치지 않다.

두 번째로는 나보다 나은 친구들을 사귀지 않은 예를 들어 보겠다.
나는 광주에 있는 한 중학교와 고등학교를 졸업했다.

광주에서는 처음으로 시험제가 아닌 추첨제로 중학교에 들어갔고 공교롭게도 고등학교도 똑같은 추첨제로 같은 법인의 고등학교에 배정받았었다. 이 학교는 내가 자의적으로 선택한 학교도 아니고, 비인간적인 우열반 제도를 운영했으며, 종교에 대한 잘못된 선입관을 심어 준 미션 스쿨이었기 때문에 나는 솔직히 말해서 모교에 대한 애정이 별로 없다. 그래서 아내가 내 고등학교 친구들의 면면을 보고는 진담 반, 농담 반으로 나를 삼류 학교 출신이라고 놀리곤 하지만 나는 별로 개의치 않는다. 내 아내가 나를 이렇게 놀리는 주된 이유는 시험제 때의 광주 제일 고등학교와 광주 고등학교 출신인 형부들의 친구는 내로라하며 잘나가는 친구가 셀 수도 없이 많은 데 반해, 내가 가까이하는 고등학교 동창 중에는 소위 잘나가는 정계나 학계, 경제계에 내놓을 만한 인물이나 혹은 검사, 판사, 의사 한 명이 없기 때문이다.

　그럼 내 모교 출신 중에는 성공해서 잘나가는 친구들이 없는가? 왜 성공해서 잘나가는 친구들이 없겠는가? 물론 시험제 때의 제일 고등학교나 광주 고등학교 출신처럼 많은 수는 아니지만, 그래도 내 동창 전체를 놓고 보면 동창 중에도 내로라하는 친구가 많이 있다. 다만 나와 가까운 친구들이 없을 뿐이다. 왜 그런지 이제 그 이유를 설명해 보겠다. 고등학교 시절 내 성적은 중상위권으로 우수반과 열등반을 오가는 착실파형의 학생으로 학교 공부는 등한시하였다. 그러는 중에도 인문학에 관한 책은 많이 읽어서 국어, 세계사, 사회 등의 과목은 항상 최상위 등급이었으나 영어, 수학 성적은 형편없었는데 그중 수학 성적은 특히 형편없었다.

　그리고 친구 관계는 우열반을 오가면서 불량한 친구들만 빼고는 다양한 친구를 가리지 않고 사귀겠다는 소신이 있었다. 그러나 이 소신은 대외적으로 표방만 그렇게 했을 뿐 실제로는 우등생형 친구들과는 친하게 지내지 않았다. 우등생 친구들과 친하게 지내지 않은 이유를 굳이 변명하자면, 같은 반이어도 조회만 같이 하고 수업은 우수반과 열등반으로 나누어 받는 수업 정책 때문이었다. 나는 이 두 반을 왔다 갔다 했으니, 그야말로 박쥐처럼 어정쩡한 처지가 아닐 수 없었다. 그러나 이보다 더 근본적인 이유는 내 자존심과 성격 때문이었다. 초등학교 때는 성적이 최상위를 유지했고 중학교에서도 상위권을 유지했었기에 고등학교에 와서 우등생 친구들과 같이 있으면, 나도 예전에는 저 친구들 못지않았는데 지금은 저 친구들보다 못하다는 자괴감과 열등감이 들었기 때문이다. 그리고 또 한 가지 부가적인 이유는 내가 성격이 부드럽고 원만하여 못나고 소외된 친구들에게도 잘 대해 줬기 때문에, 나보다는 그 친구들이 나를 더 좋아하여 친한 관계가 되는 경우가 많았고 이 관계가 성인이 되어서까지 이어졌기 때문이다. 그래서인지 지금도 유독 내 주변에는 소위 잘나가는 친구는 거의 없고 평범한 소시민적인 친구가 많은 편이다. 육십이 훌쩍 넘어 버린 지금에 이르러 나는 이러한 내 친구 관계에 큰 불만은 없지만, 그래도 가끔은 '우등생형 친구들과도 가까이했으면 좋았을걸.' 하는 아쉬움이 들 때가 있다. 왜냐하면 우등생형 친구 중에서도 내가 좀 더 학업에 매진할 수 있도록 동기를 부여해 주는 친구나 미래의 목표와 꿈을 공유하고 내가 올바른 방향으로 갈 수 있도록 이끌어 주는 길잡이 역할을 해 줄 수 있는 친구를 만날 수도 있었기 때문이다. 돌이켜 보면 그때 당시에 '왜 저 친구는 학교 공부는 안 하고 소설이나 인문학 책만 끼고 살까?'라는 안타까운 시선으로 나를 쳐다보는 우등생 친구가 있었다. 만약에 내가 열등감과 과도한 자존심을 버리고 그런 친구들과 가까이 지냈더라면, 지금의 나와는 다른 좀 더 나은 삶을 살고 또 다른 내가 되어 있을 것이다.

반면에 나오는 정반대의 사례도 있다.

내 중학교 친구 중에 민욱(가명)이라는 친구와 갑욱(가명)이라는 친구가 있다. 민욱이라는 친구는 담양에서 잘사는 집의 외아들로 초등학교 선생님으로 갓 부임한 예쁜 누나와 손주 뒷바라지를 해 주기 위해 오신 할머니와 함께 생활하면서 학교에 다녔다.

이 친구는 공부를 잘해서 1학년 때부터 항상 전교 5등 안에 들었다. 당시에 나는 마음속에 이 친구와의 경쟁의식이 있어서 공부를 열심히 하는 편이었다. 그런데 이 친구를 옆에서 보면 쉬는 시간이나 점심시간을 비롯하여 시간이 날 때마다 놀 것 다 놀고 쉴 것 다 쉬면서 쉬엄쉬엄 공부를 하는 것 같았다. 그런데 이상하게 시험만 보면 항상 그 친구가 나보다 앞서 있어서 나를 화나고 우울하게 만들었고, 나는 막연하게 그 친구가 나보다 훨씬 더 머리가 좋겠거니 하고 생각했었다.

반면에 갑욱이라는 친구는 함평 중농의 아들로 방직 공장에 다니는 누나와 함께 자취를 하면서 학교에 다녔는데, 착하고 순한 성격에 공부를 열심히 하기는 하는데 시험만 보면 성적이 하위권을 맴돌았다.

중학교 1학년 때 나는 이 두 명과 가장 친하게 지냈다. 친하기는 했지만 경쟁의식이 있어서인지 나는 공부에 대해서는 민욱이라는 친구에게 잘 물어보지를 않았다. 반면에 갑욱이라는 친구는 민욱이에게 귀찮은 정도로 많은 것을 물었고, 그때마다 민욱이라는 친구는 공부에 관한 것뿐만 아니라 잡다한 것까지 짜증 한 번 내지 않고 가르쳐 주었다.

2학년부터 내가 따로 반이 갈리는 바람에 나는 두 친구와 약간 멀어졌지만, 두 친구는 3학년 때까지 쭉 같은 반에 친구 사이를 유지했다. 그리고 갑욱이라는 친구는 민욱이라는 친구를 스승 아닌 스승으로 여기고 따른 덕분에 졸업 직전에는 성적이 중위권까지는 올라왔다. 이후 고등학교에 진학한 후 서로의 사이가 멀어지고 소식이 뜸해져 민욱이라는 친구는 경기도에서 수학 선생을 하고 있다는 말만 들었고, 갑욱이라는 친구는 까맣게 잊고 있었다. 그러다 최근에야 동창 친구를 통하여 이 친구가 꽤 직급이 높은 공무원으로 근무하다가 정년퇴직해서 아주 근사하고 품위 있는 노신사가 되어 있더라는 소식을 전해 들었다.

중학교 때의 그 친구 수준으로 봐서는 정말 믿기지 않을 정도의 대성공인 셈이다.

최근에 나는 책을 사서 읽지는 못하였지만 톰 래스의 『프렌드십』이라는 책에 열거된 8가지 친구의 유형 중에 동기부여형 친구와 각성제형 친구 그리고 길잡이형 친구의 유형이 있다는 것을 알았다.

첫 번째, 동기부여형 친구는 당신의 장점을 찾아내 그 장점을 생산적으로 이용할 수 있도록 도와주고, 당신이 목표를 달성할 수 있도록 기꺼이 돕는 친구를 말하며

두 번째, 각성제형 친구는 당신의 시야를 넓혀 주어 새로운 아이디어나 기회, 문화 그리고 사람들을 포용하게 독려하는 친구를 말하며

세 번째, 길잡이형 친구는 조언을 해 주고 당신을 올바른 방향으로 이끌어 주는 친구로 목표와 꿈을 공유하기에 이상적인 친구를 말한다.

이 세 가지 유형을 볼 때, 나는 갑욱이라는 친구가 운이 좋게도 동기부여형, 각성제형, 길잡이형 친구의 유형이라 할 수 있는 민욱이라는 친구를 만나고 가까이했기에 결코 좋지 않은 머리로도 성공의 길을 걸을 수 있었을 것이라고 확신한다.

이와 반면에 나는 같은 친구로부터 똑같이 긍정적인 도움과 조언을 얻을 기회가 있었음에도, 속 좁은 경쟁의식으로 인하여 그 좋은 기회를 걷어차 버렸었다. 그리고 또 나중에 안 사실은 민욱이라는 친구는 쉬는 시간이나

점심시간에는 푹 쉬고 놀아서 다른 사람 눈에는 많이 노는 것으로만 비쳤지만, 사실은 수업 시간에는 집중해서 듣고, 또 집에 가서는 그 누구보다도 밤늦게까지 열심히 공부했다는 것이었다.

이상으로 나의 경우를 포함하여 3개의 사례를 들었는데, 이들을 반면교사로 삼아 우리의 자녀들이 친구를 사귀는 기본적인 기준과 부모들이 유의해야 할 사항들을 정리해 보도록 하자.

자녀들에게 친구를 사귀게 하는 기준 3가지

* 불량파형 친구는 절대 어울리지 않게 하자.
* 무기력형 친구는 가능한 한 멀리하게 하자.
* 가능한 한 나보다 나은 친구를 가까이하게 하자.

부모의 입장에서 유의할 점

* 자녀의 친구들을 자주 초대하도록 하여 사귀는 친구들을 파악한다.
* 3가지 기준으로 친구들을 사귀도록 이해시키고 독려하며, 기준에 맞지 않는 친구는 스스로 정리하게 한다.
* 불량파형 친구들과는 절대 어울리지 못하도록 하고, 불량파형 친구가 있다면 초기에 강력하게 차단해 주어라. 한번 빠지면 헤어 나오기가 어렵다는 것을 명심하라.

앞서 언급한 톰 래스가 구분한 8가지 친구의 유형에는 동기부여형, 각성제형, 길잡이형 외에도 다음과 같은 유형이 더 있다.

* 당신의 가치관이나 성공을 옹호해 주고 자랑스러워하는 옹호형
* 관심사가 비슷한 공유형
* 당신이 어떤 환경에 있든 함께하는 동반자형
* 당신이 원하는 것을 얻도록 해 주는 가교형
* 당신에게 웃음과 활력을 주는 활력소형

이 8가지 유형의 친구는 대체로 우리 자녀들에게 도움이 되는 친구이다. 설명한 내용을 다시 한번 정리하면서 마치도록 하겠다.

자녀들의 성장 과정인 아동기나 청소년기에는 어울리는 친구들로부터 크게 영향을 받는다. 좋은 친구는 자녀가 친구의 좋은 점을 본받고 따라 하기 때문에 자녀에게 좋은 영향을 끼치지만, 나쁜 친구들과 어울리게 되면 나쁜 친구들의 유혹을 뿌리치지 못하고 점점 나쁜 길로 빠져들어 결국은 불량 청소년이 되기가 십상이다. 그런데도 분별력이나 판단력, 자신을 컨트롤할 수 있는 능력이 부족한 어린 나이의 자녀들에게는 이러한 친구들의 유형이 잘 보이지 않고 파악되지 않는다. 그러나 어른의 눈으로 조금만 세심하게 관찰하면 자녀의 친구들이 어떤 유형의 친구인지 금방 알 수가 있다.

그래서 우리 부모들은 평상시에 자녀들의 친구 관계를 유심히 살펴보아서 자녀들이 위에 언급한 도움이 되는 친구들을 사귈 수 있도록 유도해 주고, 불량파형의 나쁜 친구들과는 절대 어울리지 못하도록 해야 한다. 그리고 만약에 불량파형 친구가 있다면 초기에 단호하게 차단해 주어야 한다.

어떤 부모들은 좋은 친구와 나쁜 친구 가릴 것 없이 골고루 사귀어야 한다고 말하는데, 이는 정말로 자녀를 망치는 무책임하고 위험한 생각이다.

한번 나쁜 친구들의 유혹에 넘어가 악의 수렁에 빠지게 되면, 헤어 나오기가 어려워 결국에 가서는 자녀의 인생을 송두리째 망친다는 점을 명심하고 또 명심한 일이다.

관용과 용서의 마음을 가지게 하라

관용과 용서는 숭고한 인간 정신의 미덕으로 수혜자인 타인에게도 도움
이 되지만 베푸는 본인에 더 큰 혜택을 가져다준다는 사실을 명심하여,
우리 자녀들을 관용과 용서의 마음을 지닌 큰 그릇으로 만들어 내자.

우리가 세상을 살아가는 데 있어서 가장 가치 있으면서도 꼭 필요한 미
덕이 무엇일까? 물론 보는 관점과 사람에 따라 정직이라든지 용기라든지
성실이라든지 등등 여러 대답이 나올 수 있겠지만, 나에게 묻는다면 나는
주저하지 않고 관용과 용서의 마음이라고 말하고 싶다. 왜냐하면 관용과
용서의 마음이야말로 인류가 긴 세월 동안 진화를 거듭해 오면서 인간 정
신을 숭고하게 승화시킨 덕목으로, 우리의 삶을 더욱 살 만한 가치가 있는
것으로 만들어 줄 뿐만 아니라 훈훈한 인간적인 휴머니즘을 느낄 수 있게
해 주기 때문이다.

우리는 남에게 관대한 관용을 베풀 줄 알고, 도저히 용서할 수 없을 것
같은 사람을 용서해 주는 이들을 존경하고 우러러보는 경향이 있다.

이는 보편적으로 관용이 타인보다 우위에 있는 사람이 자기보다 못한 사
람에게 베푸는 미덕이기 때문이기도 하지만, 또 한편으로는 관용과 용서가
말하기는 쉬워도 실천하기는 어렵기 때문이다. 그러나 조금만 더 깊게 생
각해 보면, 이 두 미덕이 겉으로 보기에는 수혜자인 타인에게만 도움이 되
는 것처럼 보이지만, 사실은 베푸는 사람에게 더 큰 혜택을 가져다준다는
것을 알 수 있다. 따라서 우리는 자녀의 성장 과정에서 자녀와 주변인들에

게 관용과 용서의 마음으로 대하는 솔선수범을 보임으로써, 우리의 자녀들 또한 관용과 용서의 마음을 지닐 수 있도록 가르쳐 내야 한다.

　관용의 사전적 의미는 '남의 잘못 따위를 너그럽게 받아들이거나 용서함'이라는 뜻이다. 이처럼 좁은 의미로는 사전적 의미로 국한되지만, 광의로는 '자신과 다른 특성을 가진 사람의 인격권과 자유를 인정하는 것'이라는 뜻으로 확대되어 쓰이고 있다.

　이 단어는 원래 '특정 종교의 내용과 형식을 절대시하지 않고 신앙의 자유를 인정하는 것'을 의미하였으나, 후에는 의미가 확대되어 '정치, 종교, 도덕, 학문, 사상, 양심 등의 모든 영역에서 의견이 다를 때, 논쟁은 하되 의견이 다른 타인에게 특정 입장을 강요해서는 안 된다'는 뜻으로 사용되고 있다.

　일반적으로 선입견이란 사람이 어떤 대상을 접했을 때 그릇된 인식과 타당성이 결여된 평가와 판단을 하게 만드는 사전부터 갖고 있던 고정된 평가나 견해를 말하고, 편견은 선입견이 합리화되고 굳어져 어떤 사물이나 현상에 대해 갖는 부적절한 의견이나 편향된 견해를 말한다.

　그런데 이러한 선입견과 편견은 그 근거가 명확하지 않을 뿐만 아니라, 한번 형성되고 나면 그것이 고착화되어서 쉽게 변하지 않고 무비판적이고 감정적인 태도를 수반하는 경우가 많다. 그리고 우리 인간은 정도의 차이는 있지만 누구나 다 위와 같은 선입견이나 편견이 있고, 인지 능력에 한계가 있기 때문에 당연히 오류에 빠질 수 있다. 따라서 우리는 타인의 삶에 대해 어떤 판단을 내릴 때 자신이 틀릴 수도 있다는 점을 인정해야 한다. 그래서 관용은 이와 같이 나 자신이 언제라도 오류를 저지를 수 있음을 인정하는 겸허한 태도를 바탕으로 한다. 이러한 점 때문에 영국의 철학자 존스튜어트 밀(John Stuart Mill, 1806~1873)은 "단 한 사람만을 제외한 모든 인류가 동일한 의견이고, 그 한 사람만이 반대 의견을 갖는다고 해도, 인류에게는 그 한 사람에게 침묵을 강요할 권리가 없다."라고 설파하였다.

이러한 의미를 가지고 있는 관용은 우리가 관용의 마음과 자세를 수용하고 견지하기만 한다면 다음과 같은 실용적인 이득을 가져다준다.

관용의 실용적인 이득

* 폭넓은 사고와 견해를 갖게 된다.
* 모든 사고와 현상을 긍정적인 열린 시선으로 바라보기 때문에 너그러운 마음을 갖게 된다.
* 모든 사람에게 너그럽게 대하기 때문에 본인에 대한 평판이 좋아지게 되고, 따르고 존경하는 사람이 많게 된다.
* 위의 인간관계를 바탕으로 한 자산으로 성공의 기틀을 마련할 수 있거나 성공한다.
* 나 자신이 남에게 관용을 베풀었다거나 너그럽다는 자부심을 가질 수 있다.

나는 이상으로 관용의 의미, 이에 대한 사람들의 견해 그리고 관용의 실용적인 이득에 대해 설명하였는데 이 관용의 사례를 찾아 역사 속으로 한번 들어가 보도록 하자.

우리는 서양의 관점에서 바라본 잘못된 선입견과 편견으로 인히여, 보통 이슬람 하면 현대에 들어와서 못된 테러를 일삼는 이슬람 근본주의를 떠올려서 이슬람 전체를 부정적인 시선으로 바라본다. 하지만 나는 '관용의 정신'이라고 하면 먼저 '이슬람의 관용 정신'을 떠올릴 수밖에 없다. 왜냐하면 이슬람의 역사에서 관용의 극치를 발견할 수 있기 때문이다.

이슬람교의 창시자인 무함마드의 후계자 아부 바르크는 632년에 제1대 칼리프로 등극하자, 시리아 원정을 단행하면서 다음과 같은 전장에서 지켜야 할 규칙을 내렸다.

* 어린이, 노약자, 부녀자를 살상하지 말 것
* 수목을 해하거나 불사르지 말고, 과실을 자르지 말 것
* 소나 낙타 등 짐승을 도살하지 말 것
* 인명과 재산을 보호할 것
* 신앙에 충실할 것

아부 바르크의 뒤를 이은 제2대 칼리프 우마르는 634년에 이슬람군이 예루살렘에 입성했을 때, 기존 주민들의 생명과 재산은 안전하게 보호하고 예배 장소도 빼앗지 않겠다고 선언하고 그대로 시행하여 모든 종교 공동체에 종교의 자유를 보장해 주었다(홍익희의 『세 종교 이야기』 인용).

최근에 우크라이나를 침공한 러시아군에 의해 무고한 민간인, 특히 많은 어린이가 희생당하는 것을 생각하면, 이러한 초기 이슬람의 관용 정신은 그 시대는 물론이고 현대의 시각으로도 절대 뒤떨어지지 않는 인간애를 나타낸다.

또한 이러한 관용의 정신이 있었기에 아야 소피아 성당 같은 기독교의 문화유산이 이슬람이 장악한 지역 내에서 오랜 세월 잘 유지 보전될 수 있었다.

터키의 이스탄불에 있는 아야 소피아 성당(정식 명칭은 하기아 소피아 그랜드 모스크이다)은 로마 제국 시절 동방 정교회 대성당으로 세워져 중간에 로마 가톨릭교회 성당으로 사용된 적이 있긴 하지만, 537년~1453년까지 900년

이 넘는 세월 동안 그리스 정교회 성당으로 사용되었다(중간에 콘스탄티노폴리스가 라틴 제국에 의해 점령된 1204~1261년 사이에는 로마 가톨릭교회 성당으로 사용되었다). 이후 이슬람 국가인 오스만 제국이 콘스탄티노플을 점령한 1453년부터 1931년까지는 이슬람 모스크로 바뀌어 사용되었다(1935년부터는 박물관으로 운영되다가 최근에 다시 모스크로 바뀌었다).

우리는 보통 기독교 성당에서 이슬람 예배당으로 바뀌었다고 하면, 그것도 500년이나 지나왔다고 하면 먼 과거의 기독교 성당 유물은 모두 사라졌을 것으로 추측한다. 그러나 이슬람인들은 우리의 추측과 달리 500년 가까이 이슬람 예배당으로 사용하였으면서도, 타 종교의 건축물과 기타 벽화를 비롯한 위대한 문화유산을 조금도 훼손하지 않고 보존해 왔다. 이것이 바로 이질적인 타 종교를 너그럽게 품어 주는 종교적 관용의 본보기이다.

다음은 십자군 전쟁의 두 영웅인 영국의 사자왕 리처드 1세와 이슬람 제국의 술탄 살라딘의 이야기로 넘어가 보자.

1077년 예루살렘이 이슬람인 셀주크튀르크의 손에 떨어져 가톨릭교도들의 예루살렘 성지 순회가 방해를 받자, 1095년에는 서로마 교황 우르바노 2세 교황의 주도로 성지 탈환이란 명목 아래 예루살렘 원정에 나섰는데, 이것이 십자군 전쟁의 시작이다(이후 십자군 원정은 1096년부터 약 200년에 걸쳐 8차례나 감행되었는데, 의도와는 다르게 1차 원정을 빼고는 본래의 성지 탈환이란 목적을 상실하고 말았다).

아무튼 1099년 3년 만에 예루살렘에 도착한 1차 십자군 원정군은 6주간의 전투에서 이슬람교도와 유대인들을 닥치는 대로 학살하고 약탈하고 파괴하였는데, 이들은 예루살렘을 함락한 후 온 도시를 이 잡듯 뒤져서 유대인과 이슬람교도, 남녀노소를 가리지 않고 색출하여 그날 하루 한 장소에서만 무려 7만 명을 학살하였다.

이후 약 90년 뒤에 이슬람의 술탄 살라딘이 다시 예루살렘을 정복하였다. 술탄 살라딘은 쿠르드족 출신으로 북아프리카, 시리아, 메소포타미아에 이르는 광대한 이슬람 제국인 아이유브 왕조의 창시자로 십자군과의 전쟁을 치렀는데, 3차 십자군 원정 시에는 그 유명한 영국의 사자왕 리처드 1세와도 전쟁을 치렀다. 살라딘은 과거 십자군에 의한 이슬람과 유대인의 대학살을 알고 있었지만 십자군과 달리 보복을 하지 않았다.

그는 예루살렘을 함락하기 전에 예루살렘을 지키고 있던 성주 발리앙에게 "당신들이 모두 항복하고 주민들의 몸값(남자 10베잔트 Bezant, 금화, 여자 5베잔트, 어린이 1베잔트)을 지불한다면 피 흘리는 일도 없고 도시도 지켜질 것이지만, 돈을 지불하지 않은 사람은 모두 노예로 삼겠다."라고 했다.

그 결과 40일 동안 수많은 사람이 돈을 지불하고 성을 빠져나갔지만, 그래도 수천 명이나 되는 사람이 돈을 지불하지 못해 성에 남아 있었다.

이 상황을 지켜보던 살라딘의 동생 알 아딜이 살라딘에게 "이유는 묻지 마시고 저 가난한 자 중에서 천 명만 나에게 노예로 주십시오."라고 하였다.

이 청을 살라딘이 허락하자마자 알 아딜은 노예를 신에게 헌납한다는 명목으로 그들을 모두 석방해 주었다.

이를 본 살라딘은 화를 내기는커녕 크게 감동하여 "나의 형제도 구호금을 내고, 발리앙도 그가 할 일을 했으니 이제 내 차례구나."라고 하고는 돈이 없어 마지막까지 억류되어 있던 극빈층 주민 모두를 석방해 주었다.

참으로 멋지고 아름다운 이야기다.

이와 대조적으로 우리가 원탁의 기사나 로빈 후드 등의 이야기를 통하여 영웅으로 치켜세우는 사자왕 리처드 1세는 어땠을까?

리처드 1세가 3차 십자군 원정 시 이슬람군이 차지하고 있던 아크레를 점령하였을 때, 많은 수의 이슬람 군인과 주민이 포로로 잡혔다. 이에 술탄 살라딘이 포로로 잡혀있는 사람들을 살리고자 리처드 1세에게 포로 협상을 하자는 전갈을 보냈다. 그러나 리처드 1세는 단지 포로 협상으로 시간을 끌기 싫다는 이유를 들어 포로로 잡힌 이슬람 군인 2천7백여 명과 여자 및 어린이 3백여 명을 더한 무려 3천 명이나 되는 인원을 잔혹하게 죽여버렸다.

이 두 역사적 사건을 통해 사자왕 리처드 1세와 술탄 살라딘을 비교해 볼 때 누가 더 영웅이고 누가 더 성군일까?

그리고 관용을 베푸는 쪽과 관용의 은혜를 입은 쪽 중에서 누가 더 감사해하고 사건을 더 오랫동안 기억할까?

십자군과의 전쟁 시에 적군에게까지 불필요한 살상을 삼가고 인간적인 관용을 베푼 술탄 살라딘은 아군인 이슬람권에서도 명성을 떨쳤지만, 오히려 적지인 유럽에서 지혜를 가진 용맹한 성군으로 더 오랫동안 기억되고 추앙받고 회자되는 인물이 되었다.

사족이지만 술탄 살라딘의 사람 됨됨이를 볼 수 있는 또 다른 일화들을 소개하겠다.

자신의 아이가 유괴되어 노예 시장에 팔려 버린 가난하고 불쌍한 한 여인이 살라딘에게 아이를 찾아 줄 것을 간청하자, 살라딘은 그 여인을 가엾게 여겨 자기 개인 돈으로 노예 시장에서 아이를 다시 사서 어머니에게 돌려주었다(당시에는 노예 제도가 불법이 아니었다).

또 살라딘이 죽고 나서 살라딘의 개인 금고를 열었을 때, 금고에 엄청난 금은보화가 있을 것이라는 사람들의 예상과는 달리 금고 안에는 자신의 장례 비용조차 안 되는 작은 재물밖에 없었다고 한다. 왜냐하면 재물을 아무도 모르게 가난한 사람들을 돕는 선행에 써 버렸기 때문이었다.

이제 화제를 바꿔서 용서에 대해 알아보도록 하자. 이 내용은 일본의 여성 정신과 전문의인 가타다 다마미의 『나는 너를 용서할 수 있을까(이어달리기 출판사)』라는 책의 내용을 참고로 하여 인용하거나 가감하여 요약 정리한 것이다.

인생을 살다 보면 의도치 않게 타인이나 어떤 집단 혹은 공권력으로부터 육체적, 정신적, 경제적으로 피해나 상처를 입기도 하고 반대로 남에게 상처를 주기도 한다.

이렇게 상처를 입게 되면 대부분의 피해자는 분노, 비난, 복수, 방치나 방임, 비관과 자기 학대, 용서의 대응 패턴을 보이게 되는데 그 하나하나를 살펴보기로 하자.

＊ 어떤 사람들이 남에게 상처를 주는가?
- 자존감이 부족한 사람들은 성공한 타인과 나를 비교하여 타인의 행복과 성공을 견디지 못하는 질투로 인하여 남에게 상처를 주게 된다.
- 만사에 대한 책임을 무조건 남의 탓으로 돌리는 사람들은 자신의 이상과 현실 사이의 괴리를 인정하고 싶지 않기 때문에, 자신이 선택받거나 인정받지 못하는 상황을 선택받고 인정받은 타인의 탓으로 돌려 비난하고 상처를 주게 된다.
- 열등감에 사로잡힌 사람들에게 있어서 잘나가는 타인은 나를 고통스럽게 하는 적으로 무조건 괴롭히고 상처를 줘야 할 대상이다.

- 공감 능력이 부족하거나 특권 의식에 빠진 사람들은 무례한 언행, 차별, 냉대, 따돌림, 무시 등으로 남에게 상처를 주게 된다.

일반적으로 피해자는 상처를 입게 되면 가장 먼저 분노를 표출하게 되는데, 이 분노에는 몇 가지 특성이 있다.

* 분노의 특성
- 격한 분노는 복수가 복수를 낳듯이 더 큰 분노를 야기하는데, 이러한 분노는 복수를 유일한 목표로 삼기 때문에 자신에게 더 큰 피해가 돌아올 것을 알면서도 이성을 잃고 무작정 덤벼들게 만든다.
- 아무리 시간이 지나도 가시지 않고 끈질기게 마음의 상처를 덧나게 하는 분노의 감정을 '원한(니체는 이를 르상티망이라고 한다)'이라고 하는데, 이것이 마음속에 쌓여 가다 보면 어느 순간 화산처럼 폭발하여 이성을 잃고 만행을 저질러 주위에 큰 재앙과 슬픔을 안겨 주게 된다.
- 외부로 표출하지 못하는 도저히 용서할 수 없는 상대를 향한 억압된 분노는 그 분출의 대상이 자신으로 향해 자신에게 화를 내고 학대를 하기 때문에 결국에 가서는 자신의 심신이 망가지게 된다. 일반적으로 억압된 분노는 다음의 세 가지 형태로 나타난다.

첫 번째 육체적 증상으로 심장병, 당뇨병, 알코올 중독 등의 질병을 일으키고 면역력이 떨어져 정상인보다 조기 사망할 확률이 높아진다.

두 번째 어이없는 실수나 실패 또는 태만으로 상대를 곤란한 상황에 부닥치게 만드는 행동을 '수동적 공격'이라고 하는데 이런 수동적 공격의 행동을 보인다.

세 번째 적절하지 않은 때와 장소, 상황에서 욱하는 형태의 분노를 표출한다.

이렇게 분노의 감정에 휘둘리게 되면 상대방에게 결정권이 넘어가 버리기 때문에 결국에는 자신의 상처만 커지고 깊어지며 자신의 상처와 고통을 즐기는 상대방의 욕구를 채워 주는 꼴이 되고 만다.

분노 이후에 피해자는 비난, 복수심, 방임, 방치, 비관, 자기 학대 등의 생각으로 괴로워하다가 최종적으로는 용서를 할까 말까 하는 용서의 기로에 서게 된다.

용서란 사전적으로는 '지은 죄나 잘못에 대하여 꾸짖거나 벌을 주지 않고 너그럽게 보아주는 것'을 말하는데 좀 더 구체적으로 풀이하면 상처를 준 타인에 대한 용서란 '상처를 준 타인을 이해하고, 복수를 하거나 불이익을 주지 않겠다는 마음으로 그 타인이 지은 죄나 잘못에 대하여 꾸짖거나 벌을 주지 않고 너그럽게 보아주는 행위'를 말한다.

그리고 상처받은 자신에 대한 용서란 '상처를 준 사람에 대한 분노와 증오를 끌어안고 자기혐오에 빠져 후회하고 자책하는 나 자신을 너그럽게 보아주는 행위'이다.

그래서 용서는 '타인에 대한 용서'와 '자신에 대한 용서' 두 가지로 나눌수 있다. 여기서 자신에 대한 용서란 죄, 후회, 양심의 가책, 비난, 수치, 자기혐오에 빠져 있는 자신을 용서하는 것을 말한다.

우리 주변을 돌아보면 생각보다 많은 사람이 피해자에게 너무나 쉽게 가해자를 용서해 줄 것을 채근하고 종용하는 것을 볼 수 있다.

마치 베드로가 예수께 와서 "주님 제 형제가 저에게 잘못을 저지르면 몇번이나 용서해 주어야 합니까? 일곱 번이면 되겠습니까?"라고 묻자 "일곱 번뿐만 아니라 일곱 번씩 일흔 번이라도 용서하여라(마태복음 18장 21~22절)."
라고 대답하신 예수님이나 되는 것처럼 말이다.

그러나 이렇게 용서를 쉽게 말하는 사람은 상처를 입은 사람들의 마음을
조금도 헤아리지 못하는 사람들일 가능성이 크다.

이런 사람들에게는 "사람들은 용서가 아름다운 일이라고 말한다. 정작
자신이 용서할 일을 당하기 전까지는…."이라고 말한 클라이브 스테이플스
루이스(『나니아 연대기』 작가)의 표현이 적절히 들어맞는다.

일반적으로 상처를 입은 피해자는 상대에 대한 격렬한 분노에 휩싸여서
'저놈은 나에게 아주 악독한 짓을 해서 크나큰 상처와 고통을 안겨 주었어.
나는 그때 당한 일로 지금까지도 매일 밤낮을 괴로워하고 고통받고 있는데
용서하라고? 어림도 없지! 나는 기어코 꼭 그놈이 벌을 받게 할 거야!'라는
마음으로, 상대방이 내가 당했던 고통이라는 벌을 똑같이 받기를 바라기
때문에 상대방에게 관용과 자비를 베푸는 일이라고 여겨지는 용서를 하는
일이 절대 쉽지 않다.

오죽했으면 세네카가 "분노는 벌을 내리고 싶은 욕망이다."라고 정의했
을까?

그런데 이렇게 용서하지 않겠다는 마음을 계속 지니고 있으면 다음과 같
은 대가가 따른다.

용서하지 않는 마음의 대가

* 증오, 원한, 복수심 같은 삶에 독이 되는 악감정을 계속 품고 있어야 한다.
* 소중한 사람과의 관계가 망가지게 된다.
* 증오나 복수심 같은 악한 감정을 유지하는 데 많은 시간과 에너지가 든다.

그런데 내가 위에 열거한 것을 포함하여 어떠한 대가를 치르더라도 상대방이 벌을 받기를 원하고, 계속해서 용서를 거부한다면 상처를 입힌 상대방에게 정말로 벌을 줄 수 있을까?

결론부터 말하면 전혀 아니다.

일반적으로 용서받지 못해도 아무렇지도 않게 생각하는 가해자가 대부분이며, 심지어는 피해자에게 상처를 안겨 주었다는 인식조차 하지 못하는 경우도 많다.

이런 사람들에게는 일말의 죄책감이나 속죄의 마음이 티끌만큼도 없어서, 피해자가 고통을 호소하고 절대로 용서하지 않겠다고 절규해도 전혀 개의치 않는다. 그리고 이러한 가해자의 속마음과 태도를 알게 되면 피해 당사자는 '나는 이렇게 상처로 인해 고통받고 있는데 정작 상처를 준 당신은 왜 아무렇지도 않은가?'라는 마음으로 더더욱 분노가 치솟고 절망하게 되지만, 그럴수록 결과는 자신의 고통만을 키울 뿐이다.

그래서 도저히 용서할 수 없다는 마음의 병에 사로잡히게 되면 용서할 수 없는 가해자의 모습이 머리에서 떠나지 않고, 그 사람을 떠올릴 때마다 울화가 치밀고, 내 인생의 잘못과 실패는 모두 그 사람 때문이라고 여기며, 사람을 못 믿게 되는 한편 대인공포증이 나타나 일이나 인간관계에 지장을 초래하게 되고, 복수를 다짐하고 집착하여 시도 때도 없이 복수의 방법만을 생각하고 복수를 위해서라면 뭐든지 하겠다는 잘못된 망상에 사로잡히고, 상처를 준 사람에게 무기력하게 대응했던 자신을 탓하는 등의 증상이 나타나게 된다.

위의 상황을 요약하자면 상처를 받은 내가 상대방을 용서하지 않았을 때 나에게 상처를 준 상대방은 아무렇지도 않으며, 정작 피해를 본 나 자신의 고통만 가중될 뿐이라는 것이다.

그래서 우리는 가장 확실한 복수는 상처를 준 상대방보다 더 행복해지는 것이라는 것을 알아야 한다. 그리고 상대방을 위해서 용서를 하는 것이 아니라 피해자가 위에 언급한 고통에서 해방되기 위해서 용서를 해야 한다.

달리 말하면 용서라는 것은 피해자 본인의 의식 속에 잠재해 있는 가해자에 대한 악감정을 해소함으로써, 피해자가 분노와 복수라는 극단적 행위로 치닫거나 피해자의 삶이 피폐해지는 악순환의 고리를 끊어 주는 것이다.

또한 용서는 당시 상처의 악몽에서 벗어나지 못하고 '조금 더 단호하고, 조금 더 똑똑했더라면…' 하고 피해 의식에 젖어 자책하는 나에게 과거를 청산하고 새로운 관계와 새 삶을 살 수 있는 발판을 만들어 주는 일이기도 하다.

자 이제 용서하기로 마음먹었으면 어떻게 용서를 할까? 용서에 대한 전문가들의 글을 빌려 용서의 방법(기술)을 알아보도록 하자.

용서의 기술 4단계

1단계: 본인이 입은 상처를 명확히 인식하라.

2단계: 분노를 받아들여라.

억압된 분노는 심신 질환이나 수동적 공격(어이없는 실수나 실패 또는 태만으로 상대를 곤란한 상황으로 만드는 것) 또는 욱하는 형태의 분노 표출로 나타나게 된다. 도저히 용서할 수 없는 상대를 향한 분노를 참고 억누르는 것은 심신에 여러 질병을 유발하는 경우가 많다. 왜냐하면 외부로 표출되지 못한 분노는 반대로 자기 자신을 향해 표출되기 때문이다. 그리고 가장 무서운 것은 쌓이고 쌓인 원한이 폭발하여 이성을 잃는 것이다.

그러니 분노의 마음이 일면 자신이 분노할 만하고, 분노하고 있다고 알아차리고 분노의 마음을 인정하여라.

3단계: 상대방의 입장에서 바라본다.

당시의 상황과 시점 그리고 현재의 시점에서 상대방의 입장에서 바라본다.

상처를 주는 사람은 몇 가지 유형으로 나눌 수 있다.

* **이득형:** 손익에 밝고 그것을 기준으로 행동하는 유형
* **자기애형:** 자신이 타인보다 우월하거나 옳다는 것을 주장해야 직성이 풀리는 유형
* **선망형:** 타인의 행복을 견디지 못하는 분노인 선망에 사로잡히는 유형
* **부인형:** 자신의 실수나 잘못을 인정하지 않고 자신을 정당화하기 위해 타인을 격렬하게 비난하는 유형
* **치환형:** 자기보다 강한 사람으로부터 받은 상처로 인한 욕구 불만이나 불만의 배출구를 약한 사람에게서 찾는 유형

4단계: 용서할 수 없는 상황과 관계를 매듭을 지어 정리한다.

매듭을 짓는다는 의미는 '이제는 아무래도 상관없다고 생각하는 상태에 이르는 것'이다. 상대가 용서를 구하지 않았는데도 불구하고 이렇게 매듭을 짓는 이유는, 내가 용서할 수 없는 일들을 서슴지 않게 하는 사람 중의 상당수가 아무런 죄책감을 느끼지 않아서 그들로부터 기대할 것이 없기 때문이기도 하고, 시간을 끌수록 그런 사람을 바라보는 나 자신의 상처만 점점 더 커지기 때문이다.

그리고 정말로 용서하기가 힘들 경우에는 용서하지 못하는 자신을 받아들이고 용서의 마음이 들 때까지 기다려 주어라. 상처가 클수록 충분한 시간이 필요하다.

나는 1986년 군에서 제대한 후 지방에 있는 자동차 회사에서 18년을 근무했었다. 입사할 당시에 이미 딸을 가진 가장이었고, 그 시절에는 평생직장 개념이 있었으며 또한 직장에 대한 자부심과 열정이 있었기에 오로지 회사와 집밖에 모를 정도로 열심히 일했었다. 그 덕분에 나는 입사 후 12년 동안 특진을 다섯 번이나 해서 입사 동기들에 비해 3년을 앞서 과장이 되었다. 그리고 능력을 인정받아 직급은 과장이었지만 직책은 부서장을 맡아 약 600명에 달하는 많은 수의 인원을 관리하고 있었다. 그래서 마음속으로는 '더 열심히 해서, 이 큰 회사의 공장장 정도는 하고 직장 생활을 마무리해야지.' 하는 꿈이 있었다. 그 이후 1997년에 IMF 외환 위기가 발생하고, 그 여파로 회사의 주인이 바뀌게 되어 공장장을 비롯한 고위 임원과 많은 관리자가 회사를 그만두거나 바뀌는 상황이었음에도, 나는 능력을 인정받고 살아남아서 새로 온 공장장의 신임을 받고 있었다.

그런데 약 1년 뒤에 중국 공장에 계셨던 임원분이 부공장장으로 오셨다. 그분은 오신 지 한 달 정도 지난 뒤에 나를 회사 밖으로 불러내 점심을 사주면서 "네가 일을 잘한다는 평판이 있어서 한 달 동안 쭉 지켜보니 역시 소문대로 네가 잘하고 있더라. 그래서 네가 내 맘에 드니 지금의 공장장보다는 내 편에 서서 일해 주었으면 한다."라고 제안을 했다.

그러나 그 당시 인수되기 전 회사에서는 줄서기 문화라는 것이 전혀 없었고, 인수 후의 현 공장장도 나를 인정해 주고 잘 대해 주고 계셨기에, 속된 말로 공장장을 배신하고 자기 줄에 서라는 그 제안 자체가 당황스러웠다.

그래서 나는 "평소에 저는 앞만 보고 일했으며, 공장장님도 저한테 잘해주고 계시니, 앞으로는 두 분을 모시고 열심히 하겠습니다."라고 우회적으로 대답했다.

그날 이후로 나는 그분에게 미움과 배척의 대상이 되었다. 그래서 업무적으로 사사건건 시비와 괴롭힘을 당하다가 결국에는 사소한 업무적 실수(실제로는 내 잘못이 전혀 아니었다)를 빌미로 사표를 종용받다가 간신히 사표만은 면하고 경기도에 있는 공장으로 좌천성 피신을 가게 되었다. 그야말로 승진을 앞둔 전도가 유망한 관리자에서 한순간에 실패자의 나락으로 추락하고 만 것이다.

경기도에 있는 공장으로 옮긴 나는 산기슭에 있는 기숙사에서, 매일 밤을 나를 이렇게 만든 그 양반을 원망하고, 내 신세를 한탄하면서 술로 살았다.

한때는 마음 수련으로 마음을 다스리려 했지만 억울하다는 생각과 함께 그 양반 얼굴이 수시로 떠올라 수련에 집중할 수가 없었다. 잠을 자려고 해도 이 생각 저 생각 부정적인 망상이 일어나 제대로 잘 수가 없었다. 그래서 한동안은 자정 무렵의 야밤에 혼자서 기숙사 뒷산을 헤매고 다니다가 근처의 술집에서 술에 잔뜩 취해서 기숙사에 들어와 겨우 잠드는 생활을 반복하였다. 이렇게 불면증에 시달리면서 과음을 하다 보니 점차 얼굴은 부어서 푸석푸석해지고, 몸은 비만이 되고 망가져서 조금만 걸어도 숨이 차고, 혈압은 치솟고, 입에는 풍치가 생겨서 잇몸이 들뜨고 피가 나면서 이가 흔들리는 등의 이상 증상이 몸에 나타났다.

그러던 어느 날, 그날도 퇴근해서 기숙사에서 소주잔을 앞에 놓고 나를 구렁텅이에 밀어 넣은 그 양반을 원망하던 중이었다.

그런데 어느 순간에 '나는 이렇게 괴로워하면서 그 사람을 원망하고 있는데, 정작 그 사람은 내가 이렇게 자기를 원망하고 있는 줄이나 알까?' 하는 생각이 스치고 지나갔다. 물론 아니었다. 그다음에 드는 생각은 '내가 이렇게 고통스러운 것을, 그리고 그 사람을 원망하고 있다는 것을 정작 본인은 알지도 못하는데, 왜 내가 혼자서 이걸 부둥켜안고 괴로워하고 있지? 아마도 전생에 내가 그 양반한테 저지른 잘못으로 업보를 받은 것일 수도 있겠지? 그렇다면 이번 생인 지금에 와서 나는 그 양반한테 당할 운명이고, 그 양반은 그 양반대로 지금에 와서 나를 괴롭히는 악역을 맡을 운명이겠지! 자~ 지금 이 순간부터 다 털어 버리고 깨끗이 잊어버리자. 그리고 가장으로서 지금의 조건에서 인생을 재설계해서 새롭게 시작해 보자.'

이렇게 마음을 바꿔 먹자 마음이 편안해져서 당장 그날부터 잠을 잘 잘 수 있게 되고 풍치도 점차 가라앉았다. 이때의 후유증으로 나는 몇 개의 금니를 하게 되었지만 몸은 점차 회복되었다.

아무튼 나는 이후에 재기를 위해 발버둥을 쳤지만, 결국에는 이 사건으로 인하여 다니던 직장에서의 성공을 포기하고 계급 정년으로 퇴사를 할 수밖에 없었다.

그리고 퇴사한 이후에는 몇몇 중소기업을 거치면서 수많은 역경과 우여곡절을 거친 끝에, 이를 이겨 내고 나름 직장인으로서 성공한 삶을 살았다고 자부할 수 있게 되었다. 왜냐하면 회사의 중역으로 있으면서 회사에는 생산성 향상과 합리적인 관리로 도움을 주고, 작업자들에게는 현장의 작업 환경을 개선해 주고 인격적 대우를 해 줌으로써 현장 인원들의 존경을 받았기 때문이다.

그리고 개인적으로는 아내와 함께 자산을 일구어 노년에 대한 대비를 해 놓았고, 자녀들을 잘 가르쳐 놓아 제 앞길을 착실하게 갈 수 있는 기틀을 만들어 주고, 지금은 내가 젊어서부터 꿈꾸어 왔던 노년을 살고 있기 때문이다.

그래서 지금은 가끔 내가 그 양반을 만나지 않고 순탄하게 회사에 다녔으면 어땠을까 하는 생각이 든다. 마지막까지 다닌 동기들을 통하여 유추해 보면 아마도 빠듯하게 자식들 가르쳐 내고, 집 한 채와 이삼 억의 현금을 가지고 있으면서 노후를 걱정하고 있을지도 모른다.

그런 점에서 볼 때 나에게 크나큰 상처를 주었던, 그리고 그 당시에는 원수처럼 보였던 그 양반이 요즘 들어서는 가끔은 은인처럼 생각될 때도 있다.

그래서 "나에게 상처를 준 사람들에 대한 최대의 복수는 그들보다 훨씬 더 행복해지는 것이다."라는 말은 내 경험상 진리이다.

자, 이제까지 꽤 많은 지면을 할애하여 관용과 용서에 대하여 알아보았는데, 그럼 어떻게 하면 우리 자녀들에게 관용과 용서의 마음을 가지게 할 수 있을까?

자녀들에게 관용과 용서의 마음을 심어 주는 방법

* **평상시 부모들이 아이들에게 위에 언급한 관용과 용서의 메커니즘을 설명하고 이해시켜라.**
  - 관용과 용서가 겉으로는 타인에게 도움이 되는 것처럼 보이지만, 실제로는 베푸는 사람에게 더 큰 혜택을 가져다준다.
  - 이 책의 남에게 상처 주는 사람들의 특징, 분노와 용서의 특성에 대해 설명해 주고 이해시켜라.
  - 상처받은 내가 상대방을 용서하지 않았을 때도 상처를 준 상대방은 아

무릇지 않으며 나 자신의 고통만 가중된다는 것을 깨달아 상대방을 위해서 용서하는 것이 아니라 나를 위해서 용서한다는 것을 알게 하라.

* **관용을 베풀었을 때 얻을 수 있는 이득 5가지에 대해 잘 설명해 주고 이해시켜라.**

* **타인의 삶 또는 의견이나 생각 등과 관련해 판단을 내릴 때 자신이 틀릴 수도 있다는 점을 명심하게 하라.**

* **부모들이 평상시에 관용과 용서에 대한 솔선수범을 보임으로써 자녀들이 보고 따르게 하라.**

부모들이 타인에게 좀 더 관대해지고, 좀 더 인내하고, 좀 더 용서하는 태도를 보여서 아이들이 그러한 태도를 본받도록 한다면 아이들이 이러한 태도에 익숙해질 것이고, 그런 연후에 아이들이 이것을 실천하여 관용과 용서의 가치와 효용성을 알고 체감하게 한다면, 나중에는 습관이 되어서 누가 뭐라 하지 않아도 매사에 관용과 용서라는 성숙한 태도를 보일 것이다.

* **용서의 기술 4단계를 가르쳐 주고 체험하게 하라.**

자녀들에게 관용과 용서의 마음을 심어 줄 때 단 한 가지 주의해야 할 점은 **아이들에게 어떠한 잘못이든지 무조건 용서를 해야 한다고 해서는 안 된다.** 왜냐하면 명백한 악행을 선행이라는 명목으로 눈감아 주고 용서해 주면 또 다른 악행을 저지르게 되고, 결국에는 추가적인 2차 피해자가 발생하는 것을 우리는 보아 왔기 때문이다.

　이번 제12원칙에서는 관용과 용서의 의미와 특성 그리고 메커니즘을 설명하고 그에 대한 사례들을 들고 자녀들에게 관용과 용서의 마음을 심어 주는 방법까지 설명해 보았다.

　서두에서 언급했듯이 관용과 용서의 마음은 인류가 오랜 세월 동안 진화를 거듭해 오면서 인간 정신을 숭고하게 승화시킨 덕목으로 우리가 세상을 살아가는 데 있어서 가장 가치 있고 꼭 필요한 미덕이다. 관용과 용서라는 두 미덕이 있기에 이 세상은 좀 더 아름답고 살 만한 곳이다.

　그런데 이 두 미덕은 말하기는 쉬워도 실천하기는 매우 어려운데, 그 이유는 왠지 이 두 미덕이 수혜자인 타인에게만 도움이 되는 것처럼 비치기 때문이다. 그러나 실상은 수혜자인 타인보다는 베푸는 본인에게 더 큰 혜택을 가져다준다. 그리고 용서는 나 자신을 위해서 하는 것이라는 것은 분명한 사실이다.

　그러니 우리는 자녀들에게 이 두 미덕에 대해 가르치고 솔선수범을 보임으로써, 우리의 자녀들을 술탄 살라딘처럼은 아닐지라도 관용과 용서의 미덕을 발휘할 줄 아는 큰 그릇으로 키워 내도록 하자.

남의 아픔에 공감하고, 남을 돕는 것의 즐거움을 경험하게 하라

남의 아픔에 공감하고 남을 도울 줄 아는 어른으로 커 나갈 때 사회로부터 더 많은 사랑과 기회를 얻을 수 있을 뿐만 아니라 가족과 사회 구성원들과 원만한 관계를 유지할 수 있다. 그러니 자녀를 남의 아픔에 공감할 줄 알고 도울 줄 아는 사람으로 키워라.

세상을 살다 보면 이 세상에는 흉악 범죄를 저지르는 사이코패스처럼 냉혈한이 되어 남의 고통을 전혀 느끼지 못하는 사람, 스크루지 영감처럼 인색한이 되어 남을 도울 줄 모르는 사람, 겉으로는 남의 고통을 같이 나누고 도우라고 외치면서도 정작 자신은 그렇게 행동하지 못하는 위선적인 사람이 많다.

그리고 언뜻 보면 이와 같이 사는 사람들이 그렇지 않은 사람들보다 더 잘사는 것처럼 보이기도 한다.

그러나 나는 여러분이 여러분의 자녀들을 이런 사람들과는 반대로 남의 아픔에 공감할 줄 알고, 남을 도울 줄 아는 사람으로 키워 내기를 바란다. 왜냐하면 여러분의 자녀들이 남의 아픔에 공감하여 함께 고통을 나눌 줄 알고, 남을 돕거나 사회에 유익한 일을 하는 어른으로 커 나갈 때, 그 사람은 본인이 나누어 주고 도와준 것보다 훨씬 더 많은 보답을 받을 뿐만 아니라 사회에 진출했을 때 성공할 확률도 훨씬 높아지기 때문이다.

이러한 이유로 이번 제13원칙에서는 남의 아픔에 공감하고 돕는다는 것의 진정한 의미에 대해 설명하고, 자녀들을 남의 아픔에 공감하며 고통을 함께 나누고 남을 도울 줄 아는 사람으로 키워 내는 방법에 대해서 이야기해 보고자 한다.

신약 성경 루가복음에 나오는 착한 사마리아인 이야기를 해 보겠다.

> 예수께서는 이렇게 말씀하셨다. "어떤 사람이 예루살렘에서 예리고로 내려가다가 강도를 만났다. 강도들은 그 사람이 가진 것을 모조리 빼앗고, 마구 두들겨서 반쯤 죽여 놓고 갔다.
>
> 마침 한 사제가 바로 그 길로 내려가다가 그 사람을 보고는 피해서 지나가 버렸다. 또 레위인도 거기까지 왔다가 그 사람을 보고 피해서 지나가 버렸다.
>
> 그런데 길을 가던 어떤 사마리아 사람은 그의 옆을 지나다가 그를 보고는 가엾은 마음이 들어 가까이 가서 상처에 기름과 포도주를 붓고 싸매어 주고는, 자기 나귀에 태워 여관으로 데려가서 간호해 주었다.
>
> 다음 날에는 자기 주머니에서 두 데나리온을 꺼내어 여관 주인에게 주면서 '저 사람을 잘 돌보아 주시오. 비용이 더 들면 돌아오는 길에 갚아 드리겠소.' 하며 부탁하고 떠났다.
>
> 자, 그러면 이 세 사람 중에서 강도를 만난 사람의 이웃이 되어 준 사람은 누구였다고 생각하느냐?"
>
> 율법 교사가 "그 사람에게 사랑을 베푼 사람입니다." 하고 대답하자 예수께서는 "너도 가서 그렇게 하여라." 하고 말씀하셨다.
>
> 루가복음 10장 30~37절

나는 예수님이 말씀하신 이야기가 사실에 입각한 것인지 아니면 사람들을 가르치기 위해서 만들어 낸 이야기인지는 모르지만, 사실이라는 가정 아래 이 예수님의 말씀을 풀어 좀 더 실감 나게 표현해 보도록 하겠다.

강도들이 지나가던 행인을 붙잡아서 모든 것을 빼앗은 다음에, 옷을 벗기고 죽도록 두들겨 패서 죽음 직전의 상태로 만든 뒤 길가에 내팽개치고 가 버렸다.

그래서 그 행인은 길가에 널브러져서, 사지를 움직이기는커녕 손가락 하나 제대로 까딱하지 못하고, 간신히 고통의 신음만을 내고 있었다.

아마도 그 행인은 누군가가 나서서 도와주지 않는다면 고통 속에서 서서히 죽어 갈 수밖에 없어서, 그 누군가의 도움의 손길을 절박하고도 절실한 심정으로 기다리고 있었을 것이다.

그런데 때마침 이 길을 가던 한 사제가 피투성이가 되어 널브러져 있는 행인을 보고도 모른 척 슬쩍 피하여 지나가고, 그 뒤에 나타난 레위인도 똑같이 모른 척하고 지나가 버리고 말았다.

사람의 인기척이 나자 '이제는 살았구나.' 했는데 이 두 사람이 도움의 손길을 내밀지 않고 모른 척하고 지나쳐 버렸을 때 이 행인은 얼마나 절망하였겠는가?

모른 척하고 지나쳐 버린 사제는 다른 성경 번역본에는 제사장이라고 되어 있다. 당시의 제사장은 유대교의 성전에서 종교상의 의식이나 전례를 주관하는 사람으로 유대인 중에서는 최고의 신분이었다.

그리고 그 뒤를 이은 레위인도 주로 사제를 도와 성전과 예배 의식에 관여된 일을 주로 하는 사람이었기에 일반인보다는 훨씬 신분이 높았다. 이렇게 마음만 먹으면 충분히 도와줄 수 있는 능력을 갖춘 높은 신분의 사람들임에도 불구하고 도움의 손길을 내밀지 않고 도망치듯 가 버렸다. 왜 그랬을까?

한마디로 이들은 겉과 속이 다른 위선적인 사람들이었기 때문이다.

이들이 행인을 못 본 척하고 지나쳐 간 이유를 추측해 보면 첫 번째로는 이들이 남의 아픔이나 곤경을 내 일처럼 여긴다거나, 불쌍하고 가엾다는 생각으로 남을 보듬을 수 있는 공감의 마음이 없었기 때문에, 아는 체하여 귀찮은 일에 휘말리기 싫어서 그냥 지나쳤을 수 있다.

두 번째로는 설사 이들에게 가엾이 여기는 마음이 있었더라도 행인을 보살펴 주기 위해서는 자기가 가지고 있는 것을 나누거나 베풀어야 하는데, 이런 나누어 주거나 베풀어 주고 싶은 마음이 없었기 때문일 수도 있다.

세 번째로는 '저 행인은 과거에 벌을 받아 마땅한 무엇인가를 잘못해서 지금 그 대가로 벌을 받아 저 모양이 되었겠지?' 하고 남을 심판하고 정죄하는 마음으로 도움을 주지 않고 회피하고 자기 합리화하는 구실로 삼았을 수도 있다.

아무튼 평상시에 일반인들에게 율법을 가르치고 늘 이웃을 도우라고 강조하던 고위 성직자인 제사장과 당시 사회적으로 높은 신분에 있던 레위인은 정작 자신들의 도움의 손길이 필요한 곤경에 처한 사람과 맞닥뜨리자 평상시 자신들의 말과 달리 외면하고 회피하고 말았다.

두 사람이 모른 척하고 지나간 다음에 세 번째로 나타난 신분적으로 미천한 어떤 사마리인은 길을 지나가다가 행인을 발견하고서 도움의 손길을 내밀었다. 예수님 당시의 사마리아인은 사마리아라는 지역에 살면서 오랫동안 외인들의 지배 아래 여러 종족과 섞여 살아야만 했었다. 그래서 이들은 유대인의 혈통을 잃어버렸다는 이유로 유대인들로부터 멸시와 핍박을 당하는 아주 낮은 신분 계층의 사람들이었다. 이러한 이유로 추측건대, 이 사마리아인은 평상시에 강도를 당한 행인이 속한 유대인들에게 반감을 품고 있었을 가능성이 매우 크다. 그런데도 이 사마리아인은 반죽음 상태로 널브러져 있는 행인을 보자마자 평상시에 받았던 멸시와 냉대 그리고 반감의 마음보다는 우선 가엾은 마음이 들었던 것이다. 성경에는 우리말로 번

역된 긍휼이란 단어가 나오는데, 사전적으로는 '가엾게 여겨 돌보아 줌'이라는 뜻이다. 좀 더 구체적으로 표현하면 '이웃의 불행을 공감하고 아파하면서 그것으로부터 벗어나게 해 주려는 애타는 심정'을 의미하는 것으로 불교의 자비라는 단어의 뜻과 일맥상통한다.

이 사마리아인에게 가엾은 마음이 들었다는 것은, 다시 말해 그에게 이웃의 아픔을 이해하고 그들의 신음에 귀를 기울일 줄 아는 능력, 즉 상대방의 마음에 공감하는 능력이 있었다는 것이다.

그다음 사마리아인은 어떻게 했는가?

가엾게 여기는 데 그치지 않고 상처를 치료해 주고 보살펴 준 것도 모자라 여관 주인에게 자기가 떠난 뒤의 보살핌까지 부탁하는, 적극적인 친절과 자비를 베풀었다. 우리도 보통 불쌍한 사람을 보게 되면 가엾게 여기는 공감의 단계까지는 나아가지만, 그 단계를 넘어 친절과 자비를 실천하는 단계로는 잘 나아가지를 못한다. 이러한 점에서 볼 때 불행과 곤란에 빠진 이웃을 가엾게 여기고, 그들에게 친절과 자비를 베풂으로써 참된 이웃 사랑을 실천한 이 사마리아인이야말로 우리가 본받아야 할 표상이다. 그리고 이번 원칙에서 내가 말하고자 하는 핵심을 가장 잘 나타내 주기도 한다.

나는 여러분이 자녀들을 위의 사마리아인처럼 남의 아픔에 공감할 줄 알고, 남을 도울 줄 아는 사람으로 키워 내기를 바란다. 왜냐하면 여러분의 자녀들이 남의 아픔에 공감하여 함께 고통을 나눌 줄 알고, 남을 돕거나 사회에 유익한 일을 하는 어른으로 커 나갈 때, 그 사람은 의도하든 의도하지 않든 간에 아래와 같이 본인이 나누어 주고 도와준 것보다 훨씬 더 많은 보답을 받기 때문이다.

첫 번째, 도움을 받은 사람으로부터 감사의 마음과 보답을 받을 수 있다.

위의 성경 이야기에는 그 뒤의 일이 묘사되어 있지 않지만, 만약에 여러분이 강도를 당한 행인이었다고 가정한다면 은혜를 입은 뒤에 어떻게 행동했겠는가? 분명히 누가 자기를 구해 주었는지 알아낸 뒤에 찾아가서 감사를 표하고 두고두고 은혜를 갚았을 것이다. 이렇게 은혜를 입으면 어떻게 해서라도 꼭 갚으려는 마음을 나타내는 고사성어가 바로 결초보은(結草報恩)이다. 직역으로는 풀을 묶어 은혜를 갚는다는 뜻인데, 죽어서도 잊지 않고 은혜를 갚는다는 속뜻을 가지고 있다.

내 아버지는 6.25 전쟁 중에 좌익에 연루되어 토벌대에게 붙잡혀 그 자리에서 즉결 처분으로 총살을 당할 위기가 있었다고 한다. 토벌대장은 아버지의 이마에 권총을 겨누고는 한참을 머뭇거리다 혼잣말로 "나 한 몸 출세하겠다고 죄 없는 불쌍한 목숨을 함부로 끊어서는 안 되겠지?" 하고 권총을 거두었다고 한다. 은혜를 입은 이 한순간으로 인하여 내 아버지는 돌아가실 때까지 평생을 그분에게 고마운 마음을 간직하고 계셨다.

또한 주변을 살펴보면 마음뿐만 아니라 물질적으로도 몇 배, 몇십 배로 갚는 경우도 종종 있는데, 이렇게 하는 이유는 은혜를 입으면 응당 갚는다고 생각하는 것이 사람의 도리이자 마음이기 때문이다.

두 번째, 남의 아픔에 공감하고 도와줄 줄 아는 어른으로 커 나갈 때, 그 사람은 사회와 어른들로부터 사랑받고, 사회에 진출할 때 더 많은 기회를 얻으며, 가족과 친구들과 직장에서 원만한 관계를 유지할 수 있다.

이러한 원리는 여러분이 공감 능력과 선행을 기준으로 주변 인원을 평가해 본다면 금방 이해할 수 있을 것이다.

세 번째, 남을 돕는 것은 지도자가 지녀야 할 가장 기본적인 덕목 중의 하나로 리더십을 길러 주게 된다.

전문가들에 의하면 봉사 활동을 많이 한 아이들이 일반적인 아이들에 비해서 자신의 존재와 봉사 활동에 자부심을 느끼고 남들을 리드하게 된다고 한다. 이는 달리 말하면 이런 활동들이 지도자의 자질을 길러 주는 방편이 된다는 것이다.

네 번째, 남의 아픔에 공감해 줌으로써 남의 아픔을 덜어 주는 것과 남을 도와주는 선행은 마치 도미노 현상처럼 또 다른 선행을 불러와 본인의 덕을 쌓게 된다.

나는 나주의 시골 마을에서 자랐다. 초등학교도 들어가기 전 일곱 살 때의 여름에 동네 개울에 멱을 감으러 갔다가 수영 미숙으로 죽을 뻔했으나 초등학교에 다니는 동네 형들의 도움으로 간신히 살아난 적이 있었다.

그때 당시 어린 마음에, '나도 좀 더 크면 수영을 잘해서 반드시 남을 구해 주어야지.' 하고 마음을 먹고 그 뒤로 더 열심히 수영을 배웠었다.

그리고 그 후에도 낚시와 물에서 노는 것을 좋아해서 물가에 머무르는 시간이 많았던 나는 고등학교와 대학교 시절에 나주 남평의 드들강, 고향의 저수지 그리고 광주 근처의 영산강에서 익사할 뻔한 세 명의 아이를 구할 수 있었다.

이처럼 한 사람의 선행은 타인의 선행 동기를 부여해 더 많은 선행을 불러오게 한다.

다섯 번째, 남을 도와주면 베푸는 것 이상으로 내가 많은 정신적인 보답을 받게 된다.

과연 어떤 보답을 받을 수 있는가?

* 남에게 주거나 베푸는 즐거움을 받는다.

한번 주거나 베푸는 즐거움을 경험해 보아라. 받는 것보다 몇 배는 즐겁다. 예를 들면 치맥 한 번 먹을 돈을 자선 단체에 기부하고 나면, 치맥을 먹을 때보다 훨씬 더 즐겁다. 그리고 자신의 도움으로 수혜자가 행복해하면 자신도 덩달아 행복감을 느낀다.

몇십 년 전에 TV 방송에 출연한 한 대선 후보에게 기자가 기부는 어떻게 하는지 물었는데, 그 대선 후보가 대답하길 아직 경제적 여유가 없어서 기부는 생각을 못 했다고 대답했다. 방송을 보기 전까지만 해도 그 후보를 좋게 여기고 지지해 왔던 나는, 그 방송을 보고 실망해서 그 즉시 그 사람은 지도자감이 아니라고 판단하여 대통령 후보감에서 지워 버린 적이 있다. 이런 사람들은 주거나 베푼 경험이 없기 때문에 주는 기쁨과 베풂의 즐거움을 모르는 사람들이다.

* 자신에 대한 자긍심과 뿌듯함을 느낄 수 있다.

나의 예를 들어 보면 나는 직장 생활이 순탄하지 못하여 어려움을 많이 겪었는데, 특히 20여 년 가까이 다녔던 첫 직장을 그만두고 난 이후로 안정적인 직장을 구하지 못하는 바람에, 직장을 옮겨 다니는 과정에서 꽤 긴 실직 기간이 있었다.

실직 기간 중 생활비가 부족할 때, 매달 지출되던 상당한 금액의 부모님 용돈을 줄이는 것과 자선 단체 기부금을 중단하는 것의 유혹이 있었다. 하지만 나는 다른 돈은 혹독하게 절약하고 아끼고 줄이면서도 이 두 가지만은 끝까지 줄이지 않고 지켜 왔다. 그 결과 육십이 훌쩍 넘은 지금까지도, 내가 그 당시에 이 둘을 포기하지 않고 지속해 왔다는 큰 자긍심을 느끼고 있으며 어려운 가운데서도 뜻과 행동을 같이해 준 아내에게도 감사한 마음을 지니고 있다.

＊ 도와주거나 베풀기 위해 노력하게 되고, 이 노력이 자신의 풍요를 가져온다.

남을 경제적으로 돕기 위해서는 필요한 재원을 만들어야 하기 때문에 남들보다 더 노력하게 되는데, 이 노력의 결과가 자신의 풍요를 가져오게 한다.

내 경우에는 내가 직장 생활을 할 때 타지로 발령이 나서 두 집 살림을 하게 되면서, 위에서 언급한 부모님 용돈을 줄이거나 못 드릴 형편에 이르게 된 적이 있었다. 나는 처음에는 단순히 이 상황만을 타개할 목적으로 주식과 부동산에 대한 공부를 하고 투자를 시작했는데, 결과는 부모님 용돈 마련이라는 본래의 목적 달성은 물론 경제적 노후 준비라는 부가적인 효과까지 가져오게 되었다.

여태까지 이론적인 면을 이야기했는데, 이제 현실로 돌아와서 우리가 어떻게 하면 자녀들이 남의 아픔에 공감하고 남을 돕는 것의 즐거움을 알 수 있을지 같이 고민해 보도록 하자.

아이들은 인지 능력이 발달해 가면서 자연스레 동정심을 배우고, 서서히 부모로부터 시작하여 타인에게 관심을 가지게 되며, 그들의 고통을 이해하기 시작한다. 따라서 아이들의 인지 능력이 발달하는 과정인 유아기부터 타인에 대한 배려와 관심을 가르쳐야 한다. 그리고 이때의 가정교육과 부모의 말과 행동이 매우 중요하다는 사실을 유념하고, 다음과 같은 착안점을 두고 우리 아이들을 가르쳐 내야 한다.

> ### 자녀에게 타인에 대한 배려와 관심을 가르칠 때의 착안점

* 일상생활에서 부모가 먼저 말과 행동으로 이타심과 선행에 대한 모범을 보여야 한다.

부모가 먼저 말과 행동으로 이타심과 선행에 대한 모범을 보인다는 게 말처럼 쉬운 것은 아니다. 내 주위만 둘러봐도 '저 정도 잘살면 주변도 좀 살펴서 남도 좀 도와주면서 살면 안 될까? 그러면 훨씬 더 인생이 가치 있고 보람차질 텐데.'라는 생각이 드는 사람이 많다. 이런 사람들은 돈이 없는 것이 아니라 이타심이나 선행에 대한 관심이 없다. 이들은 자라면서 부모의 선행을 보고 배우지 못했거나 타인의 아픔이나 곤란에 공감할 줄 아는 공감 능력을 키우지 못한 데에 근본 원인이 있다.

반면에 부모가 선행을 실천하게 되면 자녀들도 자연스럽게 부모의 뒤를 잇는다. 내 자녀들의 경우에는 자라면서 쭉 부모의 행동 특히 엄마의 꾸준한 봉사 활동이나 기부를 보았고 같이 참여한 경험도 있기 때문에, 이러한 선행을 당연시하고 경제적으로 독립하자마자 자선 단체에 기부를 시작하여 지금까지 꾸준히 해 오고 있다.

* 평상시에 앞서 설명한 선행이 더 많은 선행을 불러오는 선순환 구조, 권선징악, 인과응보에 대한 삶의 이치에 대해 자주 이야기해 주고 이해시켜 주어라.

어린이들이 읽는 동화 중에는 권선징악, 인과응보에 관한 내용이 많다. 이와 관련된 책들을 많이 읽히되 읽는 대로 방치하지 말고, 제7원칙에서 설명한 '올바른 독서를 하게 하라.'의 내용을 상기하여 아이들이 읽는 책에

관심을 기울이자. 아이의 읽어 내는 능력 테스트를 겸해서 책 내용에 대해 자주 질문하고 의견을 나눔으로써, 올바른 가치관을 정립하는 데 도움을 주어라.

* 식사 시간에 숟가락, 젓가락을 가져다 놓고 그릇을 나르고 식후에는 식탁을 닦는 등의 간단한 집안일부터 돕게 만들어 작은 선행부터 실천하게 하라.

* 아이가 친구들이나 이웃에게 친절과 호의를 베풀고 돕도록 장려하고, 아이의 선행을 알았을 때는 반드시 알아주고 칭찬해 주어라. 그리고 아이 친구의 선행이 있다면 그것도 반드시 내 아이 앞에서 같이 칭찬해 주어라. 내 경험상 내 부모로부터의 칭찬보다는 타인의 칭찬이 왠지 더 좋다. 또 친구에 대한 칭찬은 내 아이의 선행에 대한 의욕을 불러일으킨다.

단, 여기서 주의해야 할 점은 악행에 대한 선행을 베풀지 않도록 해야 한다는 점이다. 유아기나 아동기에는 분별력이 약하기 때문에 친구의 잘못된 악한 행동에도 단순히 친구를 돕는다는 명목으로 이 악한 행동에 가담할 수도 있기 때문이다.

* 부모의 자선 활동에 아이들을 데리고 가라.

부모가 선행을 실천하는 모범적인 모습을 보여 주는 것이기도 하지만, 아이 입장에서는 선행에 참여했다는 보람을 느낄 수 있다.

* 아이에게 선행 통장을 만들어서 돈을 모은 후 선행에 사용하게 하라.

나는 신약 성경 루가복음에 나오는 착한 사마리아인의 이야기를 예로 들어 남의 아픔에 공감하고 돕는다는 것의 진정한 의미를 설명한 이후에, 남의 아픔에 공감하고 도울 때 돌아오는 보답 5가지와 자녀에게 타인에 대한 배려와 관심을 가르칠 때의 착안점 6가지에 대해 설명하였다.

이와 같은 남의 아픔에 공감할 줄 알고 남을 도울 줄 아이로 길러 내는 것에 대해 대부분의 부모가 공감하리라 믿지만, 소수의 부모는 조금은 부정적으로 받아들이거나 또 다른 견해를 가지고 있을지도 모른다.

그러나 내가 자신하건대 우리가 자녀들을 위에서 말한 요건들을 충족시키는 어른으로 키워 주기만 한다면, 우리 자녀들은 적어도 지도자의 기본적인 덕목 가운데 하나인 '남을 돕는 자세'와 긍정심리학에서 말하는 6가지 미덕 중의 한 가지인 '사랑과 인간애'를 가진 따뜻한 사람이 되어 있을 것이다.

경제적 자립심을 길러 주어라

자녀가 성장한 후에도 돌봐 줘야 하는 캥거루 부모가 되고 싶지 않거든, 자녀가 어릴 때부터 경제 교육을 시켜서 경제적 자립심을 길러 주어라.

우리나라는 조선 시대 오백여 년 동안 유교 사상을 기본 토대로 살아왔기 때문에 자신도 모르게 양반과 쌍놈이라는 신분의 귀천과 사농공상이라는 직업의 귀천에 얽매여 살아왔다. 그러다가 현대 사회가 되자 서양의 물질 만능주의가 들어와 겉으로는 자본주의 시대가 완전히 도래 한 것처럼 보인다. 하지만 겉으로 나타난 것과는 달리 실질적으로는 아직도 완전한 자본주의 사회로는 나아가지 못한 듯하다. 왜냐하면 아이들을 가르치는 학교나 가정에서 말로는 자본주의 사회를 표방하면서도 실제 교육 내용에 있어서는 자본주의 사회에서 살아가기 위한 실질적인 경제 교육이 너무나도 부실하기 때문이다. 단적인 예로 학교에서는 언어나 수학, 과학, 역사 등은 필요 이상으로 높은 수준으로 가르치면서도, 일상생활을 영위하거나 생존 경쟁에서 살아남기 위해 필요한 경제에 대한 지식은 제대로 가르치지 않고 있다. 그리고 가정은 가정대로 아이에게 초등학교 때부터 대학교 때까지 오직 명문 대학 진학과 취직을 위한 공부만을 하도록 강요하고 있다. 그러다 보니 우리 자녀들은 대학을 졸업할 때까지 실생활에서 필요한 금융 지식이나 예금, 주식, 채권, 부동산, 상업적 거래 등과 같은 돈을 모으고 관리하고 올바로 쓸 줄 아는 경제 교육을 제대로 받아 본 적이 없다. 그래서 우리 자녀들은 대학 시절까지는 경제에 대한 지식이 아주 전무하거나 아주

빈약한 상태에 있다가, 졸업과 동시에 경제에 대한 아무 준비도 없는 상태에서 모든 것이 경제와 연관된 사회에 내몰리게 된다. 이는 마치 병사에게 군사 훈련도 없이 총만 쥐여 주고 전쟁터로 내보내는 것과도 같다.

또 사상적으로는 가치관과 관련해서 아직도 가난한 청백리로 미화된 황희 정승을 본받아야 할 귀감으로 가르치고 있다. 그리고 이런 청백리 사상의 영향으로, 우리 한국 사회에서는 대부분의 사람이 고급 관료나 정치인이 돈이 많거나 부동산을 많이 보유하고 있으면, 이들을 마치 부정부패한 죄인이나 된 것처럼 여기는 편견을 가지고 있다. 이런 정서 때문에 어떤 정치인들은 자신들이 무능하거나 노력하지 않아 부를 축적하지 못했으면서도, 자신이 가난한 것을 마치 청렴의 증표나 되는 것처럼 자랑하고 떠들어 대고 다닌다. 이런 사람들은 어떤 의미에서 "나는 능력이 없는 사람이다."라고 자신의 능력 없음을 선전하고 다니는 사람들임에도 불구하고 우리는 이들이 마치 청백리나 되는 것처럼 여기고 그들의 말에 넘어가고 만다.

국가 경제에 있어서 중추적인 역할을 하는 기업인을 대하는 태도를 초우량 선진국과 비교해 볼 때도 우리는 아직 갈 길이 멀다. 미국이나 유럽에서는 일반인들이 나라의 경제를 지탱하고 고용을 창출해서 국민을 먹여 살리는 대기업의 기업인들을 우러러보고 존경하는 경향이 있다. 이에 반해 우리나라는 아직도 대기업을 운영하는 기업인들을 폄하하거나 죄인 취급하는 경향이 있다. 그래서 이러한 국민 정서를 등에 업은 정치인들에 의해 정권이 바뀔 때마다 기업인들이 정권의 볼모가 되거나 정권과 관련된 비리와 연루되어 고초를 겪는 일이 비일비재했던 것이 최근까지의 한국 사회의 현실이다. 그러나 조금만 더 깊이 들어가 보면, 학교에서 황희 정승과 같은 청백리를 가르치고, 사농공상의 하위에 있는 공업과 상업에 종사하는 기업인을 깎아내리는 무의식적인 행태의 이면에는 돈과 부에 대한 부러움과 질투가 숨어 있다.

직설적으로 표현한다면, 많은 사람이 앞에서는 깨끗한 척하지만 막상 뒤에서 보면 너 나 할 것 없이 모두가 돈에 혈안이 되어 있는 국민 정서 속에 살고 있는 것이다. 이 얼마나 이율배반적인가?

이제 우리나라는 선진국의 문턱에 진입하였다. 그러나 우리가 모든 면에서 진정한 선진국의 반열에 올라서려면, 우리는 세계 경제를 주름잡고 있는 유대인들처럼 철저하게 자본주의 사상으로 무장하고 그것이 체질화되어야 한다. 그러기 위해서는 우리 한국 사회도 위와 같은 체면 문화의 구태에서 벗어나 가정과 학교에서부터 우리의 자녀들을 자본주의 사회에서 성공할 수 있는 자본주의 사상으로 무장한 능력 있는 인재로 키워 내야 한다.

그래서 나는 이번 원칙에서 우리 자녀들에게 어릴 때부터 돈과 경제에 대한 교육을 시키는 문제에 대해서 이야기해 보고자 한다. 돈에 대한 올바른 가치관과 자녀들의 경제 교육에 있어서는 전 세계에서 유대인이 가장 현명하고 앞서는 것으로 정평이 나 있다. 그래서 돈과 경제에 대한 이들의 자녀 교육법을 위주로 하여 설명한 다음에 이 지식을 바탕으로 자녀들에게 자립심을 길러 주는 방안을 도출하도록 하겠다.

나는 오래전부터 돈과 경제에 대하여 다음과 같은 소신이 있었다.

* **정당하게 번 돈은 좋은 것이며, 부는 그 사람의 능력이다.**
* **가난은 나쁜 것이다.**
* **돈은 올바로 잘 쓸 때 빛이 난다.**
* **자녀들에게는 어릴 때부터 돈과 경제에 대한 교육을 시켜야 한다.**

일단은 내가 왜 이런 소신을 갖게 되었는지에 대한 이야기부터 시작해 보겠다.

내 아버지께서는 젊은 날에 지식인이셨음에도 불구하고 시절을 잘못 만나셔서 많은 고생과 고초를 겪으셨다. 그리고 중년으로 접어들어서는 시골 면 단위의 토지 개량 조합장과 농협 조합장과 같은 직장 생활을 하면서 조그만 개인 사업을 병행하셨기 때문에 어느 정도 경제적 여유를 갖게 되셨다. 그러나 유교의 청백리 정신이 강하여 일정 수준 이상의 많은 재산은 모으려 하지 않으셨다. 그래서 주변 사람들로부터 "덕망 있고 깨끗하신 분이다."라는 평을 들었지만, 노년에 들어서는 모아 둔 재산이 많이 없고 크게 성공한 자식도 없어서 풍족하지 못한 여건 속에서 노년을 보내셨다.

나는 삼십 대 중반까지만 해도 아버지의 영향을 받아 '나도 아버님처럼 인생을 청백리 정신으로 깨끗하게 살아야지.' 하고 마음을 먹고 있었기 때문에 경제적인 면에는 큰 비중을 두고 있지 않았었다.

그러다가 아버지께서 직장 생활과 사업을 그만두신 다음에 부모님의 살림살이가 점차 궁색해지고, 내가 사십 대에 접어들 시기가 되자 문득 내게 이런 생각이 스쳐 지나갔다.

'아버지는 유교 사상이 철저하여 청백리 정신으로 사시다가 노년에 고생을 하고 계신다. 황희 정승도 노년에 곤궁한 삶을 사셨다. 그리고 두 분 다 풍족하게 살지 못한 것은 물론 남에게 큰 경제적 도움이나 자선을 베풀지도 못하셨다. 과연 이렇게 나 혼자만 욕심 없이 깨끗하게 사는 삶이 바람직할까?'

아무리 생각해 봐도 현대의 자본주의 경제 체제 아래에서 이건 최선이 아니었다.

그래서 마음을 바꿔 먹었다.

'그래! 돈을 정당하게 번다면 그것이 나쁜 것은 아니지 않은가?'

'정당하게 많이 벌어서 남들까지 도우면서 산다면, 그것이 나 혼자 청백리로 사는 것보다 훨씬 더 바람직하지 않은가?'

나는 이때부터 늦게나마 경제에 관심을 두고 돈을 벌려고 노력하기 시작했다. 그리고 위와 같은 나의 생각이 소수의 민족임에도 불구하고 세계 경제를 제패하고 있는 유대인의 경제관념과 유사하다는 것을 나중에야 알게 되었다.

그런데 유대인들은 어떻게 이러한 세계 경제를 제패할 수 있는 우수한 경제 관념을 가지게 되었을까? 우선 그 배경을 홍익희 씨의 『세 종교 이야기』라는 책을 통해 알아보도록 하자.

기원전 597년~582년에 바빌로니아의 전쟁과 반란에서 패한 유대인의 유다 왕국은 처참하게 초토화되었다. 유대인의 자부심이었던 예루살렘의 성전은 흔적을 찾아볼 수 없을 정도로 파괴되었고 왕족과 귀족, 상류층, 지식인, 기술자 등 수많은 유대인이 세 차례에 걸쳐서 바빌로니아의 바빌론으로 끌려갔는데(3차에만 4만 5천 명이 될 정도로 많은 인원이 끌려갔다) 이것이 바로 역사적으로 유명한 바빌론의 유수 사건이다.

이때 끌려간 유대인들은 예루살렘에 있었을 때처럼 성전에 제물을 바치거나 성전 예배를 드릴 수 없고, 그렇다고 해서 바빌론에 성전을 세울 수도 없었다. 그래서 그들은 믿음과 율법을 계속 지켜 나가기 위해서 불가피하게 기존의 성전과 제사장 중심의 예배 방식을 율법 중심(율법 낭독과 기도)의 예배 방식으로 전환할 수밖에 없었다. 그리하여 그들은 율법 공부의 중요성을 강조하고 이를 위한 배움을 중요시하였다. 더 나아가 배움을 독려하기 위해 "하나라도 더 배워야 하나님의 섭리를 하나라도 더 이해하고 하나님께 한 발자국이라도 더 가까이 갈 수 있다."라는 정신으로 배움을 기도와 똑같은 신앙생활로 간주하였다.

그렇게 되자 모든 유대 회당과 가정에서 그들의 율법서, 즉 구약 경전인 토라(모세 오경)를 공부하는 것이 신앙생활의 중심이 되었고, 토라를 공부하기 위해서는 읽을 줄 알아야 했기에 의무적으로 자녀들에게 읽고 쓰는 법을 가르쳤으며 13살에 성인식을 치르고 나면 의무적으로 토라를 공부하게 했다.

이들은 또 이방인으로서 자신들의 미래가 어떻게 될지 모르는 불확실한 상황에 대비하여 돈을 모아 두는 습관을 지니게 되었고, 또 한편으로는 하나님께 선택받았다는 선민의식으로 똘똘 뭉쳐서 가난한 처지임에도 불구하고 돈을 기부하여 어려움에 처한 이웃을 도와주고, 이방인에게 포로로 끌려가거나 노예로 팔려 간 동족을 다시 사 와서 해방해 주는 등의 자선의 관행을 만들어 나갔다.

이러한 배움을 중시하는 전통과 미래를 위해 돈을 모으고 저축하는 습관 그리고 기부금을 모아 남을 돕는 관행은 바빌론 유수기와 기원전 537년 ~428년 사이에 있었던 네 차례의 대규모 예루살렘으로의 귀환과 예루살렘 재건 시기를 거치면서 바람직한 방향으로 발전되고 정형화되어 현대까지 이어지고 있다.

그래서 현대의 유대인들도 이러한 전통에 따라 비율은 다르겠지만 남을 돕는 기부금, 유사시를 대비한 저축, 생활비 명목으로 돈을 구분하여 사용한다고 한다.

역사적 관점에서 본다면 핍박과 억압을 받던 시대에 만들어진 이러한 유대인의 전통, 즉 글을 알고 셈을 할 줄 아는 능력과 저축 습관 그리고 기부

관행은 소수의 유대인이 현대에 와서까지도 세계 경제를 좌지우지하고 각 분야에서 주도적인 역할을 할 수 있도록 만들어 주었다.

이들의 경제관념과 돈에 관한 생각은 우리 한국 사회와는 근본적으로 다르다.

유대인들의 경제관념과 돈에 관한 생각

* 돈은 하나님이 주신 것이기 때문에 돈을 잘 다루고 관리를 잘하는 것은 하나님을 기쁘게 하는 것이나.
* 가난은 나쁜 것이다.

이 두 가지 생각이 경제에 대한 기본적인 사상이다. 그래서 유대인 속담에는 "가난한 것은 집안에 50가지 재앙이 있는 것보다 더 나쁘다." "빵 바구니가 비어 있으면 불화가 찾아와 문을 두드린다." 등과 같은 아주 현실에 들어맞아 공감이 가는 속담들이 있다.

유대인들은 이와 같이 부자가 되는 것을 신으로부터 물려받은 권리로 여겨 당연시하는 반면에, 가난 자체를 죄악시하는 사상을 가지고 있기 때문에 자녀가 부자가 될 수 있도록 어릴 때부터 철저하게 돈과 경제에 대한 교육을 시킨다. 그들이 시키는 경제 교육의 주 내용은 다음과 같다.

유대인의 자녀 경제 교육 내용

* 어릴 때부터 철저하게 돈에 대한 개념을 확립시켜 준다.
* 스스로 돈을 벌고, 모으고, 불리는 방법과 관리하는 방법 등을 가르친다.
* 돈을 쓰는 방법, 즉 돈을 어떻게 어떤 용도에 지불하고 어떻게 기부하면 좋은지를 가르치고 스스로 결정하게 한다.

* 어릴 때부터 기부, 저축, 소비하는 용도로 돈을 구분하여 지출하는 습관을 들인다.
* 돈은 그 자체가 목적이 아니라 목적을 이루기 위한 수단으로 이용할 수 있도록 한다.
* 돈은 자신만의 이익만을 위해서가 아니라 세상에 선한 영향력을 끼치고, 세상에 필요한 훌륭한 사람을 키워 내는 데 사용하도록 한다.
* 돈을 벌기 위해서는 그에 상응하는 자신의 무언가를 내놓아야 함을 알게 한다.

유대인들에게는 이 경제 교육 외에도 자녀들의 교육과 관련하여 우리가 본받으면 좋을 만한 '제데카 기부 문화'와 '유대인 성인식'이라는 독특하면서도 좋은 전통 2가지가 있다. 이들은 현대에 이르러서도 이 두 전통을 철저하게 지키고 있다.

유대인의 제데카 기부 문화

유대인은 기본적으로 난 축복받았으니 나보다 덜 축복받은 사람을 위해 기부해야 한다는 생각과 어려운 이웃을 돕는 것이 하나님의 축복을 받는 지름길이라고 가르친다. 그래서 그들은 회당과 학교에 항상 비치되어 있는 '제데카 함'이라 불리는 선행 성금 함에 기부를 하고, 가정에서는 어릴 적부터 하루에 세 번 제데카 함에 선행 동전을 넣는 교육을 하여 어릴 때부터 기부하는 습관을 기른다.

유대인들의 성인식

유대인들은 13세가 되면 성인식을 치르는데, 우리나라에서 돌에 아이에게 돌 반지를 선물해 주듯이 유대인들은 개인이 2~3백 불의 현금 부조를 한다. 이때 일반 가정에서는 5~6만 불이 모이고 상류층에서는 몇십만 불이 모이기도 하는데, 이때부터 이 돈을 부모와 함께 관리하거나 혼자서 관리를 하고 불려 나가면서 금융에 대한 지식과 돈 관리 노하우를 쌓게 된다.

이들은 보통 종잣돈을 가지고 크게 불리기 위해 예금, 주식, 채권 등을 운용하는데 대학을 졸업할 무렵에는 제법 큰돈으로 불어나 있어 이들이 경제적으로 자립하고 창업하는 데 사용된다(이스라엘에서는 대학 졸업 시 80~90%의 대학생이 창업을 희망한다고 한다).

이상으로 우리는 유대인의 경제 교육 배경, 경제 교육법 그리고 전통 2가지를 알아보았다. 이 자료를 바탕으로 하여 우리 아이들에게 경제적 자립심을 키워줄 수 있는 경제 교육법을 다 같이 정립해 보자.

아이들에게 경제적 자립심을 키워 주는 교육법

* **아이에게 지나치게 많은 돈을 주지 말자.**

아이에게 필요 이상으로 많은 돈을 주면 아이에게 가지고 싶은 것을 너무 쉽게 얻을 수 있다는 인식을 심어 주어 아래와 같은 부작용을 불러온다.

- 돈의 소중함을 모르고 필요 이상으로 함부로 쓰는 과소비의 습관이 형성된다.
- 돈이라는 것을 쉽게 얻을 수 있는 것으로 생각해 자신의 미래를 위해 스스로 노력하려고 하시 않고 나약해진다.
- 언제든지 부모에게 말만 하면 돈을 받을 수 있기 때문에 부모에 대한 의존성이 심해진다.
- 아이가 돈을 너무 많이 가지고 있거나 많이 쓰게 되면 나쁜 아이들의 표적이 되기 쉽다. 왜냐하면 아이가 돈으로 아이들의 환심을 사거나 친

구를 매수하려 들고, 나쁜 아이들이 이 돈에 더 끌리기 때문이다.

- 돈의 힘으로 친구들을 마음대로 부릴 수 있다는 생각에 아이의 인성이 거만해지고 잔인해진다.

* 아이에게 노력의 대가에 상응한 돈을 줘서 돈 벌기가 얼마나 어려운지를 가르쳐라.

우리나라에서는 부모들이 아이들에게 열심히 공부하기만을 바라지, 어린 나이에 돈 버는 것을 달가워하지 않는다. 최근 우리나라의 SNS에서 엄마 생일 선물을 사기 위해 귤을 파는 초등학교 6학년과 4학년의 남자 형제가 화제에 올랐다. 하지만 우리나라와는 달리 미국에서는 아이들이 이렇게 귤이나 사소한 물건들을 길거리에 내놓고 파는 모습을 종종 볼 수 있다고 하는데, 이것을 레모네이드 스탠드라고 한다.

레모네이드 스탠드(Lemonade Stand)란?

아이들이 자신의 경제적 목적을 위해 레모네이드나 자신이 가지고 있는 물건을 길거리에 가지고 나와 전시해 놓고 파는 것을 말하는데, 이런 레모네이드의 목적은 선행이나 기부(병에 걸린 친구나 이웃의 치료비에 기부하기 위해서 등등)를 하거나 아니면 자신들이 원하는 물건을 구입하기 위해서 등 다양하다. 아이들은 이러한 경험을 통해 어떻게 돈을 벌고 관리하는지, 돈을 버는 것이 얼마나 힘든지를 배우게 되는 한편으로 다른 아이들과 같이 레모네이드 스탠드를 운영하면서 협동심도 기르게 된다.

이처럼 아이들이 할 수 있는 일들을 시킨 다음 그에 상응하는 보상을 한다거나 간단한 상업 행위를 경험해 보게 함으로써 돈 벌기의 어려움을 체험시켜라.

＊ 돈을 줘야 할 때와 주지 말아야 할 때를 구분하자.

불로소득, 즉 노력 없이 쉽게 돈을 얻게 되는 횟수가 반복되면 그 아이는 돈의 소중함을 모르고 과소비를 하게 되고 돈을 쉽게 얻을 수 있는 것으로 판단하여 미래를 위해 노력하지 않게 된다.

따라서 노력이나 이유 없이 돈을 주지 않는 것이 좋다. 또 어쩔 수 없이 불가피하게 돈을 받게 되면 선행 함이나 아이의 저축 통장에 넣어 사사로운 소비로 없애 버리지 않도록 유도해라.

＊ 의미 있게 돈 쓰는 법을 가르쳐라.

책이나 문구를 사고 친구의 생일이나 남을 돕는 데 인색하지 않도록 가르쳐 주고, 주변에 어려움에 처한 사람이 있으면 같이 가서 보살펴 주고 도와주어라. 그리고 자녀들이 자신이 모은 돈을 이러한 선행을 위해 썼을 때는 칭찬해 줌으로써 자긍심과 보람을 느끼게 해 주어라.

＊ 올바른 소비를 할 수 있도록 건전한 소비관을 심어 주어라.

아이의 소비관은 향후의 삶을 살아가는 데 있어서 중요한 기능을 할 뿐만 아니라 그 사람의 발전과 행복에도 큰 영향을 미치게 되므로 가급적 어린 나이에 올바른 소비관을 심어 주는 것이 좋다.

- 자신의 용돈 범위 안에서 쓰도록 한다.
- 사고 싶은 물건의 우선순위를 고려하여 계획적으로 사도록 유도한다.
- 사전에 구매 목록을 만들어 충동구매를 하지 않도록 한다.
- 환경 오염을 고려하여 과잉 포장 제품을 삼가고 실속 포장 제품을 구매

한다.

- 비싸다고 다 좋은 것은 아니며 반대로 싸다고 해서 다 나쁜 것은 아니다.
- 물건의 가치를 알고 소중히 다루는 법을 배우고, 가능하면 새로 사지 않고 스스로 고쳐 쓰게 한다.

✳️ **아이가 어릴 때부터 정기적으로 용돈을 주어 수입과 지출을 관리하도록 가르쳐 주자.**

일반적으로 아이들은 고정된 수입도 없고 성숙한 금전 의식도 없기 때문에 돈을 어떻게 써야 할지 모른다. 그렇지만 돈을 쓰고 싶은 욕구는 강해서 돈을 현명하게 쓰지 못하는 경우가 많다. 그래서 돈을 모으기보다는 계획 없이 충동적으로 물건을 사 버리거나 나중에 쓸 돈을 남겨 놓지 않고 수중에 있는 돈을 몽땅 털어서 써 버리기가 쉽다.

이런 잘못된 습관을 들이지 않기 위해서는 어릴 때부터 주 혹은 월 단위로 정기적으로 용돈을 줘서 계획적으로 돈을 쓰도록 만들어야 한다.

돈을 주기 전에는 주 또는 월 단위로 어디에 얼마를 쓸 것인지에 대한 지출 계획을 세우도록 하고, 기간이 지난 다음에는 계획대로 사용했는지를 부모와 함께 점검하는 것이 좋다. 이를 위한 보조 수단으로 간단한 금전 출납부를 쓰는 습관을 들이도록 유도해야 한다.

지출 계획을 보고 용돈의 액수를 조정하고, 사용하고 난 후에는 무조건 적게 썼다고 칭찬하지 말고 계획대로 썼는지, 적절한 비율로 돈을 써야 할 곳에 썼는지 중점적으로 체크하고 칭찬해 주어라.

＊ 용돈에서 기부금, 저축하는 돈을 미리 떼고 사용하는 것을 실천하도록 가르친
  다.

기부나 저축하는 습관은 하루아침에 길러지는 것이 아니다. 유대인들을
본받아 아이들이 아주 어렸을 때부터 기부금 통과 저축 통장을 만들어 주
어 기부하고 저축하는 습관을 기르게 하자

＊ 아이가 할 수 있는 일이면 스스로 일해서 필요한 돈이나 물건을 얻게 하라.

＊ 돈 앞에서 자존심을 지키게 하자.

정당한 방법으로 돈을 벌게 하자. 돈을 벌기 위해 법을 위반하거나 도덕
이나 윤리 규범을 어기지 않도록 가르치고, 돈 때문에 비굴해지거나 자존
심을 버리지 않도록 가르쳐라.

＊ 유대인의 성인식처럼 청소년기에 목돈을 마련해 주기 위해 아이가 어릴 때부
  터 아이 몫의 목돈 저축을 시작하라.

아이를 기르다 보면 아이의 돌 때를 비롯해 아이가 상당한 금액의 돈을
받는 경우가 있는데, 대부분의 부모는 이 돈을 생활비에 보태는 등으로 써
버리고 만다. 그리고는 아이가 대학에 가고 결혼을 할 때쯤이면 학비와 결
혼 자금 마련에 허덕이기가 일쑤다. 이렇게 하기보다는 유대인들처럼 성인
식은 못 치르더라도 청년기에 경제적 자립을 도울 수 있는 목돈을 만들어
주자.

아이가 어릴 적부터 받은 큰돈은 아이 몫으로 저축하고, 여기에 부모가
기회가 있을 때마다 힘을 보탠다면, 아이가 고등학생이나 대학생이 될 무
렵에는 제법 큰돈이 모일 것이다. 이렇게 모인 종잣돈을 아이에게 줌으로

써 아이가 사회에 진출하기 전에 돈을 운용하고 불리는 경험을 하게 만들어 주고, 이 돈을 사회 진출 준비나 혹은 사업 자금으로 활용할 수 있도록 해 주자.

이상으로 나는 유대인의 돈과 부에 대한 가치관과 자녀들에 대한 교육 방법을 바탕으로 우리 자녀들에게 어떻게 돈과 경제에 대한 교육을 시킬 것인지 고민해 보았다.

앞에서 언급했지만 우리 한국인은 마음속으로는 돈과 부자에 대한 동경과 집착을 하고 있으면서도 겉으로는 이들에 대해 초연한 척하는 경향이 있다. 이러한 사상적 가치관은 오랜 세월을 같이한 유교 문화의 영향에서 기인한 것인데, 현대 자본주의 사회와는 걸맞지 않은 것이다. 그래서 유대인들의 기본적인 사상, 즉 "돈은 하느님이 주신 것이기 때문에 돈을 잘 다루고 관리를 잘하는 것은 하느님을 기쁘게 하는 것이다."와 "가난은 나쁜 것이다."라는 사상에 내가 가지고 있는 소신 중의 하나인 "정당하게 번 돈은 좋은 것이다."라는 것을 추가하여 이것을 자녀들의 기본적인 가치관으로 심어 주길 바란다. 그리고 자녀들의 어린 시절부터 경제적 자립심을 심어 주는 교육법을 차근차근 하나씩 가르쳐 주고 실천하게끔 만들어 주길 바란다.

만약에 우리가 우리 자녀들에게 이러한 가치관을 올바로 심어 주고 교육법을 제대로 실천하기만 한다면, 우리 자녀들은 선진 자본주의 사회에서 경제적으로 성공할 수 있는 자질을 갖춘 능력 있는 성인으로 커 나갈 것이다.

당당하게 자녀에게 십일조를 요구하여라

자녀들과의 관계를 신뢰와 정을 바탕으로 한 돈독한 관계로 만들고 싶거든 당당하게 자녀에게 십일조 용돈을 요구하여라.

경제적으로는 농경 사회이면서 사상적으로는 유교가 주류를 이루던 과거의 대가족 제도에서는, 한 울타리 안에서 3대나 4대가 함께 모여 생활을 했기 때문에 자녀에 대한 교육이나 부모에 대한 부양이 자연스럽게 이루어질 수 있었다. 그러나 현대에 들어와 급격한 산업화와 핵가족화로 인하여, 사람들의 일반적인 인식이 자녀에 대한 양육은 끔찍하게 위하면서도, 부모에 대한 존경과 부양 의무는 등한시하고 무시해 버리는 경향이 있다. 그래서 많은 젊은 부부가 하나 아니면 둘뿐인 자녀의 양육과 교육에 대해서는 지나칠 정도로 관심과 애정을 쏟지만 떨어져 사는 부모의 삶이나 경제적인 형편에 대해서는 애써 외면해 버리는 것이 요즘의 현실이다.

젊은 부모들의 세태가 이렇게 흘러가다 보니, 노년의 부모들은 자신들의 노후에 충분히 쓰고도 남을 많은 재산이 있으면서도, 자식들에게 의지하면서 살지 않겠다는 생각이나 나는 나대로 자기들은 자기들대로 잘 살면 된다는 생각으로 손안에 든 부를 죽는 순간까지 움켜쥐고 놓으려고 하지 않는다.

그런데 이렇게 자식과 부모가 서로 경제적 협력 없이 단절된 채로 각자도생하는 세태와 삶이 바람직할까? 나는 절대 아니라고 본다.

내가 생각하기에 가장 바람직한 방향은 경제적인 부를 축적한 노년의 부모는 사회에 진출하는 자녀에게 경제적인 도움을 주고, 자녀는 부모가 마련해 준 경제력을 바탕으로 조기에 성공을 하여 부모의 노후를 일정 부분 책임지는 패턴이 대를 이어 이어지게 하는 것이다. 이렇게 하기 위해서 나는 여러분에게 자녀들이 경제적으로 자립하여 돈을 벌기 시작하면, 수입금액의 십분의 일인 십일조를 용돈으로 당당하게 요구하여 받는 대신에 자녀들의 경제적인 성공을 앞당길 수 있도록 자녀들에게 종잣돈으로 쓸 수 있는 목돈을 지원해 줄 것을 권한다.

그 이유는 첫 번째로 내 경험상 사회에 첫발을 내디딘 후 투자를 위한 종잣돈을 모으기까지는 오랜 세월이 소요되는데, 종잣돈의 지원은 이 기간을 단축해 줌으로써 자녀의 빠른 경제적 성공을 불러와 경제적 여유와 함께 부모님에 대한 경제적 지원을 가능하게 해 주기 때문이다.

두 번째 이유는 자녀들에게 십일조를 받음으로써 자녀의 경제적 자립심과 자긍심을 가지게 하는 한편, 향후 재산의 상속이나 증여 시에 부모 부양에 대한 대가성의 상속이나 증여가 이루어져 자녀에 대한 상속이나 증여에 정당성을 부여할 수 있기 때문이다.

세 번째 이유는 부모와 자녀들의 관계를 신뢰와 정을 바탕으로 한 돈독한 관계로 만들어 주기 때문이다.

이는 부모와 자녀 세대 간의 관계를 경제적 협력의 끈으로 이어 주며 부모와 자녀들의 관계를 신뢰와 정을 바탕으로 한 돈독한 관계로 만들어 주어 윈윈 전략이라고 할 수 있다.

이와 같이 많은 장점이 있는 십일조 용돈에 대해서 더 심층적인 이야기를 해 보도록 하겠다.

부모와 자녀 간의 관계는 보는 관점에 따라 여러 관계가 있을 수 있는데, 여기서는 경제적 관점에서 바라본 부모의 유형에 대해서 먼저 알아보도록 하자.

＊ 자녀에게 받지는 못하고 주기만 하는 부모

자녀가 성인이 된 이후에도 경제적으로 주기만 하는 부모다. 이런 부모는 자녀를 의존형 사람으로 만드는 부모의 유형이다. 이 유형의 부모 밑에서 자란 자녀의 의존은 부모의 재산이 거덜 나거나 부모가 죽고 나서야 끝이 나는 경우가 많다. 반대로 자립심이 있는 자녀는 성인이 된 이후에는 부모의 경제적 지원을 타당한 이유가 있지 않은 한 거절하는 경우가 많다.

또 부모가 경제적으로 넉넉지 못함에도 불구하고 성인이 된 자녀에게 분수에 넘치게 베풀기만 하는 경우도 있는데, 이 또한 바람직하지 못하다.

＊ 자녀에게 받기만 하고 주지는 못하는 부모

자녀가 조기에 크게 성공하였거나, 부모가 가난해서 주고 싶어도 못 주는 경우다. 가난한 가정에서 자라난 자녀는 대부분 자립심이 강하기 때문에 조금만 뒷받침이 되어 준다면 성인이 되어서는 받기만 하고 자란 자녀보다 성공 확률이 훨씬 높다.

＊ 자녀와 서로 주고받는 부모

자녀의 성상 과성은 물론이고 성인이 된 이후에도 부모가 경제적인 지원을 해 주는 대신 자녀도 경제적으로 부모를 보살피는 상호 호혜의 관계다.

자녀는 부모의 경제적 지원을 종잣돈으로 삼아 조기에 경제적 자립을 실현하고 부를 축적할 수 있고, 부모는 경제적 지원의 대가로 자녀로부터 경제적 보살핌을 받는다. 내가 봤을 때 가장 바람직한 관계의 부모다.

* 주지도 받지도 않는 부모

요즘 들어 가장 많은 부모가 이 유형에 속하지 않을까 한다.

이 유형도 두 부류로 나뉘는데 첫 번째 부류는 부모가 경제 사정이 여의 찮아서 자녀에게 주지 않았기 때문에 받지도 않는다는 경우이고, 두 번째 부류는 부모가 경제 사정이 넉넉함에도 불구하고 안 주고 안 받기로 일관 하는 경우이다. 대부분 이러한 경우의 부모와 자식 간의 관계는 오가는 정 이 없어 삭막하고 각박하다.

나는 이 네 가지 유형의 부모 중에서 자녀와 서로 주고받는 부모가 가 장 바람직한 유형이라고 생각하고 있는데, 그 이유는 내가 대학 시절에 읽 었던 독일의 시인이자 소설가인 동시에 아동문학가인 에리히 케스터너의 『파비안』이란 소설의 영향 때문이다. 이 소설은 오랫동안 기억에 남아 내 인생에 큰 영향을 끼쳤는데 그중 한 장면을 같이 음미해 보자.

불확실한 광고 전문가라는 직업을 가지고 베를린에서 어렵게 살고 있던 주인공인 서른두 살의 파비안이 파면을 당해 실업자로 전락한 직후에, 시 골에 살고 계신 어머니가 아들이 보고 싶기도 하고, 걱정되기도 하여 베를 린으로 상경을 하셨다.

아들은 파면당한 사실을 숨긴 채 하룻밤을 같이 지내고 나서 이튿날 어 머니를 기차역으로 배웅해 드렸다. 파비안은 햄버거 하나, 비스킷 한 통, 오렌지 2개를 사서 어머님께 드리고는 어머니 몰래 핸드백 속에 20마르크 지폐 한 장을 넣어 놓고 작별 인사를 했다.

그리고 그날 파비안이 하숙집에 돌아왔을 때 책상에는 편지 한 통이 놓 여 있었다. 봉투를 열자 그 속에는 20마르크 지폐 한 장과 서투른 글씨로 쓴 어머니의 편지가 들어 있었다.

편지에는 "약소하나마 사랑의 마음으로 엄마가."라는 문구로 시작하여, 자식을 걱정하여 자질구레한 것들을 당부하는 내용이 적혀 있었다.

소설에서 전지적 작가 시점을 통해 에리히 케스터너는 이렇게 설명한다. "엄마와 아들이 주고받은 것을 수학적으로 보자면 이 결과는 영이었다. 왜냐하면 지금은 둘 다 전과 같은 액수를 가지고 있기 때문이다. 그러나 선행은 차액 계산을 거부한다. 도덕 방정식은 산술 방정식과 다른 방식으로 전개된다."

젊은 시절의 나는 소설의 이 대목에서 크게 감명을 받았고 또한 깨달았다.

산술적으로는 하나를 주고 하나를 받으면 영(0)이 되어 없는 것이 되지만, 인간의 감정에 있어서는 착한 선행이나 악행을 막론하고, 하나를 주고 하나를 받으면 그것은 영(0)이 되어 없어지는 것이 아니라 둘이 되어 두 배가 된다는 것을….

위 소설 파비안의 도덕 방정식의 영향을 받아 나는 여태껏 살아오면서 매달 내 소득의 10% 이상을 용돈으로 부모님께 드렸다. 직장에서 임원으로 재직하여 연봉이 높았을 때는 10%가 못 되었을 수 있으나, 실업 기간이나 직장이 변변찮았을 때는 10%가 훨씬 넘었을 것이다.

몇 년 전 퇴직을 하고부터는 전적으로 아내의 수입에 의존하고 여기에 소액의 임대 수입을 더해 살아가고 있지만, 지금도 소득 대비 꽤 높은 비율의 돈이 자동 이체되어 어머니의 통장에 들어가고 있다. 그런데 이렇게 부모님께 용돈을 드리는 것이 나에게 부모에 대한 부양 의무를 다하고 있다는 큰 자긍심을 가져다주었다. 그래서 나는 이러한 자긍심과 자립심을 자녀들에게도 심어 주기 위해 두 자녀에게 십일조 용돈을 요구하였다. 그 결과로 아내와 내 통장에는 자녀들이 주는 십일조 용돈이 매달 꼬박꼬박 입금되고 있다.

내 자녀들은 성장하는 과정에서 우리 부부가 부모님께 매달 정기적으로 용돈을 드리고 또 행사가 있을 때마다 별도로 돈을 드리는 모습을 봐 왔다. 그리고 아이들이 고등학교에 다닐 때부터는 "너희들이 나중에 직업을 갖게 되면 엄마 아빠가 했던 것처럼 너희도 매달 용돈을 주어라."라는 이야기를 해 왔었다.

딸은 내가 십일조 용돈을 달라고 이야기했을 때 이미 주기적으로 일정 금액의 용돈을 드리기로 작정은 하고 있었지만 십일조, 즉 수입 금액의 10%는 좀 과하다고 생각했던 모양이다. 왜냐하면 당시에는 직업이 인턴 의사였기 때문에 월급이 많지 않아 당연히 십일조 금액도 적어서 괜찮지만, 나중에 전문의가 되거나 개업의가 되면 백만 원이 훨씬 넘는 어쩌면 몇백만 원이나 되는 큰돈을 바칠 수도 있다는 생각이 들었기 때문일 것이다.

하지만 딸이 동료 의사인 친구에게 고민을 털어놓자 친구가 말하길 "네 부모님이 너를 그렇게 애써 가르쳐서 이 자리에 오게끔 만들어 주셨는데 그만큼도 안 하려고 그러니?"라고 했다고 한다. 그래서 딸은 친구의 이 한마디를 듣고 오케이를 했다(친구 한번 잘 두었다).

다음은 아들 차례다.

어느 날, 아내와 같이 있는 자리에서 아들에게 용돈 얘기를 꺼냈더니, 아들이 대답했다. "엄마, 아빠가 그렇게 드렸으니 나도 당연히 드려야죠. 전부터 드리려고 마음먹고 있었어요. 근데 엄마, 아빠가 할아버지, 할머니를 모시지는 않았으니 나도 엄마, 아빠 모시고 살지는 않을 거예요."

그러자 아내가 걱정되어 물었다.

"지금은 너 혼자이니 그렇게 쉽게 하겠다고 하겠지만 신중하게 생각해서 대답해라. 너 장가가면 네 색시가 반대해서 못 하게 하면 어떻게 할 건데?"

"걱정하지 마세요. 담판을 지을 테니."

"무슨 담판?"

"부모님이 부동산을 좀 가지고 있는데, 매달 십일조 용돈을 드리고 부동산을 유산으로 받을래? 아니면 안 드리고 안 받을래? 우리 부모님은 수틀리면 충분히 사회에 기부해 버리고도 남을 분들인데…."

이렇게 해서 우리 부부는 우리가 했던 것처럼 우리 자식들에게서 십일조 용돈을 받게 되었다.

나는 앞에서 자녀에게 경제적 자립심과 자긍심을 심어 주기 위해서 용돈을 받는다고 했는데, 우리 부부처럼 성장기의 자녀에게 향후의 십일조 용돈을 약속받는다면 구체적으로 어떤 장점이 있을까?

십일조 용돈의 장점

* 성인이 된 후에는 부모를 책임져야 한다는 생각에 자립심이 길러지게 된다.

일반적으로 보면 부잣집에서 자란 아이들보다는 가난한 집에서 자란 아이들이 성인이 된 후에 부모를 더 잘 보살피는 경우가 많다.

이는 가난한 집 아이들이 자라는 과정에서 부모를 책임져야 한다는 생각을 더 자주 할 수밖에 없는 환경에서 기인하는데, 십일조 용돈을 요구하는 것은 부모를 책임져야 한다는 생각을 심어 주는 것이다.

＊ **캥거루족 자식을 만들지 않는다**(부모에 대한 의존심을 없애 준다).

내 직장 상사였던 한 분은 많은 고생 끝에 자수성가하셨다. 본인이 어려서부터 너무 고생을 많이 했기 때문에 자식들만은 고생을 대물림하지 않겠다는 생각으로, 자녀들을 애지중지하며 뭐든지 다 해 주겠다고 공언하며 키웠다. 그런데 이렇게 온실 같은 환경에서 받기만 하면서 자란 아들인지라 오십이 넘도록 경제적 자립을 하지 못하고 부모에게 얹혀살면서 야금야금 부모의 재산을 모두 탕진하고 말았다. 그 결과로 지금 직장 상사는 무능한 아들과 함께 가난한 서민들이 사는 작고 낡은 아파트에 살면서 비참한 노년이 예견되는 상황에 몰리고 말았다.

십일조 용돈을 요구하는 것은 위와 같은 주기만 하는 부모의 폐단을 없애기 위한 것이기도 하다. 부모에 대한 경제적 지원을 약속한 자녀라면 최소한 캥거루족 자식은 되지 않는다.

＊ **재산 상속에 대해 자녀의 불로소득 기대를 없애고 정당성을 부여한다.**

대가를 치르지 않은 불로소득의 재산 상속은 자녀의 의존성을 키우고, 왠지 떳떳하지 못한 것처럼 느껴진다. 그러나 부모에게 십일조 용돈을 주는 것은 평상시 부모에게 경제적 지원을 한 것이기에 유산 상속 시에 떳떳하다.

＊ **부모의 부양에 일정 부분 책임을 다했다는 자긍심을 갖게 해 준다.**

앞에서 언급했지만 나 역시도 이에 대한 자긍심이 크다.

＊ **주고받음으로써 부모와 자식 간의 신뢰와 정이 깊어진다.**

초등학교 동창인 여자 친구가 한 명 있다. 이 친구는 나이 서른여덟 살에

병으로 남편을 잃고 과부가 되었는데, 과부가 된 이후에 주변 남자들의 많은 유혹을 뿌리치고 악착같이 살면서 혼자서 두 명의 아들을 훌륭하게 잘 키워 냈다. 이러한 친구의 희생 덕분에 친구의 큰아들은 삼성전자의 중견 관리자로 성공하여 경제적으로 풍족한 가정을 이루고 살게 되었다. 어머니의 희생과 노고를 누구보다도 잘 알고 있는 아들은 항상 자기를 홀로 키워주신 어머니께 잘해 드리려 애를 썼다.

몇 년 전에 이 친구가 내게 말하길 "아들 내외가 나한테 잘하려고 돈도 보내고 이것저것 물건도 사서 보내는데, 나는 부담스러워 죽것시야~~ 알다시피 남편이 죽은 뒤로 대기업 식당에서 쭉 일을 해 와서, 그동안 쪼끔 모아 놓은 것도 있고 연금도 나와서 나 혼자서는 충분히 먹고 살만 헌디, 뭣 땜시 애들한테 손 벌린디야? 나는 나대로 지들은 지들대로 잘 살믄 그만 인디~~ 애들 귀찮게 하기 싫어야~~ 영석아, 안 그러냐?"

나는 친구의 말을 듣고 나서 친구에게 소설 『파비안』의 도덕 방정식 이야기를 해 주었다. 그리고 덧붙이기를 아들 부부가 해 주는 것들은 반갑고 고마운 마음으로 받고, 정 부담이 된다면 받는 것 이상으로 며느리 생일이나 손주들의 행사 때 되돌려 주라고 조언을 했다.

이후 까맣게 잊고 있었는데, 한 이 년 뒤에 이 친구에게 안부 전화가 왔다. 여러 동창의 소식을 주고받은 끝에 이 친구가 말했다.

"영석아, 그때 네 말을 듣기를 참 잘했시야~~ 그렇게 했더니 아들 내외와 손주들이 너무 좋아하고, 아들 부부와의 관계가 전보다 훨씬 더 좋아져 부렀시야. 친구야, 고맙다!"

이처럼 주고받음으로써 부모와 자식 간의 신뢰와 정이 깊어지게 되는데, 이게 바로 파비안의 도덕 방정식의 힘이다.

그런데 이 도덕 방정식은 선행에만 적용되는 것이 아니라 악행에도 똑같이 적용된다. 우리 주변에서 끊임없이 일어나는 사건, 사고들의 내막을 조금만 관심 있게 들여다보면 이 점은 명백히 드러난다. 내가 어떤 타인으로부터 악행을 당하고 나서 그에게 그만한 보복 행위를 했다고 해서 그 악행이 없어지고 그에 대한 감정이 사라지는가? 절대 아니다. 오히려 그 악행에 대한 감정은 나 하나에서 나와 너, 두 배로 증폭되기 마련이다.

십일조 용돈을 요구하는 것이 자녀 교육에 이렇게 실질적으로 도움이 된다면, 어떻게 이에 대한 교육을 시키고 요구를 관철시킬 수 있을지에 대해서도 다 같이 고민해 보도록 하자.

어떻게 십일조 용돈에 대한 교육을 시킬까?

✱ 부모가 솔선수범하여 먼저 부모님에게 정기적, 비정기적으로 용돈을 드려라.

언젠가 부부 동반 동창 모임에서 우리 자녀들의 십일조 얘기를 했더니, 한 친구의 아내가 자기들도 자식들에게 그렇게 요구를 하겠다고 했다. 내 아내가 그 말을 듣고 "근데 자기는 시부모님 용돈 다달이 드려 봤어?" 하고 물었다. 내가 알기로는 그 친구 부부는 부모님께 용돈은 물론 명절 때도 제대로 돈을 드린 적이 없었는데, 자녀들이 "예! 알겠습니다." 하고 순순히 돈을 바칠까? 내 생각에 십중팔구 자녀들이 거부할 거라고 본다.

그러니 자녀들에게 십일조 용돈 이야기를 꺼내기 전에 먼저 부모님에게 적은 액수일지라도 정기적, 비정기적으로 용돈을 드려라. 그러면 스스로 떳떳하고 자긍심을 느낄 수 있을 뿐만 아니라 부모님의 입가에 피어오르는 미소를 발견하게 될 것이다.

＊ 부모님께 용돈을 드리는 모습을 자녀들이 보게 하고 알게 하라.

자녀들이 어릴 때부터 부모가 할머니, 할아버지께 용돈을 드리는 모습을 자주 보여라. 그러면 자녀들도 자연스럽게 받아들인다. 나는 부모님을 찾아뵐 때, 어린 자녀들을 데리고 가 그들이 보는 앞에서 용돈을 드리곤 했는데, 이러한 솔선수범이 자녀들의 십일조 용돈에 대한 거부감을 없앴다고 본다.

＊ 자녀들이 부모로부터 받는 것을 성인이 되면 갚아야 한다는 것을 인식시켜라.

자녀들에게 주기만 하고 받지는 못하는 부모의 유형이 되어서 자녀를 무능한 의존형의 사람으로 만들어서는 안 된다. 자녀가 어릴 적부터 부모로부터 받은 것을 성인이 되면 갚아야 한다는 것을 인식시켜 주어야 한다.

＊ 자녀가 어릴 적부터 부모에게 용돈을 드리는 것은 당연하다는 것을 인식시켜 주어라.

어떤 부모들은 안 주고 안 받겠다는 생각으로 자녀들이 주는 용돈을 뿌리치기도 한다. 그러나 이러한 행위는 먼 미래를 내다보지 않는 근시안적인 것이다. 자녀와 서로 주고받는 부모의 유형이 되려고 노력하고, 자녀에게도 부모에게 십일조 용돈을 드리는 것이 당연하다는 것을 가르쳐라.

＊ 부모로부터 받기만 하는 것을 당연한 것으로 여기지 않도록 하라.

자녀가 부모로부터 받기만 하는 것을 반복하다 보면, 나중에는 받기만 하는 것을 당연시하게 된다. 그렇게 되면 주기만 하는 부모에게 고마움을 느낄 줄 모를 뿐만 아니라, 모든 것을 부모에게 의존하는 자녀가 되어 버리고 만다. 그러니 부모로부터 받기만 하는 것을 당연한 것으로 받아들이게 해서는 안 된다.

나는 이번 제15원칙에서는 먼저 자녀와 주고받는 경제적 관점에서 부모의 유형을 네 가지로 나누어 설명하고, 소설 『파비안』의 도덕 방정식을 예를 들어 자녀와 서로 주고받는 유형의 부모가 될 것을 권하였다. 그리고 십일조 용돈의 장점과 십일조 용돈에 대한 교육 방법에 대해 이야기했다. **요약하자면 자녀와 서로 주고받는 부모가 되어 먼저 자신의 부모님께 용돈을 드리는 솔선수범을 보인 후에 자녀에게 십일조 용돈을 당당하게 요구하고, 자녀가 사회에 진출하기 전에 종잣돈을 지원해서 자녀들의 경제적 자립과 성공을 앞당기라는 것이다. 만약에 여러분이 이것을 실천하기만 한다면, 여러분의 자녀가 성장한 이후에도 여러분과 여러분의 자녀와의 관계는 신뢰와 정을 바탕으로 한 돈독한 관계가 이어질 것이다.**

제15원칙에 대해서는 나와 의견을 같이하는 분도 있겠지만, 나와 다른 의견을 가진 분도 상당히 많을 것으로 추측하고 있다.

그래서 생략해 버릴까 하는 생각도 있었지만, 그래도 잃는 것보다는 얻는 것이 많을 것 같아 그대로 두었다. 최종 판단은 독자 여러분에게 맡긴다.

자신의 내면에 있는 참된 나를 알게 하라

자녀가 성인이 된 이후에 진정으로 행복하고 자유로운 삶을 살기를 바란다면, 자신의 내면에 있는 참된 나를 알게 하라.

이제까지 나는 15개의 원칙을 통해서 어떻게 하면 우리 아이들을 훌륭하게 키워 낼 수 있는지에 대해서 이야기했다. 아마도 우리 부모들이 이 15가지 원칙을 준수해서 아이들을 키워 낸다면, 사회적인 평가 기준으로 볼 때 우리 아이들은 성공한 사회인이 되기 위한 조건을 갖춘 훌륭한 사람으로 성장해 있을 것이다. 그런데 이렇게 길러지고 성공의 조건을 갖춘 훌륭한 사람이 되었다고 해서, 그 사람이 성인이 되었을 때 반드시 행복한 삶을 살 수 있다고 장담할 수 있을까? 이 물음 앞에 나는 절대 장담할 수 없다고 본다. 왜냐하면 사회적인 성공과 행복은 비례 관계에 있지 않기 때문이다.

앞에서 언급했듯이 발달심리학에서 말하기를, 영아는 18개월경에 자신과 타인이 다른 사람임을 아는 자아 인식이 가능해져서 도덕적 정서가 생겨나기 시작하고, 2살에서 4살 사이에는 처음으로 자신이 부모와 분리되고 독립된 존재라는 것을 알게 된다고 한다. 이 말이 사실이라면 생후 18개월 이전에는 나라는 생각이 없기 때문에, 지금 나라고 여기는 그 존재는 아예 없는 존재이다. 이러한 이유로 내가 제시한 15개 원칙이란 단지 나라는 자의식이 없는 백지상태의 어린 자녀에게 부모나 사회, 국가가 바라는 바람직한 의식이나 사상 또는 습관이나 행동 규범 등을 심어 주어서, 그들이 바라는 이상적인 자의식인 '나'라는 인격체, 즉 에고를 만들어 주기 위한 것일 뿐이다. 그래서 이렇게 양육되는 과정에서 부모, 사회, 국가에 의해 형성된 '나'라는 인격체는 인위적으로 만들어진 에고이지 처음부터 있었던 진정한 나가 아니다. 그럼 이와 같이 지금 이 책을 읽고 있는 나라고 생각되는 이것이 만들어진 것이어서 진정한 나가 아니라면 진정한 나는 누구일까?

나라는 자의식이 형성되기 이전에도 나라고 인식하진 못했지만, 육체의 감각 기관을 통해 사물과 대상을 인식하는 인식의 주체로 나는 분명히 존재했었다. 그래서 사실은 영·유아기에 만들어진 나라는 자의식이 진짜 나가 아니라, 나라는 자의식이 형성되기 이전의 때 묻지 않고 개체로 분리되지 않은 전체로서의 순수한 의식인 나가 진정한 나이다.

그런데 우리는 여태까지 우리도 모르는 사이에 부모와 사회로부터 길들여진 가짜의 나를 진짜 나로 착각하고 살아왔다. 그리고 우리가 이렇게 가짜의 삶을 살아오다 보니 항상 어딘가 허전하고, 세상에 속은 것 같기도 하고, 행복하지 않게 느껴지는 것은 너무나도 당연하다. 이러한 이유로 나는 젊은 시절부터 인생에 회의를 느껴서 한 가정의 가장으로서 사회생활을 해 오면서도 '나는 누구인가?'라는 철학적 명제를 가지고 줄곧 씨름해 왔다. 그 결과 이 책을 쓰는 도중인 우리나라 나이 예순둘이 되어서야 어렴풋하게나마 이에 대한 답을 알게 되었다. 또 내가 누구인지를 알게 되자, 진짜 자신이 누구인지를 알게 되면 마음속 깊은 곳으로부터 우러나오는 평화와 행복 그리고 자유가 반드시 뒤따르게 된다는 것도 알게 되었다. 이것은 마치 '거지로 살아온 꿈을 꾸는 왕' 이야기처럼 자신을 거지로 알고 거지처럼 살아왔으나 실제로는 자신이 모든 것을 가지고 있는 왕이라는 것을 깨닫는 것과 같다.

어떤 사람이 몹시 가난한 집에서 태어나 거지로 살면서 세상의 온갖 고생은 다 하면서 힘겹게 삶을 이어 오고 있었다. 비참하고 비루한 삶에도 세월은 흘렀고 어른이 되자, 똑같은 비렁뱅이인 여자를 만나 다리 밑 움집에 살림을 차렸다.

그리고 자식도 낳고 동냥해 온 음식으로 연명하면서도 '그래, 이렇게 사는 것이 인생이지.' 하고 스스로 만족하면서 살고 있었다. 그러던 어느 날 이 거지는 운이 좋게노 마음씨 좋은 잔칫집에 가서 모처럼 실컷 얻어먹고는, 마누라와 자식한테 줄 음식까지 싸 들고 기분 좋게 산길을 걸어 움막으로 돌아오게 되었다. 그런데 아뿔싸! 산길을 걸어오는 도중에 잔칫집에 참석하지 못했던 배고픈 거지 떼를 만나서, 싸 온 음식을 다 빼앗기는 것도 모자라 죽도록 두들겨 맞았다. 그래서 고통에 겨워 신음을 내고 있는데, 누가 몸을 흔들어 깜짝 놀라 깨어나게 되었다.

그런데 이게 웬일인가? 잠에서 깨니 자신이 화려한 왕궁의 왕좌에 비스듬히 기대어 앉아 있고, 앞에는 근심스러운 눈으로 자기를 쳐다보는 신하가 있는 것이 아닌가? 신하가 물었다.

"폐하, 이 대낮에 낮잠을 주무시더니 악몽이라도 꾸셨습니까? 신음을 내셔서 깨워 드렸습니다."

내가 단언컨대 우리가 바로 '거지로 살아온 꿈을 꾸는 왕'이다. 그리고 우리는 아직 거지로 살고 있는 꿈을 꾸는 중이다. 만약에 우리가 꿈속의 거지와 같은 삶을 살고 있는 이 '나'라는 것이 에고라는 가짜임을 알고, 항상 자신의 내면에 있어 왔던 진짜 나를 찾기만 한다면, 찾는 그 순간에 자신이 모든 것을 가진 왕이었다는 것을 금방 알아차리게 될 것이다. 하지만 진짜인 참된 나를 전혀 상상도 할 수 없는 독자들에게는, 지금 내가 말하는 것이 조금은 생뚱맞고 생소하고 이해하기 어려울 뿐만 아니라, 사이비 종교에 빠진 이상한 사람의 말로 들리기 십상일 것이다. 하지만 이러한 오해를 감수하고서라도 이 책을 읽는 모든 부모와 아이의 진정한 행복을 바라는 마음에서, 누구나 가지고 있는 '자신의 내면에 있는 참된 나'에 대한 이야기로 마지막 제16원칙을 마무리하고자 한다.

우리 인간은 고대의 원시 시대부터 인간에게 필연적인 생로병사와 자연재해 등을 겪으면서 종교와 철학과 인문학의 근본 주제인 아래와 같은 심원한 의문을 제기하고 이에 대한 해답을 얻으려고 노력해 왔다.

* **나는 누구인가?**
* **사물의 본질은 무엇인가?**
* **진리란 무엇인가?**
* **신은 존재하는가?**

특히 철학과 종교에서 여기에 대한 각고의 노력을 기울여 왔다. 제시한 네 가지 질문 중에서 '진리란 무엇인가?'로 시작해 보도록 하자.

진리란 일반적인 사전적 의미로는 '현실이나 사실에 분명하게 맞아떨어지는 것', 또는 '보편적, 불변적으로 알맞은 것'을 뜻하는데, 이 진리에 대한 정의는 다양하여 철학, 논리학, 수학에서의 정의가 모두 다르다. 또 진리는 상대적 진리와 절대적 진리로 나뉘는데 상대적 진리는 "해는 동쪽에서 떠서 서쪽으로 진다."처럼 일정한 전제 조건 아래에서만 맞아떨어지는 것을 말한다. 이 진리는 관찰자가 지구의 표면에 있을 때는 참이지만 우리가 우주선을 타고 지구 밖으로 나가서 우주에서 태양을 봤을 때는 참이 아니다.

반면에 절대적 진리는 어떠한 상황이나 조건에서도 참인 것을 말하는데, 절대적 진리가 성립하기 위해서는 다음의 세 가지 조건을 만족해야 한다.

절대적 진리의 조건

* 전지전능할 것
* 어디에나 모든 곳에 존재할 것
* 영속성을 가져서 영원불변할 것

논리적으로 따져 봤을 때 위의 세 조건을 만족하려면, 이것은 오로지 모든 것을 포함하고 있는 무한 차원의 '하나'인 존재여야 한다. 만약에 '하나' 외에 다른 어떤 것이 별도로 존재한다면, 별도로 존재하는 어떤 것을 허용한 그것은 모든 곳에 존재하지도 않고 전지전능하지도 않으므로 진리가 아니다.

그런데 과연 존재 자체가 불가능할 것 같은 이러한 조건을 만족하는 진리라는 것이 존재할 수 있을까? 서양 철학의 관점에서 본다면 플라톤이 세계를 이데아의 세계와 현실 세계로 이원화한 이후부터 근대 철학까지는 위의 세 조건을 만족하는 진리가 없었다. 그러니 18세기에 칸트가 초월적 관념론을 제시한 이후로, 서양 철학은 현상학을 거치면서 플라톤의 이론에 바탕을 둔 자아와 세계의 분리라는 이원론에서 벗어나 위의 세 조건을 만족하는 일원론으로의 대전환이 이루어지는 중이다.

칸트는 '초월적 자아'를 말했는데 요약하면 이렇다. 인식의 주체는 매 순간 나에게 경험되는 사실이기는 하지만 이 인식의 주체가 나의 인식 활동에 포착되지는 않는다. 이 말의 뜻은 사물을 보는 내 눈이 있다는 사실을 알지만 내 눈을 볼 수 없듯이 '세계를 보는 자'는 현상 세계에서 발견되지 않는다는 의미이다. 이것을 진리와 연관 지어 말하면 '내가 영속성과 보편성을 가진 절대적 진리가 있다는 것을 알지만, 그 진리를 인간의 한계를 가진 감각, 즉 오감을 포함한 인식 활동으로는 알아볼 수 없다'라는 말이다.

이와 같이 철학에서는 사고와 이성을 주요 수단으로 하여 진리를 추구해 왔는데, 이성이 가진 한계 때문에 진리가 있다는 것은 알았지만 진리를 인식할 수가 없었다.

이와 반면에 종교에서는 고대부터 종교의 창시자를 비롯한 위대한 현자들이 나타나 직관과 영적 수행을 통하여 자신의 내면세계를 들여다봄으로써, 위의 세 가지 조건을 만족하는 절대의 존재가 있음을 알아차리고 체험한 후에, 그 체험을 바탕으로 우리 인간이 그 절대 존재의 속성을 가진 절대의 부분으로 존재함을 가르쳐 왔다.

위대한 종교의 창시자들과 현자들이 말한 보편성과 영속성을 갖춘 전지전능한 절대의 존재를 우리는 신이라 부르는데, 우리는 이 신을 언어와 지역에 따라 달리 부르고 있다. 이 신이 힌두교에서는 브라만이요, 불교에서는 부처이고, 그리스도교에서는 하느님 혹은 하나님이요, 이슬람에서는 알라이다. 이 종교의 신을 절대 진리인 신이라 한다면 이들 신은 명칭만 다를 뿐 하나의 신을 가리킬 수밖에 없다. 왜냐하면 하나로서 존재하는 신만이 완전하기 때문이다. 그리고 거듭 이야기하지만 신이라 불리는 이 유일한 존재가 진실로 존재한다면, 우리 인간은 신과 별개의 존재가 아니라 그분의 속성을 가진 그분의 일부로서 영원히 존재해야만 한다. 그래서 인간인 나 자신이 신의 속성을 가진 신의 일부임을 표현하는 단어가 힌두교에서는 아트만이고 불교에서는 불성이고 그리스도교에서는 성령이다.

만약에 우리 자신이 신의 속성을 가진 신의 일부임을 부정한다면, 그것은 바로 신의 전지전능함이나 보편성, 영속성을 부정하는 일이다. 왜냐하면 내가 신의 속성과 일부임을 부정하는 순간, 완전한 신을 부정하는 만큼의 절대성과 전지전능함을 잃어버린 불완전한 신으로 끌어내려지기 때문이다.

그러나 사실이 이러함에도 불구하고 많은 사람이 자기 밖에 별도의 신이 있는 것으로 착각하여, 무한 차원의 진지전능힌 신을 지기 생각으로 만들어 낸 유한 차원의 신, 달리 말하면 한계가 있는 불완전한 신이나 질투하는 신의 수준으로 끌어내리고 있다. 이와 같이 신을 불완전한 신이나 질투하는 신으로 끌어내림으로써, 진리에 부합하는 무한 차원의 전지전능한 신을 부정하고, 자신의 내면에 있는 신성을 부정하는 것은, 실제로는 왕의 신분이지만 꿈에서 깨어나지 못해 꿈속에서 거지로 살고 있는 것과 같다.

자, 이제는 우리가 위와 같은 사실을 알았으니 꿈에서 깨어나 왕의 신분으로 돌아와서 우리가 신의 속성을 가진 신의 일부로서 그리고 불멸의 존재로서 영원히 존재한다는 것을 일단 받아들이자.

그런데 우리가 위의 사실을 받아들인다고 하더라도 현실로 돌아와 보면, 우리는 태어나고 늙고 병들어서 어느 순간에는 죽음에 이르는 육체를 가지고 있다. 그리고 이 육체가 분명히 니임에도 불구히고 나를 신의 속성을 가진 불멸의 존재라는 것을 인정할 수 있을까? 아마도 대다수의 사람은 인정하기가 어려울 것이다. 여기에 대한 답을 찾기 위해 '진리란 무엇인가?'에 이어 '나는 누구인가?'에 대한 탐구를 시작해 보자.

나는 사람들에게 자기의 가장 오래된 기억으로 몇 살 때부터의 기억을 떠올릴 수 있는지 묻곤 한다. 독자 여러분은 가장 오래된 기억으로 과연 몇 살 때의 기억을 떠올릴 수 있는가? 이 질문에 보통은 우리 나이로 5살, 6살 정도의 기억을 첫 기억으로 떠올리고, 드물게는 4살 정도의 기억을 말하는 사람도 있다. 그 누구도 세 살 이전의 기억을 말하는 사람을 본 적이 없다.

또 신기하게도 성인뿐만 아니라 젖먹이 때의 기억이 있을 법한 나이가 어린 유치원생이나 초등학생들에게 물어봐도 세 살 이전의 기억은 되살려 내지 못한다. 이 문답으로 인간은 세 살 이전의 기억을 되살려 낼 수 없다고 추론할 수 있는데, 그럼 인간은 왜 세 살 이전의 기억은 되살려 낼 수 없을까?

이유는 앞에서 언급했듯이 인간에게 세 살 이전까지는 자아의식이 없기 때문이다.

자아의식은 간단하게 말하면 '타인과 구별되는 자기에 대한 의식'이라고 표현할 수 있는데, 우리가 보통 '나'라고 말하는 이 '나'가 바로 나의 자아의식이다. 그런데 세 살 이전까지는 자아의식이 없기 때문에 지금 독자 여러분이 '나'라고 생각하는 그 '나'는 없었다. 그래서 기억의 주체인 '나'가 없었기 때문에 당연히 내가 경험하는 기억이 없는 것이다.

그러면 세 살 이전까지는 없었던 이 '나'라고 생각되는 자아의식은 어떻게 생겨나는 것일까?

갓 태어난 아기는 무력한 존재여서 부모의 보살핌이 없으면 생존할 수가 없으며 '나'라는 생각도 없다. 단지 주변의 환경을 어렴풋이 인식할 수 있을 뿐이다. 본능적으로 생리적 욕구를 만족시키기 위해 배고프거나 기저귀가 젖어 불쾌감을 느끼게 되면 울음으로 신호를 보내고, 욕구가 충족되면 몸짓으로 만족의 신호를 보내거나 잠이 들면 그만이다. 이런 영아가 시간이 지남에 따라 부모가 지어 준 이름으로 자꾸 부르면 그 이름이 자신을 부르는 신호임을 알아차리게 되고, 그 이름을 자신으로 여겨 자신과 이름을 동일시하게 된다. 그리고 어른들이 눈에 보이는 사물을 특정한 명칭으로 부르는 것을 보고, 사물에도 이름이 있다는 것을 알게 되어 사물의 명칭을 배우면서 사물과 명칭을 동일시하게 된다. 그다음 단계는 부모가 '나'라는 단어를 사용하는 것을 보고 흉내 내면서 '나'의 개념을 이해하게 되어 자신의 육체와 이름을 '나'라는 생각과 동일시하게 된다. 그리고 이때부터 이 가상의 '나'를 생각의 중심으로 세워 놓고, 주관인 나와 객관인 눈에 보이는 세계를 이원화시켜서 세상을 배워 나가기 시작한다.

발달심리학적 기준으로 보면 대략 18개월경에 자신과 타인이 다른 사람임을 아는 자아 인식이 가능해지는데 이때부터 부끄러움, 수치, 부러움, 죄책감, 자긍심 등의 도덕적 정서가 생겨나기 시작하고 언어적으로 말을 하기 시작한다. 그리고 그다음으로 2살에서 4살 사이에 처음으로 자신이 부모와 분리된 독립된 존재라는 것을 알아 자신을 독립적 존재로 여기고 정서적 분리를 시작하게 된다. 이렇게 형성되기 시작한 자아의식은 7세 정도에 어느 정도 틀이 잡히고, 그 이후에도 계속 증식되어 '나'라고 인식되는 '에고'로서 확고하게 자리 잡게 된다. 에고가 자리 잡는 과정에서 이 책의 16가지 원칙 등과 같은 부모와 사회가 요구하는 많은 양육 방법과 내용 같은 것이 에고 형성에 영향을 미친다.

위와 같은 태생적 한계로 인하여 '나'라고 생각되는 에고는 '인간이 성장함에 따라 개인적이고 문화적인 조건에 기초해서 자신이 누구인가에 대한 이미지를 만들어 낸 것'으로 정의되는 거짓된 자아이다. 달리 표현하면 '나'라는 것은 무의식적으로 자기 자신을 마음과 동일시함으로써 창조된 거짓된 자아이다.

그럼 지금까지 우리가 '나'라고 생각하고 믿어 왔던 것이 진짜 '나'가 아니라면 무엇이 진짜 '나'일까? 그것은 한마디로 세 살 이전에도 있었던 '나', 가짜인 '나'라는 생각으로 덮여 있었기 때문에 드러나지 않은 내면의 '나'이다.

그리고 그 내면의 진짜 '나'를 찾는 것이 불교의 선에서 추구하는 깨달음이고, 힌두교에서는 자신이 아트만임을 아는 것이고, 기독교의 '거듭남'이라고 하는 깨달음을 얻는 것이다.

우리가 이런 '깨달음', '아트만', '거듭남'을 인정하고 추구하기로 한다면, 어떻게 하면 거기에 다다를 수 있을까?

거기, 즉 깨달음이나 아트만 혹은 거듭남을 달리 표현하면 '궁극적인 실재(절대적 진리)나 자신의 존재 정수(진짜 나, 참나)에 다다름'이라고 말할 수 있다.

그리고 거기에 도달하는 방법이 바로 종교인이나 영적 수행자들이 사용하는 참선이나 명상, 기도, 묵상 또는 관조(contemplation)를 포함한 여러 영적 수행이다. 이러한 영적 수행이 올바르게 수행되었을 때, 그 수행의 결과로 나타나는 상태나 과정상의 정신적인 상태를 우리는 보통 '영성'이라 칭한다. 그리고 일반적으로 수행자들은 사람에 따라 다르기는 하지만 수행의 결과로 다음과 같은 공통적인 경험들에 도달하게 된다.

영적 수행에 의해 도달하게 되는 공통적인 경험의 종류

* 더 커다란 실재와 연결 또는 합일되는 경험을 통해 더 커다란 자아(진아, 아트만)에 이르게 되는 경험
* 자연이나 우주와 연결 또는 합일되는 경험(범아일여)
* 신성의 영역과 연결 또는 합일되는 경험(성령, 불성)

✳ 다른 사람들 또는 사람들의 공동체와 연결 또는 합일되는 경험

이와 관련해서 앞에서 얘기했듯이 나는 젊은 시절부터 영성에 관심을 가지고 줄곧 불교에서 말하는 깨달음을 추구해 왔었다. 그러나 내 노력과는 달리 40대 초반에 딱 한 번 우주와 합일되는 경험을 한 이후에는 이렇다 할 진전이 없었다. 그러다가 60대에 들어 직장을 퇴직하고 전원생활을 하면서 '나는 누구인가?'라는 질문을 내 가슴속 내면의 나에게 던지고, 참된 나를 찾아 내면으로 침잠해 들어갔다. 그리하여 62세에 이르러서야 마침내 존재 전체와 합일되어 진짜 '나'를 경험하게 됨으로써 참된 나를 찾게 됨과 아울러 40대 때 겪었던 경험의 의미를 알게 되었다.

그리고 내가 '진짜 나'인 '참나'를 찾게 되자 이후에는 자연스럽게 다음과 같은 앎을 가져옴과 동시에 내 삶의 변화가 나타났다.

✳ 존재하는 모든 것이 하나로, 절대적이고 전지전능한 의식으로 존재한다는 것을 알게 된다.

✳ 참된 진짜 나는 바로 이 의식의 속성을 가진 의식의 일부로 절대적 존재와 하나라는 것을 알게 된다.

✳ 생각으로 알고 있는, 지금 이렇게 생각하고 있는 나는 진짜 나가 아니라는 것을 알게 된다.

✳ 죽음이란 육체의 변화일 뿐 진짜 나의 죽음은 없다는 것을 알게 된다.

✳ 본질적으로 타인이 모두 나와 하나임을 알게 되어 사랑과 자비심으로 대하게 된다.

✳ 일회적인 삶이 아니라는 것을 알기에 삶에 욕심이나 조바심을 내지 않게 된다.

✳ 자유로운 가운데 평화롭고 행복한 삶을 살게 된다.

위와 같은 앎과 삶의 변화는 내게 직접 일어난 일이니, 나에게는 부정할 수 없는 사실이다. 그럼에도 불구하고 우리가 직접 경험해 보지 못하고, 우리 주변에 이와 같은 경험을 해 본 사람이 드물기 때문에, 우리는 이와 같은 일들을 이해하지 못하고 부정하게 된다. 그래서 고대에는 이런 이야기를 꺼내는 것 자체만으로 미친 사람으로 취급을 당하거나 이단으로 몰려 죽임을 당할 수도 있었기에 믿을 수 있는 제자에게만 비밀리에 진리를 전수하는 관행이 있었다.

그러나 현대에 들어와서는 과학 문명과 정보 통신의 발달로 과거와는 달리 많은 사람이 진리나 영성에 관해 들어 본 적이 있거나, 조금이라도 관심만 있다면 자료를 찾아볼 수 있으므로 이에 대한 거부감은 과거 사람들과 비교하여 훨씬 덜하다. 다만 문제는 우리가 이러한 진리인 영성을 받아들인다고 해도, 여기에 다다르는 것은 당면한 삶을 살아가기에 급급한 우리에게는 너무나도 어렵다는 사실이다. 그렇지만 어려움에도 불구하고 현대에 들어오면서 과거에 비해 일반인 대비 깨달은 사람의 비율이 점점 높아지고 있다고 한다. 미국의 정신과 의사이자 영성가인 데이비드 호킨스 박사나 캐나다의 영성가인 에크하르트 톨레 같은 분들은 미래에는 이 깨달은 사람의 비율이 기하급수적으로 늘어날 것이라고 예언하셨다. 여기에 덧붙여서 나는 지금은 극소수 사람들만의 전유물인 깨달음이 일이백 년이 채 지나지 않는 미래에는 인류의 보편적인 정신적 특성이 되어 있으리라고 확신하고 있다.

이러한 이유로 나는 부모인 우리가 비록 영성에 대해서는 무지하거나 지식이 얕다 하더라도, 이 책을 계기로 영성에 관해 관심을 가지고 자녀에게 영성을 심어 줌으로써, 자녀가 진정한 행복을 찾을 수 있도록 밑바탕을 만들어 주는 것이 매우 중요하다고 여기고 있다. 그리고 만약 여러분이 이러한 영성을 자녀에게 심어 주는 것이 중요하다는 내 생각에 공감한다면, 어떻게 자녀에게 영성을 심어 줄 것인지에 대해서도 같이 고민해 보자. 나는 자녀가 성장하는 과정에서 그들에게 다음과 같은 내용들을 가르쳐 준다면, 우리 자녀가 영성을 기르고 올바른 종교관을 형성하는 데 많은 도움이 될 것으로 믿어 의심치 않는다.

자녀의 영성과 올바른 종교관 형성을 위한 제안

＊ 오감에 의해 인식되는 나타난 세계가 전체가 아님을 알게 하자.

어떤 사람들은 자신이 눈으로 보거나 들을 수 있는 것이 아니거나 과학적 근거가 없으면 믿으려 하지 않는 경향이 있다. 특히 현대에 들어와 서구식 교육의 영향으로 이러한 현상은 더욱 심해지고 있는데, 과연 이러한 관점이나 시각이 올바른 것일까?

땅속에 사는 지렁이는 외부 세상을 인식하는 기관이 촉각밖에 없다. 따라서 지렁이에게는 피부로 느껴지는 촉각이나 진동을 느낄 수 있을 뿐, 우리 인간이 보는 것과 같은 보이는 세계는 존재하지 않는다. 그러나 눈이 있는 우리는 눈에 보이는 세계가 존재한다는 것을 안다. 반면에 박쥐는 초음파를 내보내고 인식할 수 있지만, 우리는 초음파를 인식할 수 없다. 이처럼 우리가 초음파나 전파를 인지할 수 없다고 해서 이것들이 존재하지 않는 것은 아니다. 우리 인간의 감각 기관이라는 것은 인간이 세상을 살아가기 위해 진화의 과정에서 발달한 최소한의 인식 수단이다. 그러므로 우리의 자녀들에게 아주 어릴 적부터 눈으로 볼 수 없고, 귀로 들을 수 없는 무한의 세계가 존재한다는 것을 일깨워 주자. 그리하면 우리 자녀의 세계 또한 눈에 보이는 세계로 국한된 갇힌 세계가 아닌 무한의 세계로 넓어질 것이다.

＊ 오감으로 나타난 세계가 그것의 진짜 본모습 혹은 본질이 아니라는 것을 알게 하자.

생물학의 발달로 밝혀진 바에 의하면, 수많은 동물 중에서 침팬지를 포함한 유인원들은 총천연색의 컬러로 세상을 보지만, 나머지 포유동물들은 좀 더 단순한 몇 가지 컬러로만 세상을 볼 수 있다고 한다. 그래서 우리가 아프리카의 초원에서 풀숲에 숨어있는 사자를 볼 때, 우리 인간의 눈에는 풀의 녹색과 사자의 갈색 털이 대비되어 금방 눈에 띄지만, 녹색과 갈색이 같은 색으로 보이는 누우나 영양 같은 동물의 눈에는 녹색의 풀과 갈색의 사자가 잘 구별이 되지 않는다고 한다. 이는 마치 인간으로 치자면 적색과 녹색을 구분하지 못하는 적록 색맹인 사람의 눈으로 보는 것과 같다. 그런데 이렇게 보이는 세상에서 우리가 보는 총천연색의 세상이 진짜일까? 아니면 누우나 영양의 눈에 비친 흑백에 가까운 세상이 진짜일까? 또 엑스레이로 촬영한 우리의 신체 사진을 보면, 하얗게 보이는 뼈와 희뿌연 근육 조직으로 보이는 우리의 신체를 볼 수 있는데, 이렇게 엑스레이 사진으로 보이는 신체가 진짜일까? 아니면 우리의 눈으로 보이는 신체가 진짜일까? 사실을 말하자면 둘 다 진실이 아니다. 검은 선글라스를 끼면 세상이 어둡게 보이고, 파란색 선글라스를 끼고 보면 세상이 파란 것처럼, 본모습 혹은 본질은 하나로 존재하지만 그것을 보는 눈의 구조나 기능에 따라 달리 보이는 것이다. 따라서 우리의 눈에 보이는 세상이 본연의 진짜 세계가 아니라 단지 우리 눈을 통하여 들어오는 빛을 시각 중추가 이미지화하여 만들어낸 허상의 세계임을 간파하도록 하자.

또 다른 관점의 이야기를 하나 더 해 보자. 여기에 아름다운 미모를 가진 여자가 있다고 치자. 맨눈으로 이 여자를 보면 모두가 아름답다고 생각할 것이다. 그런데 만약에 이 여자의 얼굴에 몇천 배율의 현미경을 들이댄다면 맨눈에 아름다웠던 피부는 마치 코끼리 등딱지처럼 보일 것이다. 그래도 아름답다고 할 수 있을까? 그리고 몇천 배율이 아니라 몇백만 혹은 몇천억 배율로 그 피부를 들여다보면 어떻게 보일까? 배율이 증가할수록 처음에는 피부 조직이 그다음에는 세포가 그다음에는 분자가 그다음에는 원자가 그다음에는 핵과 중성자가 그다음에는…?

현대 물리학에서는 물질을 쪼개다 보면 궁극에는 물질은 없어지고 의식의 차원만이 남는다고 한다. 만약 현대 물리학에서 주장하는 이론이 맞는다면 우리 눈앞에 있는 이 아름다운 여자는 실제로는 없는 것이다. 어찌 됐든 내가 말하고자 하는 요점은, 눈에 보이는 사물이나 시공간에 존재하는 모든 것은 특정 조건의 결합으로 인해, 우리의 오감에 의해 일시적으로 나타나는 현상의 허상일 뿐이지, 영원히 존재하는 실제가 아니라는 것이다. 크게 보면 빅뱅이 일어난 128억 년 전에는 우주 자체도 없었지 않는가?

* 전지전능한 무한 차원의 절대의 신을 유한 차원의 한계를 가진 불완전한 신으로 끌어내리지 않도록 가르치자.

절대 진리에 부합하는 신은 모든 것을 내포한 오직 하나로 존재할 때만 그 존재가 가능하다. 만약에 하나 외에 다른 것이 존재한다면 그 신은 전지전능하고 절대적이고 보편성과 영속성을 갖춘 완전한 신이 아니다. 왜냐하면 신 외의 어떤 다른 것이 존재한다면 전체 중에서 그 다른 것이 차지하고 있는 것만큼 그 신은 전지전능함과 절대성 그리고 보편성에서 불완전하기 때문이다.

그런데도 우리는 무한 차원의 절대의 신을 우리의 상상과 생각으로 한계를 가진 유한 차원의 신으로 끌어내려서 마음속에 상상의 신을 만들어 놓고, 그 신을 숭배하고 있다. 이것은 어불성설이다. 어떻게 감히 3차원의 세계에 살면서 4차원의 세계에 대해서 간신히 알아 가는 수준의 인간이 무한 차원의 신을 이렇다 저렇다 재단할 수 있겠는가? 이것은 장님이 코끼리를 만지는 것보다 훨씬 더 무지몽매한 짓이다. 그러니 무한 차원의 절대의 신을 믿고 숭배하되, 그 신을 유한 차원의 한계를 가진 신으로 끌어내리거나 상상 속의 신을 만들어서 숭배하는 일이 없도록 조심하여야 할 것이다. 특히 우리의 어린 자녀들은 판단력이 부족하기 때문에 잘못된 신앙관이라도 곧이곧대로 받아들이기가 쉬워서, 이러한 행위가 광신자나 사이비 종교 추종자의 씨앗이 될 수도 있다. 그러니 아이가 커 나가는 과정에서 절대자 혹은 신에 대한 올바른 개념을 잘 심어 주도록 하자.

* 자신이 신의 속성을 가진 신의 일부로서 신의 품 안에서 존재한다는 것을 알게 하라.

앞에서 얘기한 절대 진리가 존재하고, 그 절대 진리에 부합하는 절대자나 혹은 신이 존재한다면, 당연히 우리는 그의 속성을 가진 그의 일부로서 그의 품 안에서 존재해야만 한다. 우리가 이러한 사실을 부정한다면 그것은 절대자의 존재를 혹은 신을 부정하는 것이 되고, 이는 우리가 무신론자나 불가지론자라는 것을 의미한다. 그런데 이들의 의견처럼 정말 절대 진리에 부합하는 절대 존재나 신이 없는 것일까?

인류의 역사를 되짚어 보면 과학 문명의 발달과 사회주의와 공산주의의 발흥으로 한때는 이들 무신론자나 불가지론자들의 의견이 힘을 얻는 듯했다.

그러나 철학적으로는 일원론이 힘을 얻게 되고, 과학적으로는 현대 물리학이 발달하면서 물질의 근원을 찾는 과정에서 물질과 의식의 연관성을 찾아냄으로써, 철학의 일원론과 절대 존재, 즉 신을 믿는 종교에 힘을 실어 주게 되었다.

이에 대한 문제를 또 다른 시각으로 접근해 보면, 종교의 창시자들을 포함하여 깨달은 성인들이 표현한 깨달음과 절대자 혹은 신에 대한 묘사와 개념이 각 종교가 발흥한 시대와 지역이 다름에도 불구하고 놀라울 정도로 유사하다. 어떻게 시대가 다르고 지역적으로 멀리 떨어져 있어 교류가 불가능했음에도 불구하고 한결같이 같은 내용을 말할 수 있는가? 나는 이것을 절대 존재나 신 혹은 진리에 보편성이 있기 때문이라고 말할 수 있다. 이것은 누구라도 찾으려고 노력만 한다면, 이 절대 존재나 신을 경험할 수 있다는 뜻이기도 하다. 그리고 여기에서의 경험이란 앞에서 얘기했듯이 부분이 전체를 볼 수 없는 것처럼 절대 존재나 신 전체를 보거나 듣는 것이 아니라 몸과 의식으로 느끼는 체험이다. 그리고 보통 이 체험을 통한 절대 존재나 신에 대한 묘사는 언어적으로 표현이 불가능하다. 왜냐하면 그들은 3차원이나 4차원계인 인간의 언어로는 적절하게 표현할 수가 없기 때문이다.

달리 말하면 표현할 수는 없지만 표현될 수 없는 그 무언가가 분명히 있다. 그래서 앞서가신 성인들이나 내 스승님들처럼 나 또한 **지금 이 자리에서 내가 신의 속성을 가진 신의 일부로서 신의 품 안에 있다**는 것을 굳게 믿고 있다. 그리고 이 확신의 밑바탕에는 명상 수행에 의한 체험이 숨어 있다.

* **타인의 종교를 존중하고 관대하게 대하도록 가르쳐라.**

나는 집안이 유교임에도 불구하고 타의에 의해서 중·고등학교 시절 미션스쿨에 다니게 되었는데, 다니는 내내 목사님이나 전도사님으로부터 타 종교 특히 불교를 폄하하는 것을 종종 보고 들어왔다. 고등학교를 졸업한 얼마 뒤 나는 나도 모르게 그분들처럼 불교를 비판하고 있는 나를 발견하게 되었다. 그 순간 뇌리에 '과연 내가 불교에 대해서 무엇을 얼마나 안다고 이렇게 보고 들은 것들로만 앵무새처럼 비판하고 있는 거지? 비판을 하려면 정확히 알고 비판해야 하지 않을까?' 하는 생각이 스치고 지나갔다. 이것이 내가 불교에 대해서 공부하기 시작한 계기였다.

막상 불교에 대해 공부해 보니, 불교를 폄하했던 분들의 이야기와 내가 단편적으로 알고 있는 것 중에 너무나도 터무니없는 것이 많았다. 아이러니하게도 불교 쪽에 가까운 지금도 명상을 할 때 유일신으로서의 신을 떠올리면 브라만이나 부처님보다는 하나님이란 호칭이 더 친숙하게 느껴지기는 하지만 말이다. 그 이후로 나는 불교뿐만 아니라 도교, 힌두교, 이슬람 신비주의, 기독교의 영지주의 등에 대해서 알아 가기 시작했다.

그리고 이들에 대해서 아는 것이 많아지고 내 명상의 깊이가 깊어질수록, 나는 산에 오르는 여러 갈래의 길이 결국에는 정상에서 하나로 모이듯이, 이 모든 종교가 예배를 드리고 모시는 방법과 형식은 다르지만, 그들이 예배의 대상으로 삼는 절대 존재는 결국 유일신이자 하나뿐인 신임을 알게 되었다. 그런데 이렇게 결국은 똑같은 신을 믿는데 왜 이렇게 종교 간의 반목과 불화가 심할까? 세계사 중에서 종교의 역사를 살펴보면 종교 간의 전쟁과 탄압으로 목숨을 잃은 사람의 수가 타 요인보다 압도적으로 많다. 현대에 들어와서도 지구의 한편에서는 한 뿌리에서 탄생한 유대교, 그리스도교, 이슬람교 그리고 또 다른 한편에서는 힌두교, 자이나교, 이슬람교가 서로 반목함으로써 수많은 사람이 죽어 나가는 피의 역사를 되풀이하는 중이다.

말로는 모든 종교가 선함과 사랑과 자비를 추구하는데 왜 이런 현상이 나타날까?

그 이유는 우리가 종교 창시자의 의도와는 다르게 신을 절대 존재인 유일신에서 끌어내려 한계를 가진 유한한 유일신을 만들어 내기 때문이다. 종교의 창시자가 말한 신은 절대 진리에 부합하는 전지전능한 무한의 신으로 보편성과 영속성을 가지고 있다. 따라서 이 신 안에서는 모두가 하나이다. 신을 믿든지 안 믿든지 모두가 나이고 너임을 안다. 그러니 서로 내 몸처럼 아껴 주고 사랑할 일만 있지 다툼이 일어날 수가 없다.

그러나 이러한 종교도 창시자가 죽고 세월이 흐름에 따라, 창시자의 수준에 못 미치는 후계자에 의해 절대 진리에 부합하는 신이 점차 변질되어 한계를 가진 유한한 신으로 전락하고 만다. 이 유한한 신은 실제로 존재하는 진짜 신이 아니라 인간의 생각으로 만들어진 가짜 신이다. 그리고 이 가짜 신 앞에 유일신이란 접두어를 갖다 붙인다. 그래서 결국 한계를 가진 유일신이라는 이치에 맞지 않는 가짜 신이 탄생하게 되는 것이다.

가짜 신인 한계를 가진 유일신 아래에서는 주체인 나와 떨어져서 객체인 신이 있다. 그리고 주체인 나만 신과 떨어져 있는 것이 아니라 타인 모두도 신과 떨어져 있다. 그리고 한계를 가진 신이므로 그 한계의 범위 밖에 또 다른 신이 있을 수 있고, 타인도 신과 별개의 존재이므로 또 다른 신을 믿을 수 있다는 것을 인정할 수밖에 없다. 이렇게 되면 결국 내가 믿는 유일신이라는 가짜 신을 믿는 집단과 타인이 믿는 유일신이라는 타인의 집단으로 분리되게 된다. 그런데 문제는 양쪽 모두가 유일신을 표방하고 있다는 점과 그 만들어진 유일신의 배타성 때문에 서로를 인정하지 못하여 반목하고 불화하는 집단이 되어 피투성이의 살육전을 벌이는 것이다.

이제 우리는 종교 간의 반목과 불화의 원인을 알았으니, 이를 치유해야만 한다. 그 치유 방법은 각 종교가 창시될 당시의 창시자가 제시한 신의 개념은 언어와 형식만 다를 뿐 실제로 가리키는 것은 동일한 유일신이라는 것을 알아차리고, 서로의 종교를 인정하고 관대하게 대하는 것뿐이다.

그리고 우리의 자녀들에게도 절대 진리 차원의 유일신의 개념과 모든 종교의 근본적 가르침이 이 유일신에서 벗어나지 않음을 가르쳐 줌으로써, 우리 자녀들을 타인의 종교를 존중하고 관대하게 대할 줄 아는 사람으로 키워 나가야 한다.

✻ 인생을 살아가면서 항상 자신이 누구인지를 생각해 보게 하라.

인간인 우리 대부분은 본인의 의지와 상관없이 태어나 살다가 삶의 의미를 모른 채 죽어간다. 그리고 수많은 철학자와 종교에 귀의한 사람들이 삶의 의미를 찾고자 노력했지만, 대부분의 사람들이 실패하고 그중에서 일부 극소수의 사람만이 삶의 의미를 찾아내고 그들의 경험을 같이 나누고자 노력했다. 우리는 그들을 화신, 성인, 현자, 스승 등으로 부르는데, 많은 사람이 그분들의 발자취를 따라가려고 애를 쓴다.

나 역시도 그분들의 오래된 발자취를 따라가며 삶의 의미를 찾아내려고 노력한 결과 어느 시점에는 지식으로, 다시 말해 머리로 하는 공부는 어느 정도 진전이 있어서 신약 성서나 불교 경전 등을 읽으면 은유나 비유로 말씀하신 내용을 정확하게 이해할 수 있는 수준이 되었다. 그래서 어지간한 세상의 풍파가 닥쳐도 흔들림이 없으리라고 생각하고 있었다.

그러나 막상 실생활에서 억울하고 힘든 일을 당하다 보니, 나 자신이 여전히 괴로워하고 번민하고 있음을 발견하였다. 심지어는 억울하다고 생각하니 풍치로 이가 들뜨고 극도의 스트레스와 불면증에 시달렸다. 이런 상황이라면 깨달음에 대한 공부가 무슨 소용이 있겠는가? 성경이나 불경의 내용을 잘 이해하고 있음에도 불구하고 왜 이런 괴리가 존재할까?

불교의 선가에서는 "물맛에 대해서 아무리 말로 들어 봐야 소용이 없고 물을 직접 마셔 봐야 물맛을 안다."라고 했다. 이 말은 고작해야 3~4차원의 인간이 머리로 무한 차원의 존재를 혜량할 수 없다는 말과 같다. 이는 마치 코끼리의 코끝을 손가락 끝으로 슬쩍 스치고서는 코끼리를 알았다고 하는 것과도 같다. 그러니 내가 이해하고 안다고 해도 정말로 아는 것이 아니다. 더 나아가 갈증으로 목마른 사람이 물에 대한 설명을 듣고 물에 대해 아는 것만으로는 갈증이 조금도 해소되지 않는다. 목마른 사람은 물을 직접 마셔야지 갈증도 해소되고 물맛에 대해서도 알게 된다. 진리도 바로 이와 같다. 진리에 대해 듣고 그 진리에 대해 안다고 해도 그것은 목마른 사람이 물이라는 것에 대해 듣고 아는 것에 그치는 것과 다를 바가 없다. 진리에 파고들어서 진리를 직접 체험해 봐야 진리가 무엇인지 정확히 알 수 있으며, 삶의 여러 번민과 고통도 사라진다.

이런 상황을 타개하기 위해 나는 나의 진리 공부 방향을 학문적 탐구에서 실천적 탐구로 바꿨다. 그러면서 내가 선택한 것이 바로 '나는 누구인가?'라는 화두였다. 이 화두는 철학의 근본 명제이기도 하지만, 성철스님이 깨달음을 얻게 한 '이 뭐꼬?'라는 화두와도 본질적으로 동일하다. 또한 내가 정신적인 스승으로 모시는 라마나 마하리쉬라는 분이 누구에게나 권하는 수행법이기도 하다. 전 세계적으로 깨달은 분으로 인정받은 이분은, 깨달음을 얻는 가장 효과적이고 직접적인 방법으로 '나는 누구인가?'라는 질문을 자신의 내면에 있는 나에게 끊임없이 묻고, 이에 대해 성찰하라고 말씀하셨다.

이 화두 수행을 하는 방법은 아주 간단하다. 반가부좌나 양반 자세로 바닥에 앉거나 의자에 허리를 곧추세우고 앉은 다음에, 의식을 가슴 중앙의 안쪽에 집중하고 '나~~'라고 한번 되뇌어 보라. 그러면 머리가 아닌 가슴에서 나라는 느낌이 일어날 것이다. 그러면 그 가슴에서 일어나는 '나'라는 느낌에만 온통 의식을 집중하고 다른 생각이 일어나지 않도록 노력해 보자. 그렇지만 이렇게 나에게만 의식을 집중하려고 노력해도 우리가 가진 에고의 습성상 끊임없이 생각들이 들고 일어나 오갈 것이다.

이런 생각들이 들고 일어날 때마다 '이 생각들이 누구에게서 나오지?' 하고 물으면 그 답은 바로 '나로부터'이다. 그럼 다시 '나'에 집중하면 된다. 다만 여기서 주의해야 할 것은 '나는 누구인가?'라고 해서 생각으로 묻고, 생각으로 헤아려서 대답해서는 안 된다는 것만 알면 된다.

이 수행을 어느 정도 해 나가다 보면 어느 순간에 몸이 내가 아니라는 자각이 일어날 것이다. 그리고 수시로 몸에서 전율을 느끼게 된다. 이러한 현상들을 무시하고 지속해 나가면, 눈앞에 빛이 어른거리기도 하고 드물게는 예수님이나 부처님의 형상이 떠오르기도 할 것이다. 이러한 현상 역시 에고의 속임수라 생각하여 무시하고 '나'라는 의식에만 집중하면 된다.

수행이 더 진척되면 더 이상 잡념, 즉 생각은 없는 가운데 '나'라는 의식만이 있음에도 불구하고 뭔가 갇힌 '나'라는 느낌의 보이지 않는 한계가 있어 그것이 마치 철옹성처럼 느껴질 때가 올 것이다. 이 철옹성 같은 벽을 선가에서는 '은산철벽'이라고 표현하는데, 이때가 고비이다. 그리고 이는 수행이 잘되고 있다는 방증이기도 하다.

이 지루하고도 답답한 시기일수록 치열하게 의식을 '나'에게만 집중해라. 그러다가 수행이 무르익어 때가 되면, 마치 라디오 주파수가 맞게 되면 소리가 들리듯이 어느 순간에 철옹성 같은 은산철벽이 무너져 내림으로써 그동안 '나'라고 생각했던 '나'는 사라져 버리고 단지 무한한 의식으로서 존재하는 '나' 자신을 발견하게 될 것이다.

그리고 우주 모든 곳에 자신이 존재하여, 어느 곳을 생각하더라도 거기에 자신이 있음을 발견할 것이다. 즉, 자신이 존재하는 모든 것과 하나로 존재하여 불성이 미치지 않는 곳이 없다 하고, 성령이 충만하다는 말의 의미를 직감적으로 알아차릴 수 있다. 이것은 마치 병아리가 알에서 깨어나 세상을 처음 마주하거나, 번데기에서 탈피한 나비가 처음으로 하늘로 날아오르는 것과도 같다. 나는 이 순간을 이렇게 표현했다.

이제
나는 나를 버리고
당신에게 녹아들어 가
전체이신 당신과 하나가 되었습니다.

나이신 당신에게
온전히 귀의합니다.

돌이켜 보건대
나는 당신이 아니었던 적이
단 한 번도 없었습니다.

위와 같은 단계를 거치면 수행 단계의 큰 고비를 넘긴 것이다. 이것은 마치 물고기가 거칠게 쏟아져 내리는 폭포수를 뛰어오른 것과도 같다. 이후의 수행은 잔잔하게 흐르는 강물을 유유히 거슬러 올라가는 것처럼, 체험에 의한 확신을 가지고 아직도 남아 있는 에고의 잔재를 완전히 없애는 일만 남게 된다.

생각보다는 너무나 단순한 위와 같은 수행 방법에 대해서 많은 이가 효용성에 의심의 눈길을 보내지만, 내가 볼 때 그 효과는 대단히 크다.

이 수행법을 통하여 인도에서는 라마나 마하리쉬의 여러 제자와 그 제자의 제자가 대를 이어 깨달았고, 국내에서는 성철 스님이 이 화두를 들어 깨달음을 얻었다. 그리고 나 역시도 이 수행 방법으로 공부에 많은 진전이 있었다. 그러니 독자 여러분도 관심과 인내를 가지고 이 수행 방법을 따라 꾸준히 정진하기만 한다면 좋은 결실을 볼 수 있을 것이다.

그리고 내 생각으로는 이러한 수행도 때가 있는 법이니, 이에 관한 내용은 자녀들이 어느 정도 성장한 이후에 알려 주는 것이 좋을 것으로 판단된다.

＊ 영적인 책들을 접하게 하고, 종교의 역사에 대해 공부하게 하라.

나는 영성과 깨달음에 관심을 두기 시작한 20대 이후부터 줄곧 이와 관련된 책들을 읽기 시작했다. 그 과정에서 좋은 책도 많았지만, 영성을 가장한 쓸모없는 책도 의외로 많다는 것을 알게 되었다. 심지어 어떤 책들은 나중에 내 자녀들이 볼까 봐 태워 없애 버리기까지 했다.

이러한 내 독서 경력을 바탕으로 그동안 읽은 책 중에서 내 영적 성장에 도움을 주고, 지금도 수시로 읽고 있는 책들과 영적 스승들을 소개하도록 하겠다.

＊ 그리스도교 관련 책

신약 성경

도마 복음서를 포함한 영지주의 복음서들

마이스터 엑카르트(중세 시대의 영성 신학자)의 『마이스터 엑카르트는 이렇게 말했다』

＊ **불교 경전**

『금강경』, 『반야심경』, 『법화경』, 『아함경』

＊ **선불교의 조사 어록**

달마 조사의 『달마 어록』, 황벽 선사의 『전심법요』

＊ **힌두교 경전**

『우파니사드』, 『바가바드 기타』, 『베다』

＊ <u>도교</u>

노자의 『도덕경』

＊ **근현대 인도의 영적 스승들의 책**

니사르가다타 마하리지의 『I AM THAT』, 『담배 가게의 성자』

라마나 마하리쉬의 『나는 누구인가?』 외

슈리 푼자의 『그대는 누구인가?』 외

※ 라마나 마하리쉬 님은 나의 정신적 스승이시고 슈리 푼자 님은 그분의 제자인데, 두 분 다 깨달음을 얻은 영적 스승으로 추앙받고 있다.

＊ **현대 영적 스승들의 책**

데이비드 호킨스 박사의 『의식 혁명』, 『의식 수준을 넘어서』 외

에크하르트 톨레의 『지금 이 순간을 살아라』 외

＊ **영성과 종교 관련 역사서**

채사장의 『지적대화를 위한 넓고 얕은 지식』 4권

홍익희의 『세 종교 이야기』

위의 책들을 소개하면서 한 가지 부연할 것은 이 책들이 영성과 깨달음에 관심이 있는 부모님을 위한 것이지 우리 어린 자녀를 위한 것이 아니라는 점이다. 그래서 만약에 자녀들이 읽는다면, 성경과 역사서를 빼고는 고등학생이나 대학생이 된 이후나 사회 초년생 때부터 읽기 시작하는 것이 좋을 것이다. 나는 개인적으로 위에 소개한 책들을 읽고자 할 때는, 데이비드 호킨스 박사의 『의식 혁명』과 『의식 수준을 넘어서』라는 책과 채사장의 『지적 대화를 위한 넓고 얕은 지식』이라는 책을 먼저 읽어서 철학사와 영성, 깨달음에 대한 개괄적인 내용을 파악하고 난 이후에 나머지 책들을 읽어 나갈 것을 권한다.

이 책을 읽는 독자 여러분이 나를 잘못된 종교관에 빠진 이상한 사람으로 볼 수도 있겠다는 생각이 들었지만 내가 가진 지식과 체험을 함께 나누며 독자 여러분과 아이들의 행복을 진정으로 위하는 마음에서 장황하게 글을 썼다. 이번 제16원칙에서는 먼저 절대적 진리에 따른 신의 개념을 설명하고, 그다음에는 우리가 알고 있는 '나'라는 것이 자아의식의 생성 과정에서 만들어진 가짜 허상에 불과하기 때문에 진짜 나인 '참나'를 찾는 방법으로 "나는 누구인가?"라는 질문을 통해 깨달음에 이르는 방법을 제시하였다. 그리고 마지막으로 '영성과 올바른 종교관 형성을 위한 제안'을 통해 우리 아이들에게 올바른 신에 대한 개념과 올바른 종교관을 갖게 하는 방안들을 제시하였다.

거듭 말하지만 **나는 이 내용이 일반인들에게는 적절하지 않다는 것을 그 누구보다도 잘 안다. 그럼에도 불구하고 이 내용을 인연으로 하여 독자 여러분 중 단 몇 명이라도 실존하는 전지전능한 절대의 신에게 좀 더 가까이 다가가고, 소중한 우리 아이들이 신에 대한 올바른 개념과 올바른 종교관을 갖게 된다면 나에게는 더 이상 바랄 것이 없는 큰 기쁨이 되어 줄 것이다.**

책을 마치면서

우리는 이제까지 16가지 원칙을 알아보느라 숨 가쁘게 달려왔는데 드디어 끝이 났다. 내가 이 책을 처음 쓰기 시작했을 때 나는 내 가족과 주변인들의 경험만을 위주로 하여 가볍게 다룰 생각이었다. 그러나 이 책의 주제와 내용에 대해서 본격적으로 사색하고, 경험을 정리하고, 자료를 찾고, 검색하는 과정에서 이 책의 내용이 생각보다 진지하고 깊이 있게 되어 버렸다. 그리고 책을 쓰는 기간도 처음에는 일 년을 목표로 했었지만 결국에는 삼 년이란 기간이 걸렸다. 이 기간에 전원생활을 하면서 텃밭도 가꾸고 명상 수행도 계속했으니 글쓰기에 전념한 것은 아니지만 예상보다 많은 노력이 들어가고 기간이 길어진 것만은 사실이다. 그런데도 이 책을 쓰는 동안내내 행복했는데, 그 이유는 무언가 알아 가는 글쓰기 자체가 즐거웠고, 나중에 이 책을 통하여 누군가에게 도움을 줄 수 있다는 기대가 있었기 때문이다.

앞에서도 말했지만 내 전문 분야도 아닌 자녀의 양육 방식과 교육에 관한 책을 쓸 수 있었던 것은, 순전히 우리 부부의 기대와 의도대로 잘 자라주고 성공적으로 사회에 진출함으로써, 우리 부부의 교육법에 대한 효과를 실증해 준 딸과 아들 덕분이다. 그래서 사랑스럽고 믿음직한 딸과 아들에게 고마운 마음을 전한다. 그리고 그 누구보다도 나와 의기투합하여 자녀교육에 정성을 다하여 헌신한 아내에게 진심에서 우러나오는 감사의 마음을 전하면서 이 책을 바친다.

나는 이 책을 마치면서 마지막으로 독자 여러분께 두 가지 부탁의 말씀을 드리고자 한다.

첫 번째는 여러분이 앞의 15가지 원칙을 기준으로 하여 여러분의 자녀를 사회적 기준으로 볼 때 훌륭한 인재로 키워 내기를 바란다. 이 원칙들은 많은 부분이 발달심리학과 교육학에 바탕을 두고 있기는 하지만, 일정 부분은 아이들을 어느 정도 성공적으로 키워 낸 나와 내 아내의 경험을 바탕에 두고 있기 때문에 그 효용성에 대해서는 의심의 여지가 없다고 나는 판단하고 있다.

그리고 이 원칙들은 어느 한 시기에 한꺼번에 적용할 원칙들이 아니라, 아이들이 성장해 가는 전 과정에서 필요한 시기에 하나씩 하나씩 꺼내 써야 할 원칙들이다. 이러한 이유로 우선은 전체적인 내용을 파악한 다음에 곁에 두고 시기가 되면 하나씩 꺼내서 적용할 것을 권한다. 얼핏 보면 내용이 방대하고 알아야 할 항목도 많은 것처럼 보이지만 시기별로 나누어 놓고 보면 그렇게 부담되는 양이 아니라는 것을 금방 알게 될 것이다.

두 번째는 마지막 제16원칙을 계기로 여러분과 여러분의 자녀가 영성에 관심을 두고 영성을 깨닫게 되기를 간절히 바란다.

여러분 한 명, 한 명 모두가 현재 거대하게 하늘로 치솟은 거목의 씨앗이자 꿈속에서 거지로 살고 있는 왕이다. 만약에 여러분이 싹을 틔우지 못하거나 꿈에서 깨어나지 못한다면, 여러분은 하나의 미약한 씨앗인 채로 썩어 없어지거나 거지의 삶으로 일생을 마칠 것이다. 그러나 여러분이 자신의 내면에 있는 진짜 나인 '참나'라는 싹을 틔우고 거지의 꿈에서 깨어나기만 한다면, 여러분은 자신이 한 알의 작은 씨앗이 아니라 하늘로 치솟은 거대한 거목이 되어 있음을 알게 되고, 비참하게 살아가는 거지가 아니라 모든 것이 갖추어져 있는 왕국의 왕이었음을 깨닫게 될 것이다. 이러한 이유로 나는 여러분이 자신의 내면에 잠들어 있는 '참나'라는 거목의 싹을 틔우고, 거지의 꿈에서 깨어나 진정한 행복과 평화 속에 머무를 수 있기를 진심으로 기원하면서 이 책을 마친다.